Als das Maß voll war

Copyright ©: Verlag Elke Straube
Schriftsatz und Gestaltung: Elke Straube
Coverfotos: Elke Straube
Coverdesign: Verlag Elke Straube
Herstellung: Books on Demand GmbH
ISBN: 978-3-937699-14-1

Als das Maß voll war:
Zur Demo nach Leipzig

Reflexionen über ein Leben in der DDR

Elke Straube

GEGEN DAS VERGESSEN

Wir haben nicht gehungert und nicht gefroren. Wir hatten
2 Fernsehprogramme, den 1. Mai, den Internationalen Frauentag,
das Einkaufsnetz und ein 18-Jähriger schon ein „Auto",
wenn gleich nach der Geburt bestellt.

Aber der Drang nach Freiheit war stärker...

Glücklich lebten wir im „Tal der Ahnungslosen"
denn wir wussten nichts
von der großen weiten Welt.

Wir hatten billige Mieten,
aber keine Wohnungen.

Wir hatten billige Verkehrsmittel,
durften aber nicht reisen.

Warum noch ein Buch zu diesem Thema?

100.000 Bücher gibt es schon zu diesem Thema. Warum also noch ein 100.001.? Weil mir der Hut hochgeht, wenn Journalisten oder Filmemacher, die nie in der DDR gelebt haben, unser Leben „nachinszenieren". Wenn ich höre, wie naiv-dümmlich wir doch waren und dass jeder Lehrer in der DDR ja sowieso in der SED war. Wenn ich höre und sehe, wie in einer TV-Talkshow eine aufgemotzte Politlady wichtigtuerisch artikuliert, sie müsse erst darüber nachdenken, ob man die DDR tatsächlich als Diktatur bezeichnen könne. Ich bin nahe am Explodieren. ‚Als was denn sonst', schreit alles in mir. Als Diktatur des Proletariats natürlich! Hat man mir doch unzählige Male eingebleut, in der Schule, auf der Uni, zur Dienstberatung und zum „Pädagogischen Rat": ‚Die Diktatur des Proletariats als der einzige Weg zum Wohl der Menschheit, der Garant für den Frieden!' Keine Staatsbürgerkundestunde oder M/L-Vorlesung ohne diesen Begriff. ‚Die Diktatur des Proletariats', so kann ich heute noch herbeten, ist die ‚politische Herrschaft der führenden Klasse der Werktätigen im Kampf gegen Militarismus und Imperialismus. Sie ist das Hauptinstrument beim Aufbau des Sozialismus.' Das hat man mir in M/L (Marxismus/Leninismus) beigebracht. M/L war ein Hauptfach im Lehrerstudium der DDR und Bestandteil der HAUPTPRÜFUNG zum Staatsexamen als Diplomlehrer.

Und da fragt die Dame,
ob man die DDR eine Diktatur nennen könne...

Elke Straube

Es ist nicht alles besser heute

Nein, es ist nicht alles besser heute. Wie auch? Aber ist es nicht illusorisch, von einer neuen Gesellschaft nur die guten Seiten haben zu wollen? Jedes Ding hat 2 Seiten, nur die 2. kannten viele von uns nicht (Tal der Ahnungslosen!). Und anschauen war nicht erlaubt. Lang ist die Liste der Ärgernisse, aber dürfen wir darum vergessen, was früher war? Vergessen und damit vergeben denjenigen, die uns eingesperrt und bewacht haben? Die zahlreichen Repressalien, wenn man nicht alles gut hieß und machte, die Toten an der innerdeutschen Grenze, die Menschenverachtung von SED und Stasi? Die Selbstherrlichkeit, mit der sie über uns herrschten? Und mit der sie bestimmten, wo und wie wir zu leben hatten? Wie sie sogar unsere Kinder systematisch für ihre politischen Ziele zu missbrauchen versuchten und Internierungslager für Kritiker und anders Denkende planten? Wie sie sogar mit Waffengewalt und Unmenschlichkeit gegen Kritiker vorgingen und in Gefängnissen der Staatssicherheit Menschen physisch und psychisch quälten? Dürfen wir deshalb tolerieren, dass diese CLIQUE bis 1981 in Leipzig Menschen hinrichtete? Heimlich und bei Nacht? Wer immer noch zweifelt, der sehe sich das Frontcover an oder stelle sich mitten hinein ins Grenzdenkmal Hötensleben, das ca. 350 Meter Grenzanlagen im Originalzustand präsentiert. Am besten zwischen Schussfeld und Hundetrasse. Und spätestens dann wissen Sie, liebe Leser, warum es in der DDR keinen Nagel, keinen Zement und keinen Meter Maschendraht gab...

Elke Straube

Theorie und ...

„In Fortsetzung
der revolutionären Traditionen
der deutschen Arbeiterklasse
und gestützt
auf die Befreiung vom Faschismus
hat das Volk
der Deutschen Demokratischen Republik
in Übereinstimmung mit den Prozessen
der geschichtlichen Entwicklung unserer Epoche
sein Recht auf sozial-ökonomische,
staatliche
und nationale Selbstbestimmung verwirklicht
und gestaltet
die entwickelte sozialistische Gesellschaft.

Erfüllt von dem Willen,
seine Geschicke frei zu bestimmen,
unbeirrt auch weiter den Weg
des Sozialismus und Kommunismus,
des Friedens, der Demokratie
und Völkerfreundschaft zu gehen,
hat sich das Volk
der Deutschen Demokratischen Republik
diese sozialistische Verfassung
gegeben."

Quelle: Verfassung der DDR vom 6 April 1968 in der Fassung des Gesetzes zur Änderung der Verfassung der DDR vom 7. Oktober 1974

... Praxis

„Wir sind nicht davor gefeit, dass wir einmal einen Schuft unter uns haben. Wenn ich das schon jetzt wüsste, würde er ab morgen nicht mehr leben. Kurzer Prozess. Weil ich ein Humanist bin. Deshalb habe ich solche Auffassung. (...) Das ganze Geschwafel von wegen nicht Hinrichtung und nicht Todesurteil – alles Käse, Genossen. Hinrichten, wenn nötig auch ohne Gerichtsurteil."

Erich Mielke, Minister für Staatssicherheit, 1982

Quelle:
Bürgerkomitee Leipzig e. V.
für die Auflösung der ehemaligen
Staatssicherheit (MfS)
Träger der Gedenkstätte
Museum in der „Runden Ecke" mit dem Museum im Stasi-Bunker
Ständige Ausstellung und Homepage:
www.runde-ecke-leipzig.de/cms/Hinrichtungsstätte

Partizipation und Konfrontation
(Auszug, Leipzig 1989)

„Der Staat begehrt den ganzen Menschen, in allen Lebensbereichen, in Familie und Schule, Arbeit und Freizeit. Er versucht, das gesamte Leben marxistisch-ideologisch zu durchdringen. Was früher der Religion, dem Gottesglauben, der christlichen Botschaft eigen war, dass der Mensch also von Ewigkeit her geführt und in seinem Gewissen sittlich-verantwortlich erzogen wurde, das geschieht heute durch sozialistisch-kommunistische, also materialistische und atheistische Ideologie. Die Partei (SED) weiß alles und bestimmt alles, sie hat immer Recht. So erklärt sich ein weitreichender Vertrauensschwund zwischen Mensch und Mensch. Man tut scheinbar mit (etwa bei Wahlen), aber man ist nicht einverstanden."

Quelle:
Arbeitskreis der evangelisch-lutherischen Kirche zu Leipzig unter der Leitung von Herrn Dost

Die Hoffnung stirbt zuletzt

Ein junger Mann, draufgängerisch und längst kein Duckmäuser, kam nach 18 Monaten Grundwehrdienst bei der Bereitschaftspolizei völlig desillusioniert zurück.

„Vergesst alles", sagte er. „Wenn ihr jemals gehofft habt, es könnte sich was ändern in diesem Staat, vergesst es. Wenn es irgendetwas gibt, was funktioniert in diesem Staat, dass ist es DAS." Damit meinte er Armee, Polizei, Kontroll- und Unterdrückungsmaßnahmen aller Art. Die absolute Kontrolle.

Und unsere letzte Hoffnung starb.
Wir begruben sie tief in uns.

Vorwort
von Christian Anders

Warum ich wusste, dass die Berliner Mauer fallen würde

Ich schrieb lange vor dem Berliner Mauerfall „...die Mauer, ICH WEISS, eines Tages stürzt sie ein." Warum ich das wusste? Aus dem selben Grund, aus dem ich das Attentat vom 11. September, die Finanzkrise und die Wahl von George W. Bush voraussagte (obwohl Gore zu dem Zeitpunkt gerade zum „Sieger" erklärt wurde).

Warum ich das wusste? Die Erklärung ist so einfach wie für viele unverständlich. Es gibt eine Seinsebene, in der alle Dinge gleichzeitig geschehen. Hier auf unserer dreidimensionalen Ebene teilt sich dann das Ganze in die Illusion Zeit auf. Heilige oder Weise oder Gurus können sich spielend leicht mit der „gleichzeitig-zeitlosen" Seinsebene in Verbindung setzten. Da ich weder Heiliger noch Weiser noch Guru bin, geschieht dies bei mir oft ungewollt. Dann reichen meine „Antennen" bis in die erwähnte Seinsebene und ich sehe Dinge voraus.

Nun zur Frage WARUM die Berliner Mauer fiel. Das ist nationales Karma. So wie es persönliches Karma zwischen Menschen und deren Beziehungen gibt, so gibt es nationales Karma zwischen Nationen und deren Regierungen. Ist dann das, wie im Falle der DDR, Unterdrückungskarma vorbei, dann löst sich alles auf, und man ist wieder „frei". Nichts kann dies verhindern. Oft ist die anfängliche Begeisterung dann auch schnell vorbei, und man sehnt sich wieder nach dem alten Zustand zurück...

So irrt der Unwissende durch die Welten. Der Wissende WEISS: Wahres Glück ist UNABHÄNGIG von Personen und Dingen. Doch wer will schon solch eine unpopuläre Botschaft schon hören?

Liebe und Licht, Euer Christian Anders

Der Zug hält an einer Stelle, die ich zunächst gar nicht deuten kann. So gut kenne ich mich in Berlin nicht aus und die vielen Menschen in den Gängen und vor den Fenstern versperren mir die Sicht. Von meinem Fußbodensitzplatz aus sehe ich sowieso kaum etwas. Überhaupt bin ich in meinem ganzen Leben noch nie mit so einem vollen Zug gefahren. Es ist neu, abenteuerlich, ungewiss, aufregend und fast ein bisschen beängstigend. Mein Hirn aktiviert kurzzeitig Bilder von irgendwo gesehenen Flüchtlingszügen. ‚Nur dass keiner auf dem Dach sitzt', denke ich mir und werde schon zum Aufstehen gedrängt, denn mein Mann legt das vorsichtshalber mitgebrachte Packpapier fein säuberlich zusammen. So haben wir in dem überfüllten Zug wenigstens im Gang auf dem Fußboden sitzen können. Durchlaufen konnte eh' keiner mehr. ‚Nicht das Mädel aus den Augen verlieren', denke ich bei mir und drehe mich um. Unsere Tochter, 11 Jahre, hatten wir zusammen mit zirka einem Dutzend anderer Kinder in einem Abteil für eigentlich acht Erwachsene sicher „verstaut". Darin waren sich in Dresden spontan alle einig gewesen: Die Kinder ins Abteil, die Erwachsenen stehen oder sitzen im Gang.
Und nun steht der Zug. Alles bewegt sich Richtung Tür. Wir schieben uns mit der Menge mit. Auf dem Bahnsteig – es ist eigentlich gar kein richtiger Bahnhof, es ist ein Bahnsteig weit draußen – gibt es kein Überlegen. Immer der Menschenmenge nach. Es scheint mir, als wüssten alle, wo es lang geht, nur wir nicht. Wir gehen eine Treppe hinunter, gelangen auf eine Straße, von den Häusern sehe ich nicht viel, denn vor, neben und hinter mir sind Menschen. Eine unglaubliche Menschenmenge bewegt sich in eine Richtung. Stehen bleiben, umkehren, ausscheren ausgeschlossen. Aber das will auch gar keiner. Und dann sind wir schon da: Vor uns, vor der Menschenmenge, irgendwo ganz vorn wird sie plötzlich sichtbar: die Mauer. DIE MAUER. Das Wort allein flößt mir Furcht ein. Kälteschauer laufen über meinen Rücken. Alles Mögliche fällt mir ein, alles und nichts, die Situation hat etwas Unheimliches, etwas Unglaubliches, es ist fast gespenstisch. Und doch drängt mich etwas voran, ein Gefühl in mir treibt mich vorwärts. Das Unglaubliche, das Unheimliche scheint in greifbare Nähe gerückt. Mit jedem Schritt gelangen wir weiter heran an das Bollwerk des Bösen. Die

Menschenmenge wird etwas langsamer. Es scheint, als ob sie sich weiter vorn etwas einengt, schmaler wird, um sich dann umso mehr auszubreiten. Die Mauer. Ich kann sie sehen, immer größer, immer deutlicher. Und plötzlich – mir steht das Herz fast still – sehe ich einen Spalt, einen Durchgang, durch den sich die Menge zwängt wie durch ein Nadelöhr, um sich auf der anderen Seite nach allen Richtungen wieder auszubreiten. Es war einer von vielen Durchgängen, der entstanden war, als man in Eile einige Mauersegmente entfernt hatte, um die versprochene Reisemöglichkeit von Ost- nach Westberlin zu schaffen. Gleich sind wir da. Mein Herz beginnt zu schlagen wie verrückt. Ich halte meine Tochter die ganze Zeit schon fest an der Hand. Etwas erstaunt sieht sie mich an mit ihren elf Jahren. Sie kann meine Aufregung nicht teilen, das Kind, wie denn auch. Was weiß es schon vom Eingesperrtsein. Und plötzlich sind wir da. Ich sehe die Mauer zum Greifen nahe, die Masse strömt durch, ich sehe die etwas hilflos, aber inzwischen gefasst wirkenden Grenzer, die auch nicht mehr wissen, warum sie noch hier stehen. Ich muss innehalten. Ich kann doch jetzt nicht einfach wie mit einer Herde hier durch rennen! Dieser Moment kommt nie wieder! Nie! Es ist ein historischer Moment, an den keiner mehr geglaubt hat! Ich bedeute meinem Mann, er soll mitkommen und versuche, ein paar Schritte seitwärts zu gehen, um so in diesem Durchgang zu verweilen. Ich muss mir diesen Moment bewusst machen, ich will ihn genießen, mein Gott, es ist Weltgeschichte, was hier vorgeht. Es gelingt uns auch, an den Menschen vorbeizukommen und am Rand des Durchgangs, genau dort, wo man so ein Segment herausgenommen hatte, stehen zu bleiben. Mein Mann sieht mich fragend an.
„Wir können doch nicht einfach so durchrennen", sage ich zu ihm.
„Warum nicht?", fragt er irritiert.
„Mensch, überleg doch mal! Das ist die Mauer! Wir gehen durch die Mauer!"
„Klar", sagt mein Mann. „Ist doch toll!"
Er versteht mein Zögern nicht. Ich wäre am liebsten noch länger stehen geblieben und hätte mir noch hundertmal gesagt: ‚Wir gehen durch die Mauer', wie um das Unbegreifbare dadurch begreifbarer zu machen. Aber wir wären überrollt worden von einer ungeduldigen, natürlich

freudig vorwärts stürmenden Menge. Und so stürmen wir also mit. Bis ans Ende meines Lebens werde ich diesen Augenblick nicht vergessen. Wir gehen einfach so durch ein bisher unüberwindbares, starres und menschenfeindliches Hindernis. Wir überwinden eine Grenze. Nein, es gibt ja nichts mehr zu überwinden. Wir verlassen einen Staat, in dem wir bisher eingesperrt waren, in dem es keine Hoffnung mehr gab, dass diese Mauer jemals verschwinden würde, in dem jede Hoffnung im Keim erstickt und jedes ausgesprochene diesbezügliche Wort bestraft wurde. Meine Gedanken überschlagen sich. Wir verlasen einen Staat, in dem ich 35 Jahre gelebt und 14 Jahre als parteiloser Lehrer gearbeitet habe. War es nicht auch der Ort einer behüteten Kindheit, der Geborgenheit...

... Nein, nicht dieser Staat hat mich behütet. Das waren meine Eltern, die fleißig waren, mir mit ihren bescheidenen Mitteln eine schöne Kindheit in Ruhe und Geborgenheit ermöglichten. Sie haben sich nicht vom System vereinnahmen lassen, sondern mich während der Schulzeit unterstützt und durch ruhige, besonnene Art und ihr Vorbild gesellschaftlichen bzw. politischen Übereifer (einer durchaus zielstrebigen und ehrgeizigen Schülerin) im Zaume gehalten. Sie haben mein Vorwärtskommen unterstützt, jedoch darauf geachtet, dass dies mit Leistung, nicht mit politischen Bekenntnissen, erreicht wurde. Mich gewähren zu lassen, wo es notwendig war, gewisse Zugeständnisse zu machen, um mein Vorankommen nicht zu behindern, aber auch einmal etwas zu verbieten war gewiss nicht einfach für meine Eltern, denen ich heute noch dankbar bin.

Kindheit und Schulzeit

Meine Kindheit und Schulzeit war die schönste und wohlbehütetste, die man sich wohl vorstellen kann. Ich erinnere mich an unseren Garten im Sommer, an die Kaninchen, die ich zu dressieren versuchte, an alle Hunde und Katzen der Nachbarschaft, denen ich beständig nachjagte. Ich erinnere mich an Skitouren im Winter – nein, nicht mit den Pionieren – mit meinem Vater und an Schwimmen im Sommer, auch mit meinem Vater. Als ob ich damals schon geahnt hätte, was im Leben noch auf mich zukommen sollte, hatte ich bereits als Kind eine ausgeprägte Abneigung gegen Masseneinrichtungen. Es war, als ob mir das in die Wiege gelegt worden wäre. Ich war um Nichts in der Welt in den Kindergarten zu kriegen. Der Bildungs- und Erziehungsplan des DDR-Kindergartens ist also an mir vorbeigegangen, ebenso der der Horterzieher, Ferienlagerbetreuer usw. Meine Eltern nahmen das nicht weiter tragisch. Mit den Nachbarskindern konnte ich unbeschwert spielen, ansonsten erinnere ich mich an Flax und Krümel und den Struppi aus Berlin. Meine Eltern, die immer nur ein kleines, bescheidenes Einkommen hatten, hatten sich relativ zeitig einen Fernseher zusammengespart. Ich erinnere mich auch an Schokolodenfiguren, die man Jahre später nie wieder zu sehen, geschweige denn zu kaufen bekam. Es waren Tierfiguren, die man von zwei Seiten betrachten konnte, dunkel habe ich eine Ente in Erinnerung, was das zweite Tier war, weiß ich nicht mehr. Es lagen auch hin und wieder Ananasfrüchte im Schaufenster des Obst- und Gemüseladens, aber damals hatten meine Eltern das Geld dafür nicht. Als sie es später hatten, gab es keine Ananasfrüchte mehr. Ich habe vor dem Schulbeginn auch jedem ungläubig dreinschauenden Erwachsenen verkündet, ich ginge sowieso nicht dahin, doch zur Erleichterung meiner Eltern habe ich diese Idee dann aufgegeben – sicher auch wegen der fast übermächtigen Zuckertüte. Und so schlecht war das gar nicht, die ersten Jahre waren sogar ausgesprochen harmonisch. Hier auf dem Lande war für unsere Klasse im großen Schulgebäude nicht genügend Platz, also wurde unsere Klasse ausgelagert ins Nachbardorf, wo wir jeden Tag mit dem Bus hinfuhren. Es war ein kleines Schulhaus mit gerade mal einem Unterrichtsraum mit einem alten Ofen, auf dem wir im Winter unsere Handschuhe und Schals trockneten. Gleich daneben war ein Platz zum Toben und Spielen, und ich glaube, wenn es draußen schön war, da waren die Pausen doch manchmal etwas länger. Noch heute denke ich daran zurück, das Haus steht noch, auf dem Platz befindet sich eine Bushaltestelle.

Ab der 5. Klasse mussten wir diese Idylle aufgeben, denn es begann der naturwissenschaftliche Unterricht, und das ging nicht mit einer Lehrerin und einem Klassenraum. Wir gehörten nun zu den „Großen" und hatten im Hauptgebäude Unterricht. Natürlich waren wir auch Pioniere. Das war eine Selbstverständlichkeit. Und wir waren stolz auf unser blaues bzw. rotes Halstuch, war es doch für uns das Symbol des „Größerwerdens", denn mit dem blauen war man „Jungpionier" und mit dem roten „Thälmannpionier", man gehörte nicht mehr zu den „Kleinen". Wir durchschauten nicht Sinn und Strategie dieser Massenorganisation. Wir wollten auch gar nicht aktiv mitwirken, ... „dass alle Jungen Pioniere und Schüler zu aufrechten sozialistischen Patrioten und proletarischen Internationalisten heranwachsen, die aktiv an der Gestaltung des gesellschaftlichen Lebens in unserer Deutschen Demokratischen Republik teilnehmen."[1] Wir trugen mit Stolz unser rotes Halstuch, weil wir Kinder waren. Weil man uns einredete, es sei etwas Besonderes und weil es uns von den „Kleinen" abhob. Wir trugen es nicht, weil es ... „Teil der Fahne der Arbeiterklasse"[2] ist. Und wir trugen es auch nicht „... als äußeres Zeichen unserer engen Verbundenheit zur Sache der Arbeiterklasse und ihrer Partei, der Sozialistischen Einheitspartei Deutschlands."[3] Wir hatten ganz einfach Spaß und erlebten ein Gefühl der Zusammengehörigkeit, von dem ich heute weiß, dass das so gewollt war. Heute weiß ich, dass „... der totale Anspruch der SED auf die Menschen in kaum einem anderen Bereich so deutlich wird wie in

---

[1] Statut der Pionierorganisation „Ernst Thälmann", herausgegeben vom Zentralrat der FDJ, Ag 209/45/80 I-5-20 6550, S. 3
[2] ebenda S. 9
[3] ebenda S. 9

der Erziehungs- und Jugendpolitik"⁴ und dass man die Jüngsten „... nicht als Persönlichkeit, sondern als Teil eines Kollektivs"⁵ zu erziehen versuchte. Wir wurden gelobt, wenn wir es trugen, und welches Kind wird nicht gern gelobt. Wir wollten jedoch mit Sicherheit niemals „... dass die Jungen Pioniere und Schüler sich mit dem Marxismus-Leninismus, der Weltanschauung der Arbeiterklasse, beschäftigten."⁶ Davon wussten wir nichts und das interessierte uns auch gar nicht. Aber mit diesen Parolen gebetsmühlenartig immer wieder konfrontiert – steter Tropfen höhlt den Stein – wurden sie zu einem festen Bestandteil unseres Lebens, zur Normalität. Folgendes Zitat aus dem Statut der Pionierorganisation lässt die Katze aus dem Sack: „Wir gestalten unser Pionierleben so, dass bei allen Jungen Pionieren und Schülern der Wunsch entsteht, würdige Mitglieder der Freien Deutschen Jugend – des treuen Helfers und der Reserve der SED - zu werden."⁷

DAS sahen wir als Kinder natürlich nicht. Wir machten Geländespiele und Manöver, tobten wie „Räuber und Gendarm" in Wald und Schnee, wobei unsere Jungs auch mal kräftig über die Stränge schlugen. Die geschickt ausgeklügelte und jedes Alter und jeden Lebensabschnitt erfassende Organisierung, Beeinflussung und Militarisierung entsprach dem „... totalen Machtanspruch der SED in der Jugend- und Erziehungspolitik."⁸ Das Wort „Militarisierung" mag dem Leser hochgegriffen erscheinen, aber alles lief darauf hinaus – und es war immer nur ‚zum Schutz unserer sozialistischen Errungenschaften'. ‚Der Staat', ‚die Partei', die ‚sozialistische Gesellschaft' und die ‚Nationale Volksarmee' bestimmten unser Leben. Die entsprechende Terminologie und Ideolo-

---

4 Konrad Weiß: „Von der Unfreiheit freier Entscheidungen in der DDR" in: Sächsische Zeitung, 15./16. November 2008, S. 5
5 ebenda S.5
6 Statut der Pionierorganisation „Ernst Thälmann", herausgegeben vom Zentralrat der FDJ, Ag 209/45/80 I-5-20 6550, S.5
7 ebenda S.5
8 Konrad Weiß: „Von der Unfreiheit freier Entscheidungen in der DDR" in: Sächsische Zeitung, 15./16. November 2008, S. 5

gie fand sich überall: in den Statuten der Pionier-, FDJ- und anderen Organisationen, in den Schulbüchern und allen Medien, natürlich auch in den Zeitschriften „Trommel" und „Fröhlich sein und singen" (FRÖSI), die speziell für Schulkinder gestaltet wurden. Wir sangen die entsprechenden Lieder („Brüder, seht die rote Fahne", „Das Lied vom kleinen Trompeter") und lernten die entsprechenden Gedichte. Selbstverständlich und konsequent drängte die Terminologie immer stärker in den parteiideologischen und militärischen Bereich. In den Texten der Lehrbücher für untere Klassen gibt es hauptsächlich sozialistische Werktätige, Aktivisten, die Genossen der Patenbrigade, den Volkspolizisten, heldenhaft kämpfende Traktoristen und Mähdrescherfahrer, Soldaten, sogar vor den Kampfgruppen schreckt man nicht zurück. Eltern, Geschwister, Omas, Opas, Märchen.... Fehlanzeige.

An erster Stelle steht der Staat. Die „Gebote der Jungpioniere" sagen es ganz eindeutig: Erst der Staat, dann die Eltern. Die Fronten sind geklärt.

Unsere Pionierorganisation „Ernst Thälmann" ist die sozialistische Massenorganisation der Kinder in der Deutschen Demokratischen Republik. Jeder Schüler bis zum 14. Lebensjahr kann Mitglied der Pionierorganisation werden.
Unsere Pionierorganisation „Ernst Thälmann" wird von der Freien Deutschen Jugend geleitet. <u>Sie erzieht in enger Zusammenarbeit mit der sozialistischen Schule, den Eltern und den Werktätigen die Pioniere und Schüler am Vorbild Ernst Thälmanns zu klassenbewußten Sozialisten.</u>

Und die Erziehung der Kinder war sowieso geregelt. Wer erzieht sie? Die Pionierorganisation natürlich. Und mit welchem Ziel? Zu klassenbewussten Sozialisten natürlich, wie im Statut der Pionierorganisation auf Seite 3 gleich klargestellt. „Und warum ließen sich die Eltern das gefallen", könnte man jetzt fragen. „Ließen sie ja nicht", könnte man antworten, denn diese „wertvollen" Dokumente teilten alle das gleiche Schicksal: Man bekam sie in die Hand gedrückt und dann landeten sie in irgendeiner Schublade. Ernst genommen hat sie keiner, sie wurden nicht einmal vollständig gelesen. Aber sie offenbarten den Geist, den Wunschtraum der Machthaber, und dass es kein Traum blieb, dafür wurde schon gesorgt: Wir waren immer und überall umgeben von dieser Terminologie und Ideologie – Radio, Fernsehen, Presse, Plakate und Poster auf den Straßen und Plätzen – man sah es und sah es auch wieder nicht. Und so wurden wir ideologisch beeinflusst, ohne dass wir es merkten. Auffällig wurde nur noch, was zu arg und zu plump betrieben wurde.

Wir waren fast alle irgendwo organisiert. Das begann schon in der Kinderkrippe (später im der Kindergarten), setzte sich in der Schule fort in der Pionier- und FDJ-Gruppe, später in der Gewerkschaftsgruppe und – wenn es nach den sturen Grauköpfen gegangen wäre – in der Parteigruppe, jeweils mit einer Struktur von „unten" bis „oben" (Ortsleitung, Kreisleitung, Bezirksleitung).

Ich war als fleißiges Mädchen und ehrgeizige Schülerin natürlich immer mit dabei, im Gruppenrat, im Freundschaftsrat, dessen Vorsitzende ich schließlich wurde. Zum Freundschaftsrat lesen wir im Statut: „Zum Freundschaftsrat gehören 12-15 Thälmannpioniere: der Vorsitzende;

der Stellvertreter, der zugleich für die Freundschaftsfahne verantwortlich ist; der Schriftführer; der Wandzeitungsredakteur; der TROMMEL-Reporter; der Hauptkassierer .... Zur Lösung von ständigen und zeitweiligen Aufgaben beruft der Freundschaftsrat ... Stäbe und Kommissionen. Das können sein: der Stab der jungen Agitatoren, der Manöverstab, die Kommission Technik und Naturwissenschaft..."[9]

Wow! Ich war der ranghöchste Pionier und durfte beim Appell neben der Freundschaftspionierleiterin und dem Direktor stehen. Alle lobten mich dafür, nur mein Vater nicht. Und dabei war er doch so auf gute Leistungen in der Schule bedacht und ermahnte mich ständig, Schule stehe an erster Stelle, an absolut erster Stelle. Und er untermauerte seine

---

[9] Statut der Pionierorganisation „Ernst Thälmann", herausgegeben vom Zentralrat der FDJ, Ag 209/45/80 I-5-20 6550, S.26+27

Worte, indem er mich ständig daran erinnerte, wie gut er meine Lehrer kennt und wie wenig Mühe es ihm bereitete, sie kurzerhand bezüglich meiner Leistungen zu befragen. Oh ja, darüber war ich mir immer im Klaren. Das habe ich noch heute im Ohr. Und da war er nicht stolz auf mich? Nun, er hatte eben LEISTUNGEN gemeint und mein überdurchschnittliches Engagement in der Pionierorganisation missfiel ihm schon lange. Als Kind befand ich mich im Widerspruch, denn ich wurde von allen Lehrern gelobt. In diese Zeit fiel noch eine zweite Auseinandersetzung mit meinem Vater, die ich damals nicht verstand und die ich ihm noch lange angekreidet habe: Irgendwann in der 6. oder 7. Klasse wurde nachmittags im Kino eine Sondervorstellung für unsere Schule durchgeführt. Es war eine Pflichtveranstaltung, alle mussten hingehen. Es handelte sich um einen Film über den 2. Weltkrieg; es ging um faschistische Gräueltaten und dem Film ging der Ruf voraus, er solle sehr grausam sein. Mein Vater, der selbst mit seiner kranken Mutter und Geschwistern aus Schlesien fliehen musste, war erbost und ließ es nicht zu, dass ich dahin gehe. Ich habe geweint und habe meinen Vater nicht verstanden, weil ich meinte, es sei eine Schulveranstaltung und ich müsse dahin, denn alle gehen, nur ich nicht. NUR ICH NICHT. Ich fühlte mich dumm und ausgeschlossen. Es ging mir gar nicht um den Film, doch welches Kind möchte gern abseits stehen? Ausgeschlossen sein? Darauf baute man natürlich. Mein Vater hat sich durchgesetzt. Er ist persönlich in der Schule gewesen und hat der Pionierleiterin und dem Direktor sehr deutlich gemacht, dass er durchaus weiß, was Kriegsentbehrungen bedeuten, er aber diesen Film für ein Kind meines Alters für unangemessen hält. Und meine Teilnahme also verbietet. Und ich kann mir denken, dass er noch viel ausführlicher war, denn niemand, kein Lehrer, kein Direktor, kein Pionierleiter hat am nächsten Tag auch nur ein Wort darüber verloren, dass ich nicht im Kino war und das fehlende Filmerlebnis hat mir auch in keiner Weise im Unterricht gefehlt. Es zeigte sich hier ein erstes Mal, das wir uns öfters hätten widersetzen können. Es war wie so oft: von Staatsseite lautes Geschrei (alle müssen teilnehmen, es ist eine Pflichtveranstaltung, kann sogar in den Unterricht einbezogen werden usw., usw.), wenn sich aber jemand kategorisch und vehement widersetzt hat, dann passierte ... gar nichts.

Das kann man natürlich nicht ohne Weiteres auf andere Bereiche oder Personen übertragen. Mein Vater war in der bevorzugten Situation, nicht der Agitation und Diskussion eines „sozialistischen Großbetriebes" ausgesetzt zu sein, auch nicht den „Kämpfen" um den Titel „Kollektiv der sozialistischen Arbeit" o.ä., sondern er hat zeitlebens bei einem privaten Handwerker gearbeitet und sich von solchem „Kram" nicht beeindrucken lassen.

Und nun hatte mein Vater auch die Sache mit dem „ranghöchsten" Pionier satt und so untersagte er mir zum Beginn eines neuen Schuljahres einfach, mich erneut in diese Funktion wählen zu lassen. Wir hatten sonst kaum Streit, aber das war – abgesehen von Diskussionen über Poster von ein paar Sängern an meiner Wand – der schlimmste Streit, den ich mit meinem Vater je hatte. Ich war enttäuscht, verärgert, wütend. Warum tat er mir das an? Ich, Liebling aller Lehrer und ganz besonders der Pionierleiterin, musste sagen: „Ich darf nicht!" Ach, wie sie mich bedauerten. Ach, du Arme, und du hast das immer so schön gemacht... Ja klar, da standen sie nun und mussten sich ein anderes Opfer suchen.

Heute bin ich meinem Vater sehr dankbar. Und seine Maxime von damals habe ich immer, auch und ganz besonders zu DDR-Zeiten, gelebt: Anerkennung durch Leistung und nicht durch politische Bekenntnisse!

Was für uns alle auch ganz alltäglich war und zur Normalität gehören sollte, war die bereits erwähnte Militarisierung. Es begann in der Pionierorganisation mit der Uniform, dem Gruppenrat, in dem jeder eine bestimmte Funktion ausübte und darüber Rechenschaft ablegen musste, dem Gelöbnis als Bekenntnis zu Staat und Partei, der Mitgliedskarte, dem Mitgliedsbeitrag und dem Abonnement der entsprechenden Zeitung. (Jungpioniere lesen die ABC-Zeitung, Thälmannpioniere die Trommel). Das war Vorbereitung auf das spätere Leben. Ganz genauso sollte das ablaufen: Du bist da und dort organisiert, machst dies und jenes, trägst diese Uniform, zahlst deinen Mitgliedsbeitrag und liest, was wir für richtig halten! Später im eigenen Beruf werde ich sehen, dass das sogar kontrolliert wird. Es nannte sich dann „Pressespiegel der Kollegen". Aber dazu später.

Schritte zur Militarisierung und Vorbereitung zur Aufnahme in die SED

Strukturen (Pionierorganisation und FDJ):
- Uniform
- Gelöbnis
- Leitungsebene
- Mitgliedskarte bzw. –buch
- Monatsbeitrag
- Fahnenappell
- Pioniergruß
- Abzeichen
- Auszeichnungen

Symbole:
- Gruppenwimpel bzw. Freundschaftsfahne
- Trommel und Fanfare
- Bild Ernst Thälmanns
- Ehrenbuch
- Chronik

Abläufe
- Wahlen (nicht im Sinne freier und geheimer Wahlen, eher eine unauffällige „Auswahl" geeignet erscheinender Kader
- Sitzungen
- Pläne und Aufträge
- Rechenschaftsberichte
- Studium von Beschlüssen der Partei
- Agitation und Propaganda

Ordnungsformen:

Fahnenappell, Sportunterricht und auch die Meldung vor einer jeden Unterrichtsstunde wurden regelmäßig zum Erlernen von Ordnungsformen genutzt. Vordergründig ging es darum,

- das Kommandieren zu lernen
- Kommandos exakt auszuführen
- auf den Wehrdienst vorzubereiten und auf die vormilitärische Ausbildung, die grundsätzlich Bestandteil der Berufsausbildung war bzw. dieser voranging
- soldatische Charaktereigenschaften auszuprägen
- eine Verbundenheit zur Nationalen Volksarmee zu schaffen

Regelmäßig praktiziert wurden Kommandos wie:

„Klasse bzw. Riege stillgestanden!"
„Ich melde, die Klasse ist zum Unterricht bereit!"
„Zur Meldung an den Sportlehrer die Augen rechts!" usw.

III. Die Symbole der Pionierorganisation
Das **rote Halstuch** ist das Symbol der Thälmannpioniere. Das **blaue Halstuch** ist das Symbol der Jungpioniere. Unser **Pioniergruß** lautet: „Für Frieden und Sozialismus — seid bereit! — Immer bereit!" Wir führen den Pioniergruß aus, indem wir die rechte Hand mit geschlossenen Fingern über den Kopf erheben.
Unser **Pionierabzeichen** besteht aus den Buchstaben „JP" (Junge Pioniere), drei lodernden Flammen und der Inschrift „Seid bereit". Das **Mitgliedsbuch** des Thälmannpioniers bzw. die **Mitgliedskarte** des Jungpioniers ist das wichtigste Dokument des Pioniers und weist ihn als Mitglied der Pionierorganisation „Ernst Thälmann" aus.
Unsere **Pionierkleidung** besteht aus einer weißen Bluse und dem dunklen Rock für Mädchen; aus einem weißen Hemd und dunkler Hose für Jungen; dem Pionierhalstuch und dem dunkelblauen Käppi mit dem Pionierabzeichen für Mädchen und Jungen. Auf dem linken Ärmel tragen wir ein Pionierabzeichen. Wir tragen die Pionierkleidung bei Pionierveranstaltungen, an Fest- und Feiertagen unserer Republik und zu besonderen Anlässen. Jede Pioniergruppe hat einen **Gruppenwimpel**. Er ist blau wie die Fahne der Freien Deutschen Jugend und trägt auf beiden Seiten das Pionierabzeichen. Der Gruppenwimpel wird bei den Zusammenkünften der Pioniere mitgeführt.
Jede Pionierfreundschaft hat eine **Freundschaftsfahne**. Sie ist blau wie die Fahne der Freien Deutschen Jugend und trägt das Pionierabzeichen, die Aufschrift „Für Frieden und Sozialismus — immer bereit!" sowie den Namen der Pionierfreundschaft. Die Freundschaftsfahne wird bei Veranstaltungen der Pionierfreundschaft, Demonstrationen und anderen besonderen Anlässen mitgeführt.
Zu den Symbolen der Pionierfreundschaft gehören weiterhin die **Trommel** und die **Fanfare**. Sie werden gemeinsam mit der Freundschaftsfahne, den Gruppenwimpeln, einem **Bildnis Ernst Thälmanns**, dem

Weitere Bausteine zur Militarisierung und Vorbereitung auf den Wehrdienst in der DDR waren die GST (Gesellschaft für Sport und Technik), die gerade männliche Jugendliche damit lockte, dort die Fahrschule machen zu können. Militärische Spiele, Übungen und Wettkämpfe führte man ganz unverblümt durch. Ich erinnere mich an die Hans-Beimler-Wettkämpfe, die man völlig ungeniert mit den hier ersichtlichen Teildisziplinen im Sportunterricht durchführte und zensierte.

TEILNEHMERKARTE für den „HANS-BEIMLER-WETTKAMPF" der FDJ

Name:
Vorname:
geb. am:
Grundorganisation:

Disziplinen	8. Klasse		9. Klasse		10. Klasse	
	Leistung	Punkte	Leistung	Punkte	Leistung	Punkte
1. Klimmzüge						
2. Schlußdreisprung						
3. Kniebeugen						
4. Liegestütze (Mädchen)						
5. Beugestütze (Jungen)						
6. 1000-/2000-m-Lauf						
7. Hindernisbahn						
8. Handgranatenwurf						
9. Luftgewehrschießen						
Gesamtpunktzahl						
Marsch der Bewährung (Einschätzung)						

Es war eine ganz normale „Leistungskontrolle" im Sportunterricht, von der mein Vater Gott sei Dank nichts wusste...

Die FDJ war die „Kampfreserve der Partei". Und was die Partei wollte, war unschwer zu erkennen... Sie wollte uns natürlich auch mit dem olympischen Gedanken vertraut machen, und wer will sich denn nachsagen lassen, dass er sein Land bzw. seine Mannschaft nicht unterstützt? Die läppischen 10 Pfennige sind doch nur für das Papier und wer weiß, vielleicht traf man ja außer den Scheiben auch das kleine Männlein in der Mitte?

Mit solchen Übungen und Wettkämpfen konnte man später ganz unauffällig in die vormilitärische Ausbildung überleiten. Das Fach Wehrerziehung ab Klasse 9 (was mich als Schüler zwar noch nicht traf, dafür aber wie ein Faustkeil im Beruf auf mich niedersauste) rundete schließlich eine Schulbildung ab, die von Anfang an von militärischen und politischen Inhalten durchdrungen war. Es gab fast kein Unterrichtsfach, wie ich später schmerzlich feststellen sollte, das nicht von entsprechenden Texten oder Aufgabenstellungen durchdrungen gewesen wäre, ob Deutsch, Mathematik oder Heimatkunde. Natürlich stand man dem Lehrer bei dieser Aufgabe hilfreich zur Seite, zum Beispiel in unzähligen „Unterrichtshilfen", vergleichbar mit den heutigen Handbüchern für den Lehrer. Und da wurde nicht lange drumherumgeredet.

Zum Deutschunterricht in Klasse 1 findet man auf Seite 6 der Unterrichtshilfe: „Der Inhalt des Anfangsunterrichtes wird in der zehnklassigen allgemeinbildenden polytechnischen Oberschule der Deutschen Demokratischen Republik durch die Gesamtheit von sieben Unterrichtsfächern bestimmt: Deutsch, Mathematik, Zeichnen, Musik, Werk-, Sport- und Schulgartenunterricht. In jedem dieser Fächer werden die Schüler kommunistisch gebildet und erzogen."[10] Auf den Seiten 181 und 249 gab es auch gleich die exakten Stundenvorbereitungen dazu:

---

26. Woche, 2. Stunde

Thema: „1. Mai, Kampf- und Feiertag der Arbeiterklasse und aller Werktätigen"
Vorbereitung auf den 1. Mai

Unterrichtsziel

– Die Schüler lernen den 1. Mai als Kampf- und Feiertag der Arbeiterklasse und aller Werktätigen kennen.
– An konkreten Beispielen aus dem Heimatort erfahren sie von den Vorbereitungen der Werktätigen auf diesen Tag.
– Sie lernen einige besonders gute Leistungen von Werktätigen kennen (Eltern von Mitschülern, die sie kennen; Werktätige aus der Patenbrigade, dem Patenbetrieb).
– Bei ihnen wird die Bereitschaft geweckt, zur Verschönerung dieses Feiertages beizutragen (Schmücken des Klassenzimmers, der Fenster der eigenen Wohnung oder ähnliches).

Unterrichtsverlauf

Unterrichtsgespräch: Der Lehrer zeigt eine rote Mainelke und nennt deren Bedeutung. Wann wird sie getragen, welcher Feiertag steht bevor, warum feiern ihn die Menschen? (*Tafelbild:* 1. Mai – Feiertag) Wer feiert den 1. Mai – Schüler sagen, was sie wissen und erlebt haben; Lehrer lenkt; Begriff „Werktätige" wird gebildet (Erweiterung des *Tafelbildes:* 1. Mai – Kampf- und Feiertag der Arbeiterklasse und aller Werktätigen).
Arbeit an den Fibelbildern (Seiten 73, 74 und 75): Man sieht schon, daß der 1. Mai bald kommt; Beispiele aus dem Schulbereich hinzufügen; geschmückte Gebäude, Schaufenster, Autos und anderes mehr; Menschen zeigen ihre Freude, indem sie ihre Häuser schmücken (Wiederholung der Kenntnisse vom 7. Oktober: Welche Fahnen kennen wir? Was bedeuten sie? Bedeutung der Friedenstaube).
Unterrichtsgespräch: Möglichkeiten, unser Klassenzimmer und die Fenster daheim zu schmücken. Wen werden wir um Mithilfe bitten, was können wir selbst tun.
Schüleraufträge für den 1. Mai:

1. Bericht über ein Erlebnis von der Maidemonstration am Ort.
2. Fragen, wer von den Eltern, der Patenbrigade oder anderen Bekannten am 1. Mai ausgezeichnet wurde und wofür.
3. Jeder Schüler merkt sich eine Losung, die er auf einem Plakat oder Spruchband gelesen hat.

---

10 Deutsch Klasse 1 Unterrichtshilfen, Volk und Wissen Volkseigener Verlag Berlin 1977, S.6

Stoffeinheit 19, Fibelseite 50

Vorbemerkung:

Hier handelt es sich um die erste neue Fibelseite, die die Schüler nach der Ferienpause lesen. Von dieser Seite an erscheinen keine Wortleisten mehr, die schweren Wörter müssen also anders (z. B. an der Tafel) isoliert werden.

Inhaltliche Schwerpunkte:

– Üben der Wortgruppen
Tafeltext: Soldat
    Soldat der Volksarmee
    unsere Soldaten
    von unserem Soldaten
– Selbständige Schülerarbeit durch Lösen verschiedener Aufträge
– Simultanes Erfassen kleiner Wörter
– Beantworten der Frage zum Text

Hinweise zur Gestaltung des Unterrichts

Ankündigung: Da wir die meisten Buchstaben gut behalten haben, werden wir heute eine kleine Geschichte lesen.
– Lies die erste Zeile, die 8. Zeile und die Frage unter dem Text still!
– Versuche, aus dem Bild zu erkennen, wovon in unserer Geschichte erzählt wird!
– Lies den Text still (Wörter, die dir schwerfallen, laß aus) und erzähle uns, was du verstanden hast!

Arbeit am Text:

Kontrolle der Ergebnisse der Aufträge in umgekehrter Reihenfolge.
Unterrichtsgespräch zur Frage: Was werden wir unseren Soldaten fragen? (Dabei persönliche Erfahrungen der Schüler einbeziehen, eventuell Herstellen von Beziehungen zu einer Einheit der NVA, der Deutschen Volkspolizei oder der Kampfgruppe des Patenbetriebes im Rahmen der Pionierarbeit.)

Übung:

Fließendes Lesen wesentlicher Wörter und Wortgruppen

Frage: Welche Wörter findest du besonders wichtig?
Der Lehrer liest den Text im Zusammenhang, die Schüler bestimmen die Wörter.
Tafeltext: Soldat
    unsere Soldaten
    von unserem Soldaten
    Soldat der Volksarmee
    was wir unseren Soldaten fragen

181

Natürlich standen den Lehrern auch die entsprechenden Lehrmittel[11] zur Verfügung:

---

11 Deutsch Klasse 3 Unterrichtshilfen Volk und Wissen Volkseigener Verlag Berlin, 1987, S. 207 (folgt auf Seite 18)

Unterrichtsmittel für den Deutschunterricht in Klasse 3

1. Lichtbildreihen
R 611 Mahn- und Gedenkstätten
R 786 Ernst Thälmann
R 1113 Aus dem Leben und Kampf Wilhelm Piecks
R 938 Vom schweren Anfang bis zur Gründung unserer Republik
R 953 Die DDR – unser sozialistisches Vaterland
R 1037 Erich Honecker
R 399 Aus dem Leben unserer Nationalen Volksarmee
R 1057 Diafundus zur Verkehrserziehung
R 1056 Verkehrszeichen und -leiteinrichtungen
R 920 Frühblüher
R 997 Oberflächenformen

2. Tonbildreihen
T-R 76 Lenin – Leben, Kampf, Gedenkstätten
T-R 125 Kampfgruppen der Arbeiterklasse schützen die Errungenschaften der DDR
T-R 68 Aus dem Leben unserer Pioniere
T-R 74 Unsere Haustiere
T-R 89 Unsere sozialistische Landwirtschaft

3. Schallplatten
SCHOLA 870016 Gedichte und Prosatexte
SCHOLA 875084 Gedichte und Prosatexte
SCHOLA/LITERA König Drosselbart

4. Projektionsfolien
Ableitung von Kartenzeichen (Industrie)
Höhendarstellung auf der Karte
Tagbogen der Sonne
Der Baum in den vier Jahreszeiten

5. Anschauungstafeln
Verkehrsregelung (Farbzeichen)
Verkehrsregelung (Handzeichen)
Warnzeichen
Vorschriftszeichen
Hinweiszeichen
Zusatzzeichen
Verkehrsleiteinrichtungen

6. Bildfolgen und Bildmappen
Alle helfen mit
Aus dem Leben unserer Soldaten

7. Karten
Wandkarte: Heimatkreis
Handkarte: Heimatkreis
Umrißkarte: Heimatkreis
Schiefertuchkarten:
Umrißkarte Heimatkreis
Wetterbeobachtungstabelle mit Applikationen

8. Applikationen
Laubbäume
Nadelbäume
Pflanzen des Waldes
Getreidearten
Von der Blüte zur Frucht
Frühblüher
Applikationen zur Zeitleiste

9. Geräte und Modelle
Zeitleiste
Signalkarten für den Schüler
Lehr- und Übungsgerät für die Verkehrserziehung
Marschkompaß
Außenthermometer
Sandkasten
Verkehrsampel
Verkehrszeichen für die Arbeit im Sandkasten
Verkehrszeichen 4
Verkehrszeichen 1
Stopfpräparat Hamster
Modell Kirschblüte

10. Sonstige Mittel
Signaturschablone „Industrie"
Arbeitsblätter für die Wetterbeobachtung

Analyse eines Mathematikbuches
(Mathematik 2, Volk und Wissen Volkseigener Verlag Berlin 1985)

Ich habe ein altes Mathebuch gefunden, das meinem damaligen stark ähnelt und ein wenig drin gestöbert.

Die Titelseite sagt eigentlich alles. Sie zeigt, worum sich unser Leben drehte. DAS war unsere Welt, DAS bestimmte unser Denken und Handeln. Als Kind will man doch dazugehören. Das Titelbild suggeriert doch schon, wo man hingehört. Alle haben diese Kleidung mit diesem Halstuch, alles wirkt unheimlich spannend und gleichzeitig so harmonisch. In meiner Klasse waren alle Pioniere, ich kann mir aber vorstellen, dass ein Kind, das dieses Buch jeden Tag in der Hand hat und kein Pionier ist, sich ausgeschlossen und traurig fühlt. Und das war auch so gewollt. Wir waren alle Jung- und Thälmannpioniere. Später, als wir in die FDJ aufgenommen wurden, kamen 2 Mädchen in unsere Klasse, deren Eltern das aus religiösen Gründen nicht erlaubten. Wir haben sie bedauert, denn sie waren wirklich Außenseiter.

Die Themenauswahl für die Aufgaben in diesem Buch* widerspiegeln das sozialistische Umfeld, lenken die Aufmerksamkeit der Kinder vom Familiären weg hin zur Gemeinschaft. Genau wie Konrad Weiß in bereits erwähntem Artikel: Das Kind nicht als Persönlichkeit, sondern als Teil des Kollektivs.

Folgende Themenbereiche sind mit entsprechender Seitenzahl und Abbildungen auf insgesamt 103 Seiten vertreten:

1. Die Pionierorganisation mit 15 Seiten
2. Unsere Nationale Volksarmee mit 5 Seiten

3. Der sozialistische Wohnungsbau mit 5 Seiten
4. Die LPG mit 3 Seiten
5. Spenden, Freundschaftstreffen und Auszeichnung als Aktivist mit je 1 Seite

Es folgen einige Beispiele, wie das Thema „Soldat" oder „Armee" ganz selbstverständlich und systematisch zur Illustration eines Mathebuches Klasse 2 verwendet wird, eingebettet in Aufgaben oder auch „nur so":

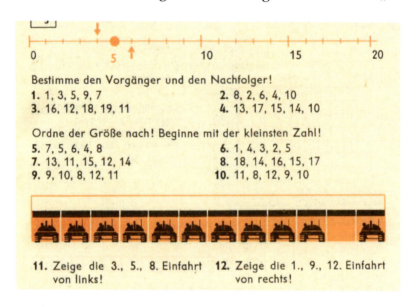

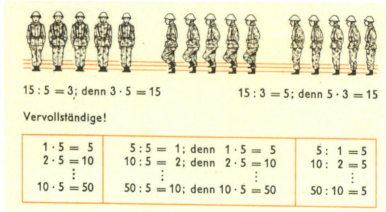

Von einer Gruppe Soldaten halten 3 Soldaten Wache. Die anderen 25 Soldaten sind in der Unterkunft.
Wieviel Soldaten gehören zu dieser Gruppe?

| $a - 3 = 25$ |
| $a = 28$ |

denn
$28 - 3 = 25$

$a - 3 = 25$
$a = 25 + 3$
$a = 28$

Antworte auf die Frage!   Probe: $28 - 3 = 25$

| $i - 3 = 6$ | $a - 2 = 8$ | $e - 4 = 5$ | $u - 5 = 3$ |

14. Ein Junge sammelt an zwei Tagen je 10 Flaschen. Ein Mädchen sammelt an 3 Tagen je 9 Flaschen.
a) Wieviel Flaschen sammelt der Junge?
b) Wieviel Flaschen sammelt das Mädchen?
c) Wer sammelt mehr?
d) Wieviel Flaschen sammeln beide Kinder zusammen?

15. 4 Gruppen mit je 10 Soldaten sind auf dem Schießstand. 3 Gruppen mit je 8 Soldaten üben im Gelände.
a) Wieviel Soldaten sind auf dem Schießstand?
b) Wieviel Soldaten üben im Gelände?
c) Wo sind mehr Soldaten?
d) Wieviel Soldaten sind es zusammen?

Der ganz besondere Knüller jedoch ist die Seite 92. Dort gelang es doch tatsächlich, die Arbeitsgemeinschaft im Pionierhaus, die Große Sozialistische Oktoberrevolution und die nationale Volksarmee unterzubringen!

3

1986	Oktober
6	Montag
7	Dienstag
8	Mittwoch
9	Donnerstag
10	Freitag
11	Sonnabend
12	Sonntag

1986	November			
Mo		3	10	17	24
Di		4	11	18	25
Mi		5	12	19	26
Do		6	13	20	27
Fr		7	14	21	28
Sa	1	8	15	22	29
So	2	9	16	23	30

Lies vom Kalenderblatt die Wochentage ab! — Wieviel Tage sind es?

1 Woche hat 7 Tage.

Für Sonnabend kannst du auch Samstag sagen. Die Abkürzung Sa (Sonnabend bzw. Samstag) wird gewählt, damit keine Verwechslung mit So (Sonntag) vorkommt.

1. Fritz hat in diesem Jahr am dritten Sonntag im November Geburtstag. Nenne sein Geburtsdatum!

2. Monatlich an jedem 2. Mittwoch geht die Arbeitsgemeinschaft ins Pionierhaus. Der wievielte Tag im November ist das?

3. Am 7. November ist der Jahrestag der Großen Sozialistischen Oktoberrevolution. Welcher Wochentag ist das?

4. Herbert ist bei der Nationalen Volksarmee. Er hat 3 Wochen Urlaub. Wieviel Tage sind das?

Abgesehen von Soldaten und der nationalen Volksarmee wird der Nutzer dieses Mathebuches noch konfrontiert mit folgenden Themen:

- Betriebsküche des sozialistischen Großbetriebes,
- Hühnerfarm
- Konserven aus Bulgarien
- Dosenfisch aus Saßnitz
- Freundschaftstreffen mit deutschen, sowjetischen und polnischen Pionieren
- Zeitungen FRÖSI, Atze, Jugend + Technik, ABC-Zeitung
- der volkseigene Betrieb schickt Werktätige zur Erholung
- russische Briefmarken
- Pioniere fahren zum Wintersport
- Pioniergruppe wird mit Prämien ausgezeichnet
- Pionierzirkel hat Briefe aus der Sowjetunion erhalten
- Pioniere im Winterlager
- Ferienlager „Junge Astronauten"
- Pioniere treten an zum Appell
- Pioniere über einen Volkstanz
- Volkseigener Betrieb zeichnet Werktätige als Aktivisten aus
- Arbeiter erhalten eine Prämie
- Prüfung Polizei- und Jagdhunde
- Pionierleiter reist mit Pionieren und bestellt Plätze für Pioniere
- Pioniere gehen ins Kino

Das Wort „Eltern" taucht einmal im Zusammenhang mit einer Einladung zur Elternversammlung auf.

Mathematik Lehrbuch für Klasse 3
(Volk und Wissen Volkseigener Verlag Berlin 1984)

Das Mathebuch für Klasse 3 ist ähnlich anschaulich gelungen.

36. In einem Strauß sind 4 weiße und 5 rote Astern zusammengebunden.
Wieviel Astern gehören zu 8 solcher Sträuße?

37. In einem Fenster sind 6 große und 4 kleine Scheiben.
Wieviel Scheiben sind insgesamt an 5 solcher Fenster zu putzen?

38. Zum Arbeitseinsatz an der neuen Sporthalle kamen 20 Männer und 15 Frauen.
Wieviel Brigaden können daraus gebildet werden, wenn zu jeder Brigade 5 Personen gehören sollen?

39. Von 54 Soldaten einer Einheit haben 12 das Bestenabzeichen erhalten.
Wieviel Kollektive dieser Einheit kämpfen noch um diese Anerkennung, wenn zu jedem 6 Soldaten gehören?

25. Bei einem Manöver werden insgesamt 1 780 km zurückgelegt. Der erste Abschnitt ist 180 km lang. Die anderen 8 Abschnitte sind annähernd gleich lang.
Wie lang ist ungefähr ein Abschnitt?

26. Bei einem Militärtransport über 2 000 km werden am 1. Tag 500 km zurückgelegt. Der Rest der Strecke soll an 5 Tagen zu gleichen Teilen gefahren werden.
Wieviel Kilometer müssen täglich gefahren werden?

27. Bilde ähnliche Aufgaben!
Beachte: Nach dem Subtrahieren ist die Differenz zu dividieren!

C Potenzen und Potenzfunktionen

70 Potenzen
Wiederholung (70) · Potenzen (Exponent $n \in N$; $n \geq 1$) (71) · Potenzen (Exponent $n \in G$) (73) · Potenzen (Exponent $n \in R$) (75) · Spezialfälle der Potenzgesetze (77) · Abtrennen von Zehnerpotenzen (79) · Rechnen mit physikalischen Größen (80) · Positionssysteme (81)

84 Potenzfunktionen
Wiederholung (84) · Potenzfunktionen $y = x^n$ ($n \in G$; $n \geq 2$) (87) · Potenzfunktionen $y = x^n$ ($n \in G$; $n \leq 1$) (90) · Potenzfunktionen $y = x^n \left(n = \dfrac{p}{q} ; p, q \in G; p \neq q; q > 0 \right)$ (92) · Graphen von $g(x) = f(x) + e$ und $h(x) = a \cdot f(x)$ (94) · Beispiele für rationale Funktionen (99)

Geschosse beschreiben nach dem Abschuß eine ballistische Kurve, deren Weite und Höhe unter anderem auch vom Abschußwinkel abhängen. Würde nicht der Luftwiderstand den Flug beeinflussen, so wäre die Bahn eine Parabel. Die Bilder spezieller Potenzfunktionen sind ebenfalls Parabeln. Geschoßbahnen können mit Hilfe von Funktionen mathematisch erfaßt und die Einschlagstellen also im voraus berechnet werden.

D Quadratische Funktionen und quadratische Gleichungen

104 Quadratische Funktionen
Begriff (104) · Funktionen $y = ax^2 + c$ und $y = (x + d)^2 + e$ (105) · Nullstellen quadratischer Funktionen (109) · Funktionen $y = x^2 + px + q$ und ihre Nullstellen (111) · Funktionen $y = ax^2 + bx + c$ ($a \neq 0$) (113) · Anwendungen (115)

116 Quadratische Gleichungen
Begriff (116) · Gleichungen $x^2 + q = 0$ und $x^2 + px = 0$ (118) · Gleichung $x^2 + px + q = 0$ und ihre Lösungsformel (121) · Lösungsbeispiele (124) · Sachaufgaben (127)

Das sozialistische Lager ist mit den besten Verteidigungswaffen ausgerüstet. Diese modernen strahlgetriebenen Jagdflugzeuge der NVA können mit Überschallgeschwindigkeit fliegen. Dazu ist ein hoher Schub, dazu ist viel Energie erforderlich. Diese mechanische Energie erhält man durch die Umformung der chemischen Energie der Treibstoffe in den Triebwerken. Man kann die Bewegungsenergie eines Körpers mit Hilfe der Gleichung

$$W_{kin} = \frac{m}{2} \cdot v^2$$

errechnen. Die kinetische Energie eines Körpers wächst bei konstanter Masse mit dem Quadrat der Geschwindigkeit. Dieses physikalische Gesetz ist ein Beispiel für eine quadratische Funktion.

28 Eine Fahrzeugkolonne der NVA erhält den Befehl, mit Höchstgeschwindigkeit einen 120 km entfernten Punkt zu erreichen. Durch Erhöhung ihrer Geschwindigkeit um 10 km h^{-1} gelangt sie 1 h früher an den angegebenen Punkt, als wenn sie ihre ursprüngliche Geschwindigkeit beibehalten hätte. In welcher Zeit erreicht die Kolonne das angegebene Ziel, wenn man voraussetzt, daß die Bewegung gleichförmig erfolgt?

Lösung: Es sei v ($v > 0$) der Zahlenwert der ursprünglichen Geschwindigkeit in km h^{-1} und t ($t > 1$) der Zahlenwert der ursprünglich benötigten Zeit in h. Dann ist $v + 10$ der Zahlenwert der erhöhten Geschwindigkeit und $t - 1$ der Zahlenwert der zu berechnenden Zeit

Nach Voraussetzung gilt

(1) $v \cdot t = 120$;
(2) $(v + 10)(t - 1) = 120$.

Aus (1) folgt $v = \dfrac{120}{t}$ ($t > 0$).

Durch Einsetzen in (2) erhält man

$$\left(\frac{120}{t} + 10\right)(t - 1) = 120.$$

Diese Gleichung ist mit den folgenden äquivalent.

$$120 - \frac{120}{t} + 10t - 10 = 120$$

$$10t^2 - 10t - 120 = 0$$

$$t^2 - t - 12 = 0$$

Lösungen: $t_{1,2} = \dfrac{1}{2} \pm \sqrt{\dfrac{1}{4} + \dfrac{48}{4}} = \dfrac{1}{2} \pm \dfrac{7}{2}$, also $t_1 = 4$ und $t_2 = -3$.

Wegen $t > 1$ scheidet die Lösung t_2 aus.

Probe: Ursprüngliche Geschwindigkeit: 30 km h^{-1}
        Benötigte Zeit: 4 h
        Einsetzen in (1): $30 \cdot 4 = 120$
        Einsetzen in (2): $(30 + 10)(4 - 1) = 40 \cdot 3 = 120$

Mathematik Klasse 10
Volk und Wissen Volkseigener Verlag Berlin, 1985

182. Das Fla-Turm-MG eines mittleren Panzers ist auf dem oberen Rand des Turmes 2,7 m über dem Erdboden angebracht. Der Aufsatzwinkel (Winkel mit der Horizontalen) kann von $-5°$ bis $+30°$ eingestellt werden. Berechnen Sie den Radius des „toten Raumes" um den Panzer in bezug auf das Fla-Turm-MG (Radius des Turmes 1 m)!

183. Bei einem in der NVA verwendeten Fla-Geschütz werden die Seitenwinkel in Teilstrichen gemessen. Der Vollkreis ist in 6000 Teilstriche unterteilt. Begründen Sie die Regel, daß bei Drehung des Geschützes um 1 Teilstrich der Treffpunkt um ein Tausendstel der eingestellten Entfernung nach der Seite verlegt wird!

37. Die folgenden reellen Zahlen sollen als Bogenmaß von Winkeln aufgefaßt werden. Bilden Sie Teilmengen einander äquivalenter Winkel!

a) $\left\{\dfrac{\pi}{6}, \dfrac{\pi}{4}, \dfrac{17}{6}\pi, \dfrac{15}{4}\pi, -\dfrac{31}{4}\pi, \dfrac{13}{6}\pi, \dfrac{5}{6}\pi\right\}$

b) $\left\{\dfrac{7}{2}\pi, \dfrac{14}{3}\pi, \dfrac{20}{3}\pi, \dfrac{2}{3}\pi, \dfrac{19}{3}\pi, \dfrac{\pi}{3}, \dfrac{3}{2}\pi\right\}$

38. Die 122-mm-Haubitze 38 der NVA hat einen horizontalen Schußwinkelbereich von $49°$. Die maximale Schußentfernung beträgt 11,8 km.

Wie groß ist der Bogen an der Peripherie, der maximal beschossen werden kann?

Ermitteln Sie näherungsweise durch Konstruktion (Kreis mit einem Radius $r = 5$ cm) Lösungen folgender Gleichungen!
($x, y \in P$; $0 \leq x \leq 2\pi$)

Ein Katastrophendiktat

Ich weiß gar nicht, warum ich so viele Mathebücher aufgehoben habe, ich habe das Fach gar nicht gemocht, und ich gebe zu, ich war auch nicht gut in Mathe. Viel besser war ich in Deutsch, und deshalb war auch ein Diktat in Klasse 7 für mich so deprimierend. Es war eigentlich ein ganz normales Diktat, und ich hatte ein gutes Gefühl. Eigentlich hatte ich in Deutsch meist Einsen, und ich sehe mich noch da sitzen, als ob es gestern gewesen wäre: Das Blatt vor mir, alles klar, alles fertig, kein Problem. Und dann bekamen wir es wieder – und ich hatte eine 2!

1. Diktat

Sie schützen unsere Errungenschaften

Als es am 13. August 1961 galt, unsere sozialistischen Errungenschaften vor imperialistischen Anschlägen zu ~~sehr~~ schützen, zeichneten sich neben Soldaten und Offizieren unserer Volksarmee die Kampfgruppen, das bewaffnete Organ der Arbeiterklasse, besonders aus. Die Kampfgruppen waren 1954 gebildet worden. Im Mittelpunkt der Ausbildung der Genossen steht die Qualifizierung auf militärischem Gebiet. In vielen Übungen und Einsätzen haben die Genossen bewiesen, daß sie jederzeit in der Lage sind, gemeinsam mit den Soldaten der Nationalen Volksarmee jeden Anschlag imperialistischer Aggressoren auf unsere sozialistische Republik zu vereiteln.

F.: 1   Z.: 2   Form: 2,

Bei einem Fehler gab es bereits eine Zwei. Und ich hatte diesen einen Fehler gemacht – und ich war schockiert: Ich hatte das Wort „Republik" mit „ck" geschrieben. Ich weiß nicht, warum, aber ich habe es bis zu diesem Zeitpunkt immer mit „ck" geschrieben und war fest davon überzeugt, das sei richtig. Und dazu kam, es war ja nicht einmal irgendein seltenes Wort, mein Gott, es war ein Wort, in der Sprache eines Schülers der DDR so häufig wie „Mutter" und „Vater"! Und ich schreibe es mit „ck"! Ich hab' das bis heute nicht vergessen. Die Reaktion meines Vaters allerdings auch nicht:
„Wir haben das Diktat zurückbekommen", sagte ich niedergeschlagen.
„Und", fragte er, denn er wusste, das war doch eigentlich kein Problem. Wortlos reichte ich ihm das Blatt. Er sah natürlich gleich den Fehler und ich meinte fast ein kleines Schmunzeln auf seinem Gesicht zu sehen. Dann vertiefte er sich in den Text. Mein Vater war immer sehr gründlich, machte nichts, was mit Schule zu tun hatte, so nebenbei. Mit jedem Satz, den er las, verfinsterte sich sein Gesicht mehr. Am Ende knallte er es auf den Tisch und unterschrieb wortlos. Ich dachte bei mir, ich hab mich ja auch geärgert, aber dass er so reagiert, bei einem Fehler, meine Güte, vielleicht ist ihm was anderes daneben gegangen. Meine Mutter, die ihm über die Schulter geblickt hatte, schickte einen vorwurfsvollen Blick rüber.
„Es ist doch nur ein Fehler! Schade, dass da gleich die Eins weg ist."
Mein Vater strich mir übers Haar.
„Hat nichts mit dir zu tun, ist schon schön, ist schon schön."
Und zu meiner Mutter meinte er:
„Mit dem Heinz[12] (er meinte meinen Deutschlehrer) muss ich mal reden."

Und prompt sah ich meinen Vater am nächsten Tag heftig diskutierend auf der Straße stehen – mit meinem Deutschlehrer. Er kannte ihn tatsächlich von gemeinsamen Sportwettkämpfen sehr gut und duzte ihn. Und ich kann mir vorstellen, was mein Deutschlehrer ihm gesagt hat:

---

12 Name geändert

„Walter, reg dich doch nicht so auf. Es ist doch nur ein Diktat. Viele solche Texte sind vorgegeben, man muss nicht alles machen, aber man kann sich nicht immer drum herum mogeln. Nimm's doch nicht so wörtlich. Lobe sie doch einfach für die gute Zensur!" So richtig einig waren sie sich nicht an diesem Tag; widerwillig brummend ging mein Vater von dannen.

Verrückt ist eins: Jahre später habe ich diesen Text wiedergefunden - in den „Diktatbeispielen für die Klassen 5 bis 8" (Volk und Wissen, Volkseigener Verlag Berlin, 1973, Klasse 7, Bereich Fremdwörter). Mein Lehrer hätte auch noch zwischen dem „Deutschen Armeemuseum" und der „Volkskammer der DDR (alles Seite 46) wählen können. Ein guter Freund von mir sagt, es gäbe keine Zufälle. Und ich glaube, das stimmt. Es sollte wohl so sein – nun war ICH der Deutschlehrer.

Doch zurück zu Klasse 7. Ab Klasse 7 konnten wir auch Englisch lernen. Russisch hatten wir ja sowieso seit Klasse 5 als Pflichtfach. Eigentlich sind mir Sprachen immer leicht gefallen, aber Russisch ging mir – und nicht nur mir - mit der Zeit gehörig auf die Nerven. Und es war nicht eigentlich die Sprache daran schuld – wie auch – sondern der Stellenwert, mit dem sie verbunden war und das Gehabe mancher Russischlehrer, die keinen Zweifel daran ließen, dass kein anderes Fach sich in der Wichtigkeit auch nur andeutungsweise mit Russisch messen konnte. Das führte mit der Zeit dazu, dass bei vielen Schülern eine Protesthaltung gegen das Fach entstand. Angebahnt hat sich das bei uns schon auf der EOS, der Höhepunkt war dann erreicht im Studium. Bis zum Abschluss des zweiten Studienjahres durften wir als angehende Englisch-Deutsch Lehrer das Fach Russisch belegen. Wenn ich nachrechne, bringe ich es also auf 10 Jahre Russischunterricht, ohne dass ich jemals die Absicht hatte, mit der Sprache etwas Besonderes anzufangen. Das war aber auch völlig egal, denn jeder hatte während der Berufsausbildung Russisch. Russisch und vormilitärische Ausbildung – das waren die Pflichtbestandteile einer jeden Berufsausbildung, egal ob Studium oder Facharbeiterausbildung. Und wenn man das nicht absolvierte bzw. erfolgreich abschloss, gab's keinen Berufsabschluss. Ich habe einen

Bekannten, der wegen dieser „Protesthaltung" keinen Facharbeiterabschluss erhielt. Er ist in der Berufsschule (Maschinenbau; Ausbildung zum Zerspaner) in Russisch durchgefallen, weil er einfach nicht eingesehen hat, wozu ein Zerspaner Russisch braucht und sich gegen das Fach gesträubt hat. Ergebnis war, dass die gesamte Prüfung als nicht bestanden galt. Er bekam lediglich einen Nachweis, dass er 2 Jahre gelernt hat. Zum Glück war das bei der Arbeitskräftesituation in der DDR keine Katastrophe, er hat in mehr als 40 Jahren bewiesen, dass er seinen Beruf versteht und galt in seinem Betrieb als „Spitzen"-dreher und ausgesprochener Experte für knifflige Sachen.

Nun konnten wir also neben dem Hauptfach Russisch ab Klasse 7 auf freiwilliger Basis nachmittags nach dem Unterricht Englisch lernen. Das Fach hatte auch 10 Jahre später, als ich schon gearbeitet habe, noch den gleichen Stellenwert im DDR-Stundenplan: Es war das 6. Rad am Wagen. Dem Geduldigen schlug die Stunde erst 1990. Als jungen Berufsanfänger haben sie mich sogar einmal nachmittags in der Schule eingeschlossen, weil der Hausmeister sich nicht vorstellen konnte, dass um diese Zeit noch jemand unterrichtet. Aber es gab immerhin Zensuren. Als Schüler war es für mich eigentlich klar, dass ich mich dafür entscheide, und meine Eltern haben das sehr unterstützt, mehr noch, mein Vater hat mein Interesse für Englisch schließlich geweckt. Er hat mir von seiner Schulzeit erzählt und davon, dass er gern eine „höhere" Schule besucht hätte und auch schon Englisch gelernt hatte. Aber das war zu Hause in Schlesien. Krieg und Flucht haben diese Pläne zerschlagen, aber er hat etwas Kostbares und für ihn sehr Wichtiges über diese furchtbare Zeit gerettet: zwei ganz alte einfache Englischbücher und zwei Wörterbücher, immer in der Hoffnung, sie mögen noch einmal gebraucht werden. Diese Bücher haben mich fasziniert und der englischen Sprache näher gebracht. Eins der Wörterbücher war für mich damals ein ganz besonderer Schatz: Es hob sich schon rein äußerlich von den langweiligen DDR-Büchern ab: das Cover bunt und auffallend, in den USA gedruckt, in Philadelphia erschienen. Auf dem reichlich lädierten Cover ein großer roter Punkt mit dem Preis: 35 cents. Dieses Buch habe ich mit mehreren Metern Klebeband zusammengehalten, und ich habe es geliebt. Ich habe es heute noch. Ich weiß aber nicht, ob ich es als Schüler jemals mit in der Schule hatte. Nein, mit Sicherheit nicht.

In der 7. Klasse wurden wir auch Mitglied der FDJ und der DSF (Gesellschaft für deutsch-sowjetische Freundschaft). Das war eben zeitlich so eingetaktet und vollzog sich beinahe automatisch wie der Übergang in eine nächsthöhere Klasse. Es war die Zeremonie, die wir von den Pionieren her schon kannten; Mitgliedsbuch und Statut landeten in der Schublade bei den übrigen. Es hatte auch keine Konsequenzen in dem Sinne, dass jemand etwas von einem zu tun verlangte, es war ein reines Bekenntnis. Wehe, wenn nicht. DAS hatte dann Konsequenzen. Genau wie bei der

Jugendweihe

Der Grund für unsere Teilnahme war nicht das Bekenntnis zum Staat, nein, wir wurden in die Reihen der Erwachsenen aufgenommen, es gab eine Fülle von Geschenken (auch Geldgeschenke), man wurde nach der Jugendweihe in der Schule mit „Sie" angesprochen und bekam den Personalausweis... Eine Fülle von Argumenten für eine bzw. einen 14-jährigen. Und die Eltern? Die Jugendweihe war – besonders bei uns im ländlichen Raum - ein großes Familienfest, das sich kaum eine Familie nehmen lassen wollte, und wo man auch alles aufbot, um seinen Gästen etwas zu bieten. Auch und gerade in kulinarischer Hinsicht. Die Jugendweihe wurde gefeiert wie eine Hochzeit oder ein runder Geburtstag. Die Nachbarschaft erkundigte sich schon rechtzeitig, wer denn dieses Jahr „aus der Schule käme", so sagten vor allem ältere Leute, deren Schulzeit noch nach Klasse 8 geendet hatte. Und am Tag der Jugendweihe gab es dann kleine Geschenke und Aufmerksamkeiten von Nachbarn und Freunden; in der Regel waren die Kinder damit beauftragt, die Geschenke auszutragen, wofür sie auch ordentlich Kuchen mitbekamen. Die Hausfrauen begannen im Schnitt ein Jahr vorher mit den Vorbereitungen. Man wollte ja im Kreise der Familie gut dastehen. Und so wurde alles konserviert, was der Garten hergab oder der Händler, wenn man Glück hatte. Ein Volk der Jäger und Sammler waren wir ja sowieso, und so sagte man auch zeitig in allen einschlägigen Geschäften, in denen man jemanden kannte, Bescheid, dass man nächstes Jahr Jugendweihe habe und doch so bestimmte Sachen braucht... Glückliche, die Westverwandtschaft hatten, leiteten auch beizeiten Spar- und Sammelmaßnahmen ein. Meine Mutter hatte eine liebe Tante, die kurz vor dem Mauerbau mit ihrem Mann rüber gegangen ist, sehr zum Bedauern meiner Mutter, weil sie sehr an ihr gehangen hat. Diese liebe Tante schickte nun immer zu Weihnachten, Ostern und an Geburtstagen ein Päckchen. Ich kann mich erinnern, dass es Weihnachten vor meiner Jugendweihe aber weder Jakobskaffee noch Ananas aus der Dose gab, weil meine Mutter all das bereits für die Jugendweihe konfisziert hatte. Und wenn es gar nicht anders ging, wurde der schwere Gang ins „Delikat" angetreten, wo man das Fehlende zu unverschämten Preisen bekam. Die ganz Glücklichen konnten auch in den Intershop gehen. Im Intershop hat sich auch gezeigt, wie gut es gelungen war, das Volk zu entzweien. Wenn ich mit meinen Eltern mal da war, weil meine Mutter vielleicht 10 Euro von der Tante geschickt bekam und die liebe Tante clever genug gewesen ist, den Schein im Päckchen gut vor der Zollkontrolle zu verstecken, wenn dieser also bei uns angekommen war, rechneten wir schon aus, was man dafür bekommen konnte. Meist waren es für meinen Bruder und mich eine Tafel Schokolade, für den Kuchen eine Dose Ananas oder auch zwei, und der beliebte Kaffee. Aber wir ärgerten uns immer furchtbar über die Hochnäsigkeit und Arroganz vieler Intershopverkäuferinnen, die sich anscheinend für etwas Besseres hielten. Ich hab übrigens nie in Erfahrung gebracht, welche „Qualifikation" bzw. Kontakte man für diesen Job brauchte. „Wir bezahlen doch wie alle anderen", sagte meine Mutter manchmal fast traurig. Und dennoch wurde förmlich auf uns herabgesehen, vielleicht, weil wir nur kleine Scheine hatten oder aber weil meine Eltern zu anständig waren, dort ordentlich aufzumischen. Ganz anders war das, wenn die Tante selbst da war! Sie ließ sich das nicht gefallen, ein unfreundliches Wort oder eine unwillige Geste und sie hätte die Puppen tanzen lassen! Nur dazu kam es eigentlich nie, wenn die Tante einkaufte, sprangen die Verkäuferinnen, es war, als ob sie gemerkt hätten, das ist „eine aus dem Westen".

Aber mit der materiellen Sicherstellung hatten wir Jugendlichen eigentlich nichts zu tun, das machten die Erwachsenen schon. Der einzige Punkt, der wirklich belastend war, war die zermürbende Suche nach einem Kleid. Schick sollte es sein für die Feierstunde, aber wo gab es so etwas? Meine Eltern und ich waren in unzähligen Geschäften, auch in der so genannten Jugendmode und haben eine wahre Odyssee nach solch einem passenden Fummel durchgestanden. Ich war dann am Ende fast soweit, das ich irgendwas angezogen hätte. Das ließ natürlich meine Mutter nicht zu. Irgendwann war etwas erbeutet.

Begleiterscheinung der Jugendweihe waren die „Jugendstunden" im Vorfeld, die uns auf das „Erwachsensein" vorbereiten sollten. Es waren interessante Sachen dabei, mit denen man uns natürlich ködern wollte. Ich erinnere mich an eine Gerichtsverhandlung. Das war das erste Mal, dass ich als Zuhörer in einem Gerichtssaal gesessen habe, um zu sehen, wie so etwas ablief. Im Unterricht gab es das damals noch nicht. Oder an eine Tagesfahrt ins Zeissplanetarium nach Jena. Es gab auch langweilige Sachen, von denen ich die meisten vergessen habe, ganz am Schluss stand das Treffen mit dem „Festredner", der uns vor der Feierstunde unbedingt persönlich kennen lernen wollte, wegen der Rede. So hieß es. Der Festredner war grundsätzlich ein Funktionär der SED-Kreis- oder Stadtbezirksleitung, und der sprach davon, wie wir dafür kämpfen werden, den Sozialismus aufzubauen und gegen jeden imperialistischen Angriff verteidigen werden, wie wir es ja dann auch gelobten bzw. geloben mussten, damit die Sache endlich ein Ende nahm und es Blumen und Geschenke gab. Fast jeder hatte sich schon ausgemalt, was er mit dem Geld, das die Verwandten schenken werden, tun wird. Denn das war doch für uns das Wichtigste. Wir plapperten dieses „Ja, das geloben wir", aber keiner verschwendete auch nur einen Gedanken daran. Wir hatten schicke Sachen, standen zum ersten Mal in unserem Leben auf einer Bühne, alles war so festlich. Ich schaute fasziniert ins Publikum, die Fotoapparate klickten, die Stimme des Redners verschwand mehr und mehr im Nebel ... gelegentlich wurde ich aus meinen Träumen gerissen, denn wir waren wieder dran mit dem „Ja, das geloben wir!"

NUR DERJENIGE HANDELT SITTLICH
UND WAHRHAFT MENSCHLICH,
DER SICH AKTIV FÜR DEN SIEG
DES SOZIALISMUS EINSETZT.

WALTER ULBRICHT

GELOEBNIS

LIEBE JUNGE FREUNDE!

SEID IHR BEREIT, ALS TREUE SÖHNE UND
TÖCHTER UNSERES ARBEITER- UND
BAUERNSTAATES FÜR EIN GLÜCKLICHES
LEBEN DES GANZEN DEUTSCHEN
VOLKES ZU ARBEITEN UND ZU KÄMPFEN,
SO ANTWORTET MIR:

JA, DAS GELOBEN WIR

SEID IHR BEREIT, MIT UNS GEMEINSAM
EURE GANZE KRAFT FÜR DIE GROSSE
UND EDLE SACHE DES SOZIALISMUS
EINZUSETZEN, SO ANTWORTET MIR:

JA, DAS GELOBEN WIR

SEID IHR BEREIT, FÜR DIE FREUNDSCHAFT
DER VÖLKER EINZUTRETEN UND MIT DEM
SOWJETVOLK UND ALLEN FRIEDLIEBENDEN
MENSCHEN DER WELT DEN FRIEDEN
ZU SICHERN UND ZU VERTEIDIGEN, SO
ANTWORTET MIR:

JA, DAS GELOBEN WIR

Und ich frage mich heute noch: Was hatten sie davon? Lippenbekenntnisse, nichts als Lippenbekenntnisse. Aber das war und blieb eben bezeichnend für diesen Staat bis an sein bitteres Ende: das öffentliche Bekenntnis zu Partei und Staat wurde verlangt. Und je mehr Schüler daran teilnahmen, um so heftiger klopfte man sich auf die Schulter. Selbstbetrug, nichts als Selbstbetrug. Jeder wusste doch, dass es den meisten Jugendlichen nur um die Geschenke und den Erwachsenen um die Familienfeier ging, und dass man ja nicht schlechter dastand als der Bruder oder der Schwager... auch ein kleiner Selbstbetrug, wenn man so will.

Und trotzdem frage ich mich heute: Was war los mit uns? Haben wir nicht über den Inhalt nachgedacht? Schon allein der Geleitspruch von Ulbricht ist eine Zumutung. Das hätte uns doch auffallen müssen. Oder unseren Eltern. Nein, wir haben das gar nicht gelesen. Wir waren abgestumpft gegen diese Slogans, gehörten sie doch zu unserem ‚täglich Brot'. Wir wussten, es ging nichts ohne dieses Bla-bla, also ließen wir es über uns ergehen. Wir waren es gewohnt, Reden zu hören, immer mit den gleichen Phrasen. Auf sich bezogen haben das die wenigsten.

Also bekamen wir von den Pionieren unsere Blumen überreicht, vom SED-Funktionär ein Buch „Weltall, Erde, Mensch", das wenigstens neben dem ideologischen noch einen interessanten naturwissenschaftlichen Teil hatte; später gab es dann nur noch eine Propagandaschrift mit dem Titel „Der Sozialismus –Deine Welt". Und DANN kam endlich der ersehnte Teil mit den Geschenken der Eltern und Verwandten. Es gab viele nützliche Geschenke fürs Leben und wenn man bedenkt, dass ein zusammenlegbarer Schirm namens „Knirps" damals zwischen 60 und 80 Mark und eine Armbanduhr ca. 150 Mark kostete, dann war das schon was. Mein Mann hat seine Uhr, die er zur Jugendweihe von seiner Oma bekam, heute noch. Es ist für ihn ein kostbares Stück und eine Erinnerung an die Oma. Die privaten Feiern waren wie gesagt sehr beliebt, und so mancher Junge durfte zu fortgeschrittener Stunde mit seinem Vater ein erstes Bier trinken, war er ja nun erwachsen, der Junge!

Die Teilnahme an der Jugendweihe war eine unablässige Bedingung für spätere Vorhaben (Besuch der EOS, Abitur, Studium). Verweigerung konnte böse Folgen haben und man versuchte schon VORHER, die Eltern, zu „bearbeiten". Wenn ein Elternteil dann auch noch einen Beruf ausübte wie im nachfolgenden Beispiel, dann übte man ungeniert Druck aus – auch und ganz besonders über die Arbeitsstelle. Die Eltern wurden kompromittiert und zur Rede gestellt.

Das sah dann so aus:

21.4.1976

Rat des Kreises
Abt. Volksbildung
- Kreisschulrat -

Werter Genosse Kreisschulrat !

Heute wurde mir durch die Klassenleiterin der Klasse 7b, Kolln. ▓▓▓▓▓, beiliegendes Schreiben übergeben.
Der Vorsitzende des Elternaktivs dieser Klasse, Genosse ▓▓▓▓▓ hatte den Auftrag, mit der Familie ▓▓▓▓▓ über die Teilnahme ihrer Tochter ▓▓▓▓▓ an der Jugendweihe zu sprechen. Eine diesbezügliche Aussprache wurde von den Eltern abgelehnt.
Ich bitte Sie, als Dienstvorgesetzter der Kolln. ▓▓▓▓▓, Kindergärtnerin in ▓▓▓▓▓, eine Aussprache mit ihr über die Nichtteilnahme ihrer Tochter an der Jugendweihe zu führen. Wir fragen uns, wie kann man kommunistisch erziehen, wenn man die eigene Tochter von der Teilnahme an der Jugendweihe abhält ?

Wir sind Ihnen dankbar für Ihre Unterstützung.

Mit sozialistischem Gruß

(▓▓▓▓▓)
Direktor

21.4.1976

An die
Leiterin des Kindergartens
███████

Werte Genossin ███████ !

Ich wurde heute davon in Kenntnis gesetzt, daß die Familie
███████ eine Aussprache über die Teilnahme ihrer Tochter ███████
an der Jugendweihe ablehnt.
Ich bitte Sie, mit Ihrer Kollegin ███████ eine diesbezügliche
Aussprache zu führen, mit dem Ziel der Teilnahme an der Jugendweihe, und mir Kenntnis vom Ausgang dieses Gespräches zu geben.
Ich stelle die Frage, wie kann man kommunistisch erziehen, wenn
man das eigene Kind von der Teilnahme an der Jugendweihe abhält ?
Für Ihre Unterstützung meinen besten Dank.

                                    Mit sozialistischem Gruß

                                    Direktor

RAT DES KREISES ███████   den 2. 11. 76

Abteilung   Volksbildung
Sachgebiet   Kreisschulrat   - 5. NOV 1976   Haus-Apparat
Aktenzeichen ███████

Genossen
Direktor der POS

Betr.: Jugendweihe der Tochter der Kolln. ███████ Kindergärtnerin in ███████

Eine erneute Mitteilung durch die Genossin ███████ veranlaßt mich,
Sie zu beauftragen, mir einen geeigneten Termin mitzuteilen, wann
die Aussprache mit der Kollegin ███████ in o. g. Angelegenheit vorgenommen werden kann.
Die Angelegenheit liegt schon eine lange Zeit zurück, und ich war der
Auffassung, daß sie sich in der Zwischenzeit geklärt hätte. Leider
ist das nicht der Fall.

                                    Mit sozialistischem Gruß

                                    Kreisschulrat

Parallel zur Jugendweihe wurde in Klasse 8 entschieden, wer ab Klasse 9 zur Erweiterten Oberschule geht, um das Abitur zu machen und zu studieren. Das eine bedingte das andere. Das war damals so. Wer diesen Schritt zur EOS ging, der wollte auch einen Beruf ergreifen, der ein Studium erforderlich machte. Einfach nur so zur EOS ging man nicht und wäre man auch gar nicht gekommen. Es war jedenfalls nicht so, dass man mit einem bestimmten Durchschnitt aufs Gymnasium gehen konnte. Die Auswahl wurde von der Schule getroffen und dann mit den Schülern und deren Eltern besprochen. Voraussetzung war natürlich die Mitgliedschaft FDJ und DSF, die Teilnahme an der Jugendweihe, am besten ein Berufswunsch, der als volkswirtschaftlich wichtig eingeschätzt wurde und natürlich sehr gute Leistungen (einfach nur gute genügten nicht). Fast hätte ich das Wichtigste vergessen: die Herkunft. Arbeiterkinder wurden bevorzugt. Wir waren 3 Mädchen in unserer Klasse, die in Betracht kamen. In unserer kleinen Schule gab es um diesen Punkt keine Auseinandersetzungen, ich weiß aber, dass es vielen talentierten Kindern untersagt wurde, die EOS zu besuchen, besonders häufig waren das Kinder von Pfarrern bzw. religiös geprägten Elternhäusern, die nicht in der Pionierorganisation bzw. der FDJ waren und keine Jugendweihe hatten. Teilweise gab es sogar den Kompromiss religiöser Eltern, ihre Kinder neben der Jugendweihe noch konfirmieren zu lassen. Wir 3 Mädchen waren die Besten, und bei mir waren eigentlich alle Kriterien erfüllt: Leistung, FDJ, DSF, JW, meine Eltern waren beide Arbeiter und durch meine besondere Neigung zum Fach Englisch wollte ich unbedingt einen Beruf ergreifen, der damit zu tun hatte - und da gab es nicht so viel. Lehrerin stand zur Debatte, ich wäre jedoch auch sehr gern Dolmetscherin geworden. Aber ich erinnere mich noch heute an Gespräche mit mir, meinen Lehrern und meinen Eltern. Mein Vater war hin- und hergerissen von der Idee mit der EOS, ahnte er vielleicht, dass hier Dinge auf mich zukommen würden, die er bisher von mir ferngehalten hat, andererseits schmeichelte ihn natürlich der Gedanke, dass ich jetzt das machen könnte, was ihm einst nicht vergönnt war. Von Schulseite her wurde der Berufswunsch Lehrerin sofort aufgegriffen, denn Lehrer wurden gesucht. Dolmetscher anscheinend nicht. Und deshalb ging die Diskussion von Anfang an dahin, dass aus mir mit

Sicherheit eine gute Lehrerin werden würde. Meine Versuche, mich nach meinem zweiten Berufswunsch wenigstens zu erkundigen, gestalteten sich sehr schwierig. ‚Oh, da ist ganz schwer ranzukommen'. Oder: ‚Da braucht man fast so einen traumhaften Notendurchschnitt wie die Mediziner' oder ‚Nur ganz wenigen gelingt das, sich da erfolgreich zu bewerben', also kurz: ‚Werden Sie lieber Lehrer'. Sie sind die ideale Besetzung. Nun gut. Beziehungen hatten meine Eltern nicht, da bin ich eben Englischlehrer geworden, und ich liebe meinen Beruf. Aber zum Beginn des Studiums merkte ich, das ich mit dem Zweitwunsch Dolmetscher nicht die Einzige gewesen war. Und so wunderten wir uns nicht schlecht, dass neben 3 Seminargruppen Lehrern auch 2 Seminargruppen „Sprachmittler" (so hieß das korrekt) an unserer Sektion waren. Und wir fragten uns, was das für Superhirne seien, wenn sie alle diese hohe Hürde überwunden hatten. Natürlich haben wir sie eines Tages gefragt, und sie haben uns angesehen, als wären wir nicht ganz dicht. Sie hatten auch keine anderen Leistungen als wir, sie hatten sich ganz einfach beworben. Also sind wir hier doch alle ein wenig ‚gelinkt' worden.

Mit etwas Abstand betrachtet habe ich mir dann aber gesagt: ‚Was hätte es gebracht? Du hättest außer Englisch mindestens noch eine Fremdsprache studieren müssen. Vorkenntnisse hatte ich nur in dem verhassten Russisch. Dann hätte man die besten Voraussetzungen gehabt, um als Militärdolmetscher in Dresden zu enden. Der politische Druck wäre mit Sicherheit nicht geringer gewesen, und an die politischen Bedingungen, um als Dolmetscher für Englisch auf entsprechende Touristen oder Handelspartner losgelassen zu werden, möchte ich gar nicht erst denken. Jahre später, als mir Ausstiegsgedanken aus der DDR-Schule durch den Kopf gehen, sollte ich da eine Andeutung bekommen. Also okay so wie es gelaufen ist.

Aber zurück zur Schule. Meine Freundin durfte nicht auf die EOS, weil ihre Eltern es nicht wollten aus persönlichen Gründen. Mein Vater sagte schließlich, er unterstützt mich nach Kräften, wenn ich das möchte, redet mir aber ab jetzt nicht mehr rein. „Du hast Dir ein hohes Ziel gesetzt", sagte er. „Du musst es nun auch erreichen". Das dritte Mädchen im Bunde wollte auch Lehrerin werden. Nur gab es da ein Problem: Ihr Vater war Ingenieur, also Angehöriger der Intelligenz und auch noch in einem privaten Betrieb tätig. Deshalb durfte sie nicht. Ich sah mich schon allein auf weiter Flur. Ein halbes Jahr später ließen sich ihre Eltern scheiden, und da durfte sie. So gingen wir also den Weg zu zweit zur

Erweiterten Oberschule

Natürlich waren die Anforderungen an die Leistungen gleich ganz anders, aber das hatten wir ja gewusst. Die gesellschaftlichen Anforderungen kannten wir. Ich erinnere mich ans FDJ-Studienjahr, aber ansonsten schien erst mal gar nicht so heiß gegessen zu werden wie gekocht wurde. In den nötigen Organisationen waren wir auch schon. Und wir hatten eigentlich Glück. Unser Klassenlehrer und auch der Schulleiter gehörten nicht zu denen, die ihre Kraft und Stärke ständig rauskehrten. Sie waren eigentlich ganz gemütlich und überzogen politische Forderungen nicht. Der Direktor war gleichzeitig der Staatsbürgerkundelehrer – und er muss ein Meister seines Faches gewesen sein. Wir hatten soviel Spaß in diesen Stunden, weil er zwar oft mit dem Marx und dem Engels anfing, dann aber irgendwie ins Plaudern kam und uns schließlich erzählte, wie er für seine Frau Blumen geklaut hatte, wie ihm bestimmte Missgeschicke passiert waren... Langweilig war das nie. Und wer jetzt meint, er hätte seinen Stoff nicht geschafft, der irrt: Am Anfang des Studiums war es genau dieser Hefter, der mich über das erste Studienjahr dieses absolut verhassten Pflichtfaches Marxismus/Leninismus brachte. Es stand einfach alles drin, was man brauchte. Ein Satz, den unser Direktor im Zusammenhang mit Sozialismus und Kommunismus sehr oft gebraucht hat, hätte mir eigentlich hinsichtlich meines Berufswunsches zu denken geben müssen: Er pflegte sehr oft zu sagen: „Der Lehrer muss mit der roten Fahne in der Hand vorangehen!" Wir haben das in diesem Alter nicht ernst genommen. Vier Jahre später, als ich als junger Lehrer angefangen habe zu arbeiten, ist es mir wie Schuppen von den Augen gefallen, was er damit gemeint hat! Und ich weiß nicht, wie oft ich, von Selbstzweifeln geplagt und voller Frust und Ärger an diesen Satz gedacht habe! Und jedes Mal habe ich mir gesagt:

‚Er hat es doch klar und deutlich formuliert, er hat es gesagt, warum hast du das nicht ernster genommen...". Ein zweiter Lehrsatz von ihm hat mich später mal gerettet in einer brenzligen Situation, in einem Gespräch mit einem kritischen Vater. Ich komme später drauf zurück. Der Satz hieß: „Ich würde nie von mir behaupten, ein Kommunist zu sein. Das ist ein so hoher Anspruch an einen heldenhaften Menschen, mit solch edlen Charaktereigenschaften, dass es geradezu vermessen wäre, zu behaupten, ich sei ein Kommunist".

Den Hefter jedenfalls habe ich dann übrigens meinem Bruder vermacht, der ihn auch gern genutzt hat. Man musste dann nicht unbedingt zu jeder Marxismus-Leninismus Vorlesung gehen. Doch diese täuschende Gemütlichkeit an der EOS fand schon nach relativ kurzer Zeit ein jähes Ende: In dem Betrieb, in dem wir einmal in der Woche „Unterricht in der sozialistischen Produktion" (theoretische und praktische Ausbildung) hatten, waren Flugblätter aufgetaucht mit der Aufschrift; ‚Die Mauer muss weg!' und ‚Ich will meine Oma besuchen!' Die Situation war unvorstellbar. Der Betrieb stand Kopf und die Schule mit. Von den Untersuchungen, die angestellt wurden, bekamen wir nicht viel mit, das erfolgte alles furchtbar geheim und hinter verschlossener Tür. Besser gesagt: Wir erfuhren es erst, als ermittelt war, dass es zwei Schülerinnen aus unserer Klasse gewesen waren. Es herrschte eine Atmosphäre der Angst. Anhand von Schreibmaschinenproben und mit kriminalistischer Kleinarbeit wurden die beiden Mädchen überführt. Sie hatten schon seit Beginn des Unterrichts gefehlt an diesem Tage, und nun wussten wir auch warum. Ich sehe es noch vor mir, wie unser Schulleiter, dessen gemütliche Zeit sicher auch erst einmal vorbei war, ins Zimmer trat und die Nachricht verkündete – natürlich gleich mit der Konsequenz, dass die beiden Schülerinnen von der Schule gefeuert wurden.
Wir waren vor Angst wie gelähmt. Blitzartig, ohne jegliche Vorankündigung, lautlos wie eine Katze, die zum Sprung ansetzt, war das Unheil über zwei von uns hereingebrochen. Ich weiß nicht mehr, ob man von uns eine Stellungnahme oder Meinung verlangt hat, ich glaube, wir hätten vor Angst gar keine gehabt. Oder wir hätten wahrscheinlich aus

Angst, die nächsten zu sein, alles gesagt und wahrscheinlich auch unterschrieben, was man von uns verlangt hätte. Ich sehe uns nur noch wie vor Angst erstarrt dasitzen. Die beiden Mädchen tauchten in der Klasse nicht mehr auf. Sie wurden sofort von der Schule verwiesen, ich weiß leider nicht, was aus ihnen geworden ist. Wir hatten auch noch nicht so einen engen Kontakt, weil wir uns erst Wochen kannten, aber wir wussten nun alle schlagartig, wo wir sind und wie der Hase läuft.

Und trotzdem, jugendliche Naivität - oder soll man es Arglosigkeit nennen - sollte noch 3 Schülern aus einer höheren Klasse Abitur und Studium kosten: Sie hatten einen Musikwunsch an den RIAS geschickt! Auch das schlug ein wie eine Bombe. Jeder von uns konnte mitfühlen (hörten wir doch (fast) alle zu Hause Westsender, wenn das Wetter günstig und die Störsender gnädig waren. Fernsehempfang hatten wir schon keinen, da wollte man doch wenigstens die aktuellen Hits hören, notfalls auch unter großen Strapazen. Und diese drei hatten sich ein Lied gewünscht! Auch noch beim RIAS! Es gab zu diesem Vergehen keine Steigerung mehr, sie flogen genauso von der Schule, und das war ein halbes Jahr vor dem Abitur. Das hat uns endgültig gelähmt.

Diese drei Jungs waren natürlich lange kein Einzelfall. In einem Musikwunsch etwas abgrundtief Schlechtes zu sehen, kam uns gar nicht in den Sinn. Man hatte seinen Lieblingshit, seinen Lieblingssänger usw. Ich musste immer am Sonnabend die Küche bohnern, darin war meine Mutter unerbittlich. Ich habe das gehasst, nicht wegen der Arbeit, sondern weil das immer am Sonnabend Nachmittag sein musste. Es hatte aber auch etwas Gutes: Sonnabend Nachmittag kam die Hitparade von Radio Luxemburg, und ich erinnere mich genau an 1969. Mein Hit war „Geh nicht vorbei" mit Christian Anders. Man baute sich seine Traumwelt auf, und da war richtige Musik und kein Oktoberclub. Wenn ich genau darüber nachdenke, so hat mich mein Vater, glaube ich, in seiner Strenge vor einer ähnlichen Katastrophe bewahrt: Ich weiß genau, dass ich kurze Zeit vorher eine Geburtstagskarte geschrieben habe an einen Moderator von Radio Luxemburg, sogar mit einem rosa Schleifchen darauf. Die Stimme, die ich fast täglich hörte, war mir so vertraut, und warum hätte ich das nicht tun sollen... Mein Vater muss die Karte abgefangen haben. Er gab es zwar nie zu, aber ich weiß, er hat diese Schwärmerei für Sänger oder Gruppen gehasst... Als ich die Karte jedenfalls zur Post bringen wollte und sie partout nicht zu finden war, ließ mein Vater damals so nebenbei verlauten: „Hab ich heut früh schon mitgenommen, musste sowieso dahin!" Na ja, mitgenommen wird er sie schon haben, aber nicht zur Post... Bloß gut. Sonst wäre es mir möglicherweise ergangen wie den anderen. Neben Musikwünschen stand auch die Beteiligung an Bewertungen von Hitparaden hoch im Kurs. Manche wollten ihrem Star zu einer guten Platzierung verhelfen, ohne zu ahnen, was das für die „eigene Platzierung" bedeuten kann.

Das nachfolgende Beispiel hat sich so abgespielt und war mit Sicherheit eins von Tausenden. Nicht alle Schüler konnte man feuern, die an der POS mussten ja irgendwo ihre Schulzeit abschließen. Aber was sich da abspielte, kann man getrost einen „Kriminalfall" nennen bzw. es wurde einer draus gemacht. Heerscharen von Schulleitern, Klassenleitern und SED-Funktinären ermittelten und Heerscharen von Schulsekretärinnen schrieben Protokolle mit x Durchschlägen – für den Schulrat, für die Kreisleitung, für die Bezirksleitung, für die Akten ...
Bezeichnend sind die „Gespräche", in denen sich die ganze Wucht der Partei einer Schule auf einen Sündenbock samt seiner Eltern stürzte. Die Protokolle[13] fast im Stil einer Vernehmung geschrieben, minutiös im Ablauf und peinlich genau bei der Nennung der anwesenden Personen. Wie beim Verhör wurden einzelne oder mehre Schüler „geholt", um zum Sachverhalt befragt zu werden. Charakteristisch auch die Angaben zu den Eltern. Nicht selten erfolgte Mitteilung an deren Betrieb. Unwirklich und fremd aus heutiger Sicht, aber in der DDR-Schule ein „besonderes Vorkommnis", das eine persönliche Katastrophe für die Arbeit und das Ansehen eines Schulleiters war und gemeldet werden musste an den Schulrat und natürlich auch an die SED-Kreisleitung. Beachten Sie bitte, WIE und durch WEN die Kette ins Rollen kommt.

---

[13] Alle nachfolgenden Protokolle liegen dem Verlag mit Name und Unterschrift vor.

Kriminalfall Westsender

21.11.1973

An den
Rat des Kreises
Abt. - Volksbildung -
-Kreisschulrat-

Betr.: Meldung über ein Vorkommnis mit unseren Schüler
Klasse 9a

Bezug: Ihre Information vom 15.11.1973

Werter Genosse Kreisschulrat!

Am 15.11.1973 teilten Sie uns mit, daß Schüler unserer Schule (16 Schülerinnen und Schüler) einen Brief an den BRD - Rundfunksender "Deutschlandfunk" gerichtet haben. Sie beauftragten uns, nach unseren Darlegungen über den politisch-ideologischen Entwicklungsstand unserer Pädagogen und Schüler, entsprechende Untersuchungen vorzunehmen und für die weitere Arbeit entsprechende Schlußfolgerungen zu ziehen.

Den weiteren Text des mehrseitigen Protokolls schreibe ich ab. Die Lesbarkeit der mehr als 30 Jahre alten vergilbten Durchschläge ist stark eingeschränkt. Die Namen, die im Original vorhanden sind, werden durch xxxxxx ersetzt.

1. Angaben zur Person

>(Es folgt der Name des beschuldigten Schülers mit allen persönlichen Daten (geb. am..., in..., wohnhaft in...)
>Eltern: Mutter: (Name, geb. am..., wohnhaft in..., Hausfrau)
>Stiefvater: (Name, geb. am..., wohnhaft in..., Beruf..., Arbeitsstelle)
>Xxxxxxxxxx ist unehelich geboren, Vater .... lebt in der BRD.

2. Zum Vorkommnis:

Nachfolgende Schülerinnen und Schüler wurden uns durch den Genossen Kreisschulrat im Zusammenhang mit dem Vorkommnis namentlich genannt:
Xxxxxxxxxx – Klasse 10a, Mitglied der FDJ
Xxxxxxxxxx – Klasse 9a, Mitglied der FDJ
Xxxxxxxxxx – aus der 8. Klasse entlassen, Mitglied der FDJ
Xxxxxxxxxx – Klasse 9a, Mitglied der FDJ
Xxxxxxxxxx – Klasse 9a, Mitglied der FDJ
Xxxxxxxxxx – Klasse 9a, Mitglied der FDJ
Xxxxxxxxxx – aus der 7. Klasse entlassen
Xxxxxxxxxx – Klasse 9a, Mitglied der FDJ
Xxxxxxxxxx – Klasse 9a, Mitglied der FDJ
Xxxxxxxxxx – Klasse 9a, Mitglied der FDJ
Xxxxxxxxxx – Klasse 9a, Mitglied der FDJ
Xxxxxxxxxx – Klasse 9a, Mitglied der FDJ
Xxxxxxxxxx – Klasse 9a, Mitglied der FDJ
Xxxxxxxxxx – Klasse 9a, Mitglied der FDJ
Xxxxxxxxxx – Klasse 9 V 3 – EOS – Mitglied der FDJ
Xxxxxxxxxx – Klasse 9a, Mitglied der FDJ

Was ergaben die geführten Aussprachen mit den Schülerinnen und Schülern?

Sonnabend, den 17.11.1973, 10.40 Uhr:
Teilnehmer: xxxxxxxx, Direktor
 Xxxxxxxx, stellv. Direktor
 Xxxxxxxx, 2. stellv. Direktor
 Xxxxxxxx, Klassenleiterin der Klasse 9a
 Xxxxxxxx, ehemalige Klassenleiterin
 3 Schüler (namentlich erwähnt)

Bei der geführten Aussprache mit den 3 Schülern der Klasse 9a stand folgendes im Mittelpunkt:
- Einschätzung der Situation in der Klasse
- Lernhaltung
- FDJ-Arbeit
- Klassenkollektiv
- Hören von Westsendern

Sie schätzten ein:
- Einzelne Schüler (3 Namen) zeigen eine schlechte Lerneinstellung
- Die FDJ-Arbeit wird nicht von allen FDJ-lern unterstützt
- Ein Teil der Schüler hört westliche Sender – z. B. Deutschlandfunk, Radio Luxemburg und Rias. Hier wurden folgende Namen genannt: (5 Namen)

Auf unsere Frage hin, ob sie an einen westlichen Sender geschrieben hätten, betonten alle Schüler, dass sie dieses nicht tun würden. Bei der weiteren Befragung stellte sich heraus, dass sie es ihrem Mitschüler xxxxxxxx zutrauen würden. Er sei sehr für die BRD eingestellt und hätte dieses in Gesprächen mit Schülern seiner Klasse häufig geäußert. Xxxxxxxx' leiblicher Vater lebe in der BRD und xxxxxxxx bekomme von ihm häufig Geschenksendungen (z.B. Kleidung und Genussmittel).

Der an dieser Aussprache teilnehmende Schüler xxxxxxx erklärte nach langem Zögern, dass er den verschlossenen Brief, adressiert an den „Deutschlandfunk" des Schülers xxxxxxx beim Einwerfen in den Briefkasten (Postamt xxxxxxxx) gesehen habe. Der Inhalt des Schreibens war ihm aber nicht bekannt. Auf unsere weitere Frage hin, ob er dies denn nicht hätte verhindern können, sagte er, xxxxxxx hätte nichts gesagt und er habe sich auch nichts dabei gedacht.

11.30 Uhr wurde der Schüler xxxxxxxxx zur Aussprache mit hinzugezogen.

<u>Wörtlich äußerte er dazu:</u>
„Ich habe an den „Deutschlandfunk" geschrieben, habe darunter Namen gesetzt, wahllos eingesetzt. Es hat niemand gewusst, dass ich geschrieben habe. Ich höre regelmäßig diese Sendung. Ich habe niemand gefragt, ob ich seinen Namen einsetzen kann. Ich habe versucht, jede Unterschrift anders zu schreiben, damit es echt aussieht. Ich hätte es nicht tun dürfen, das ist den Schülern gegenüber schlecht. Geschrieben habe ich ungefähr im September 1973. Ich wollte mit diesen Unterschriften dem Schlagersänger „Gledder" (handschriftlich korrigiert, nicht genau zu erkennen, d. Autorin) zum Gewinn verhelfen."

Die anwesenden Schüler (3 Namen) brachten unserer Meinung nach ihre echte Empörung über xxxxxxx' Handlungsweise zum Ausdruck.

<u>Montag, den 19.11.1973:</u>

    8.15 Uhr –   informierte Genosse Direktor den Genossen Kreisschulrat vom Stand der bisherigen Ermittlungen.

    8.45 Uhr –   bestätigte xxxxxxxx noch einmal den Genossen (Direktor, stellv. Direktor, Klassenleiterin), dass er den Brief geschrieben habe und ohne Wissen der Schüler ihre Namen eingesetzt habe.

> 8.50 Uhr - wurde in Anwesenheit der Gen. (Direktor, stellv. Direktor, Klassenleiterin) die Leitung der FDJ-Gruppe (5 Namen) vom Vorkommnis unterrichtet.

Die Leitungsmitglieder waren empört über xxxxxx' Verhalten und distanzierten sich davon. Sie brachten aber auch zum Ausdruck, dass sie bereit sind, ihrem Mitschüler xxxxxxx zu helfen, die richtigen Schlussfolgerungen zu ziehen.

> 11.40 Uhr - wurden die Schülerinnen und Schüler, deren Namen missbraucht wurden, vom Vorkommnis informiert.

Xxxxxxxxxx berichtete, wie und warum er den Brief geschrieben hat. Alle anwesenden Schüler waren empört über xxxxxxx' Verhalten und äußerten, dass sie selbst nichts davon gewusst hätten und niemals bereit gewesen wären, ihre Unterschrift unter diesen Brief zu setzen. Der Genosse Direktor verlangte von allen Schülerinnen und Schülern, die im Brief des xxxxxxxxx namentlich genannt wurden, eine schriftliche Stellungnahme abzugeben (s. Anlage).

> 12.00 Uhr - wurde die gesamte Klasse (9a) in Anwesenheit der Genossinnen (stellv. Direktor und Klassenleiterin) durch den Genossen Direktor über das Vorkommnis informiert. Den Schülern wurde die Verwerflichkeit der Handlungsweise ihres Mitschülers xxxxxxx dargelegt.

> 13.15 Uhr - führten wir (Direktor, stellv. Direktor, Klassenleiterin) mit der Mutter des Schülers xxxxxxxx in Anwesenheit ihres Sohnes eine Aussprache über das Vorkommnis.

Xxxxxxxx' Mutter wusste nichts von diesem Brief. Sie war entsetzt und verstand die Handlung ihres Sohnes nicht. Sie verurteilte, dass ihr Sohn überhaupt an einen Sender der BRD geschrieben und dazu noch andere Schüler seiner Klasse mit hineingezogen hat und deren Unterschriften fälschte.

Mit xxxxxx (Sohn) wurde vereinbart, dass er eine schriftliche Stellungnahme abzugeben hat mit Begründung seiner Handlung und den Vorstellungen für seine weitere Entwicklung.

Mit Frau xxxxxx wurde vereinbart, dass sie ihrem Sohn hilft, künftig die richtigen Schlussfolgerungen zu ziehen.

    14.00 Uhr - verständigte Genosse Direktor den Genossen xxx-xxxxx (Sekretär der SED-Kreisleitung) vom Stand der Ermittlungen.

    17.00 Uhr - wurden vor dem Parteilehrjahr alle Genossinnen und Genossen, Kolleginnen und Kollegen unserer Schule vom Vorkommnis unterrichtet.

<u>Mittwoch, den 21.11.1973</u>

In der Wahlberichtsversammlung unserer Schulparteiorganisation wurde zum Vorkommnis Stellung genommen und auf die Verantwortung aller Pädagogen und der übrigen Erziehungsträger bei der Heranbildung sozialistischer Persönlichkeiten ausführlich eingegangen.

17.15 Uhr nahmen der Genosse Direktor, die Genossin Klassenleiterin und der Genosse xxxxxx (Sekretär der Parteigruppe unserer Elternvertretung und Mitarbeiter der Abteilung Volksbildung) an der FDJ-Gruppenversammlung der Klasse 9a teil. Xxxxxx, Leitungsmitglied der FDJ-Gruppe, leitete die Versammlung. Xxxxxx ging vom Vorkommnis aus und forderte alle Mitglieder der FDJ-Gruppe auf, Stellung zum Verhalten des FDJ-lers xxxxxxxx zu nehmen und Vorschläge zu unterbreiten, wie die FDJ-Arbeit in der Gruppe verbessert werden kann und wie man xxxxxx helfen kann.

In dieser Versammlung zeigt es sich, dass das Verhalten des FDJ-lers xxxxxx verurteilt wurde, dass aber noch nicht alle FDJ-ler – wie xxxxxxxx – die Schwere des Vergehens in allen Zusammenhängen klar erkennen. Die Leitung schätzte richtig ein, dass es jetzt darauf ankommt, ständig und beharrlich an der Herausbildung eines bewussten Klassenstandpunktes eines jeden FDJ-lers der Gruppe zu arbeiten. Hierzu wollen sie alles unternehmen, in der Schule und in der FDJ-Arbeit tätig mitzuwirken, um sich zu sozialistischen Persönlichkeiten zu entwickeln (siehe auch die im Anhang angeführte Stellungnahme aller Mitglieder der FDJ-Gruppe Klasse 9a).

<u>Donnerstag, den 22.11.1975</u>:

14.15 Uhr – in Anwesenheit der Mitarbeiter der Abteilung Volksbildung, der Genossen xxxxxxxx (Schulinspektor) und xxxxxxxx (Kaderreferent und Vertreter der Elternversammlung unserer Schule) wurde mit allen Lehrern und der Leiterin des Schulhortes und der Pionierleiterin zur weiteren Aktivierung der gesamten politisch-ideologischen Arbeit im Pädagogenkollektiv und der Schülerkollektive gesprochen und in Auswertung dieses Vorkommnisses entsprechende Schlussfolgerungen gezogen.

<u>3. Zur Familie:</u>
xxxxxxxxxx ist unehelich geboren, sein leiblicher Vater lebt in der BRD. Er war nicht mit der Frau xxxxxxxx verheiratet und arbeitet zur Zeit auf einem Zivilflughafen in der BRD. Xxxxxxxx hat nach eigenen Aussagen kein gutes Verhältnis zu seinem Stiefvater. Xxxxxxxx hat noch einen Stiefbruder im 4. Schuljahr. Die Familie unterstützt xxxxxxxxx wenig in seiner schulischen Arbeit. Wir haben das Gefühl, dass xxxxxxxx in der Familie nicht den richtigen Platz einnimmt. Unterstützung in der Anfertigung der Hausaufgaben erfolgt wenig.

<u>4. Zum Leistungsstand:</u>
xxxxxxxx zeigt keine gute Lerneinstellung. Seine Leistungen sind befriedigend und zum Teil mangelhaft. Im Klassenkollektiv tritt er nicht positiv hervor. Zeigt für außerunterrichtliche Veranstaltungen wenig Interesse. Ist Anhänger der örtlichen Fußballmannschaft. In der FDJ-

Arbeit zeigte er sich inaktiv. Xxxxxxx hat nach eigenen Angaben und auch nach der Befragung der Schüler keinen festen Freund. In seiner Freizeit beschäftigt er sich mit Musik – und Fußball.

5. Erziehungsmaßnahmen:

- Anwendung der Schulordnung § 34
Xxxxxxx bekommt für seine verwerfliche Handlungsweise einen Verweis vor dem gesamten Schulkollektiv (Appell) ausgesprochen. Vom Verweis werden die Eltern verständigt.
- Das Vorkommnis wird in den Klassenkollektiven ausgewertet.
- Das Kollektiv der FDJ-Gruppe wird ständig den Schüler xxxxxxx zur Mitarbeit in der FDJ-Gruppe heranziehen und mit Aufgaben betrauen. Xxxxxxx muss sich das Vertrauen seiner Mitschüler und Lehrer erringen.
- Mit den Eltern des Schülers xxxxxxx werden durch den Klassenleiter (Genossin xxxxxxxx) monatlich Aussprachen über eingeleitete Erziehungsmaßnahmen geführt.
- Alle in der Klasse unterrichtenden Lehrer bemühen sich im Unterricht und außerhalb des Unterrichts, gemeinsam mit dem Klassenkollektiv, xxxxxxx zu einer guten Lerneinstellung zu führen.

6. Schlussfolgerungen für die Einrichtung:

1. Auswertung in nachfolgenden Kollektiven:
- Leitung der Grundorganisation der FDJ   -26.11.73
- Leitung Pionierorganisation – Freundschaftsrat   -28.11.73
- Elternaktiv der Klasse 9a   -26.11.73
- Klassenelternversammlung 9a   -29.11.73
- Patenbrigade   -29.11.73
- In den Klassenelternversammlungen der Klassen 5-10 - Januar 1974
- In einer gemeinsamen Beratung mit dem Patenbetrieb
(Betriebsleitung, Parteileitung, Gewerkschaftsleitung) -Dez.1974
In der Sitzung des Elternbeirates   -Dez.1974

2. Schlussfolgerungen für Pädagogen und alle Erziehungsträger

- Die Forderungen hinsichtlich der politisch-ideologischen und der gesamten Unterrichts- und außerunterrichtlichen Arbeit sind überzeugend und beharrlich in allen Klassenstufen durchzusetzen (Entwicklung der sozialistischen Schülerpersönlichkeit).
- Der Unterricht ist wissenschaftlich, parteilich und lebensnah durch alle Lehrer zu erteilen.
- Die gesamte außerunterrichtliche Arbeit – insbesondere die Arbeit in den FDJ-Gruppen – ist mit Unterstützung aller Lehrer und Erzieher abwechslungsreich und interessant zu gestalten.
- Die pädagogische Propaganda mit den Eltern ist zu verstärken. Den Eltern sind ihre Pflichten bei der Entwicklung sozialistischer Persönlichkeiten nachdrücklich vor Augen zu führen.
- In den Elternhäusern sind verstärkt Elternbesuche durchzuführen.
- Die Mitglieder der sozialistischen Patenbrigaden sind verstärkt in die Erziehungsarbeit einzubeziehen.

Stellungnahme unserer FDJ-Gruppe – Klasse 9a

Wir FDJ-ler erkennen, dass das systematische Hören von Westsendern unsere Entwicklung hemmt, denn der Klassengegner nutzt die Musik getarnten Sendungen für seine Zwecke. Es ist eines FDJ-lers unwürdig, an Westsender zu schreiben.

Wir verwahren uns dagegen, dass xxxxxxxx unsere Namen für irgendwelche Schreiben an westliche Sender missbraucht hat.

Wir verpflichten uns, unsere FDJ-Veranstaltungen zu besuchen und mitzugestalten, um unseren sozialistischen Standpunkt zu festigen und uns selbst ein interessantes Jugendleben aufzubauen. Auch die bis jetzt nicht aktiven Mitglieder werden verstärkt zur Mitarbeit herangezogen.

Es folgen 24 Namen, mit Maschine geschrieben und der Vermerk:
„Der Schüler xxxxxxxx ist zur Zeit krank. Mit ihm wird die durchgeführte FDJ-Versammlung später ausgewertet."
21.11 1973

Abschriften von Schülererklärungen Klasse 9a

Xxxxxxxxxxxxxxx
Ich habe eingesehen, was ich begangen habe. Damit habe ich meine Klasse und die Lehrer sowie unsere Gesellschaftsordnung missbraucht. Für diese begangene Tat will ich selbst einstehen und keinen anderen unter Verdacht stellen. Ich werde mich in Zukunft vor solchen Machenschaften hüten, denn ich weiß, wie der Kapitalismus ist. Er ist durch falsches Denken gekennzeichnet.

Xxxxxxxxxxxxxxx
Ich bin ganz klar davon überzeugt, dass ich diesen Brief nicht unterschrieben hätte. Denn dieser Brief wäre für unseren Klassengegner (BRD) ein gefundenes Fressen. Sie können dann sagen, die da drüben haben keine Musik, also schreiben sie uns. Denn erstens hat es gar keinen Sinn, dorthin zu schreiben und zweitens hilft man dadurch nur dem Klassengegner (BRD).
Xxxxx hat sich unkameradschaftlich verhalten. Hier in der DDR hat er doch alles, also auch gute Musik. Ich glaube, wir alle sollten xxxxx helfen, diese Scharte, die er sich, dem Klassenleiter, der Klasse und der Schule gemacht hat, wieder auszuwetzen.

Xxxxxxxxxxxxxxx
Dieses Schreiben, wobei xxxxx gefälschte Unterschriften verwendete, finde ich als mitbetroffener Schüler auf gar keinen Fall in Ordnung und hätte dies von xxxxx nicht erwartet,
   1. weil ich überhaupt nichts davon gewusst habe
   2. weil er damit seine eigentlich unschuldigen Klassenkameraden mit in die Sache reinzog
   3. weil xxxxx von der Hälfte der Klasse Unterschriften fälschte
   4. weil er mit solch einem Schreiben der Schule und unserer Klasse schadet

xxxxx ist mir persönlich ein guter Freund, und ich hätte es ja noch verstanden, wenn er dies von sich aus gemacht hätte mit seiner eigenen

Unterschrift. Xxxxx hat dieses Schreiben ganz feige losgeschickt und hat uns alle mit reingezogen, die ganze Klasse, Schule bis zum Kreis in dem Bezirk xxxxxxx.

Xxxxxxxxxxxxxxxxx
Ich bin der Meinung, dass xxxxxxx' Verhalten nicht richtig war. Wie kommt er zu dem Recht, unseren Namen zu fälschen ohne unsere Meinung zu hören. Vielleicht hat er gewusst, dass ich dagegen war, deshalb ist es kein Grund, andere Namen zu fälschen und mit hineinzuziehen.

Xxxxxxxxxxxxxxxxx
Ich bin der Meinung, dass xxxxxx nicht richtig gehandelt hat. Er kann doch nicht einfach meinen Namen benutzen. Xxxxxx hat vielleicht gewusst, dass ich da nicht einverstanden bin. Deshalb hat er keinen Grund, meinen Namen für solche Dinge zu benutzen. Vielleicht dachte xxxxxx auch nicht daran, dass er andere damit in Schwierigkeiten bringen könnte.

Xxxxxxxxxxxxxxxxx
Ich erkläre hiermit, dass ich den Brief nicht unterschrieben habe. Meine Meinung dazu ist, dass er den Brief hätte nicht schreiben sollen und schon gar nicht mit anderen Namen.

Xxxxxxxxxxxxxxxxx (sogar der erkrankte Schüler hat eine Stellungnahme abgegeben, d. Autorin):
Das Verhalten xxxxxx mir gegenüber ist nicht in Ordnung. Er schreibt an jenen Westsender, und setzt meine Unterschrift darunter, die ich nicht selbst geschrieben habe, um die Stimmzahl des von ihm gewünschten Sängers zu erhöhen.
Ich fasse es als große Gemeinheit auf, meine Unterschrift zu fälschen und mich in eine Sache hineinzuziehen wo ich selbst nicht an diesen Sender geschrieben habe.
Die drüben freuen sich ja bloß, dass sich DDR-Bürger bereit erklären, an BRD-Sender zu schreiben. Xxxxx überlegte sich beim Schreiben dieses

Briefes nicht die Folgen, die ihn treffen könnten. Mit den Fälschungen der Unterschriften beging er einen weiteren großen Fehler.
Ich persönlich hätte nicht an einen Westsender geschrieben, da ich mir denken könnte, was auf mich zukommt, wenn der Brief auffällt. Außerdem in der DDR gibt es auch Sender, die gute Musik bringen. Ich werde xxxxxx überzeugen helfen, dass er das nicht noch einmal begeht.

Xxxxxxxxxxxxxxx
Ich würde nie an einen westdeutschen Schlagersänger schreiben, weil ich sonst gegen meine Überzeugung handeln würde. Für diese Musik interessiere ich mich auch nicht so sehr und würde nie meine Unterschrift für einen westdeutschen Schlagersänger abgeben.
Ich finde, man darf sich nicht mit dem Kapitalismus sympathisieren, auch wenn es nur eine Stimme für einen Schlagersänger ist, die man abgibt. Im Gegenteil, wir sollten alles tun, um den Sozialismus zu erhalten. In einer FDJ-Versammlung müssen wir unseren Mitschüler xxxxx davon überzeugen, dass er nie wieder so etwas unternimmt.

Xxxxxxxxxxxxxxx
Ich protestiere gegen diese Verdächtigung, da ich mit dieser Sache nichts zu tun habe und niemals unterschreiben würde, weil es in der BRD Menschen gibt, die das politisch anders auslegen.

Xxxxxxxxxxxxxxx
Warum ich nicht an einen westdeutschen Sender schreiben würde:
Es wäre gegen meine Überzeugung. Ich bin froh, dass ich in einem sozialistischen Staat aufwachsen und lernen kann. Ich habe es doch nicht nötig, mit einem feindlichen Sender zu sympathisieren. Es wäre doch für unser Land eine Schande, so etwas zu tun.
Dass xxxxxx an so einen Sender geschrieben hat, war falsch von ihm. Aber ich glaube, dass wir auch einen Teil der Schuld tragen. Wir haben uns zu wenig um ihn gekümmert. Wir haben ihn nie mit in unsere FDJ-Arbeit einbezogen. Er war viel zu viel auf sich selbst gestellt.
Durch diesen Umstand, so kann ich es mir nur erklären, ist er auf falsche Gedanken gekommen.

Xxxxx hat eingesehen, dass er einen großen Fehler begangen hat, und das ist doch schon ein großer Fortschritt, wenn er es bereut, was er getan hat. Ich weiß, dass es damit noch nicht abgetan ist und unsere Klasse wird ganz bestimmt ihre richtigen Schlüsse ziehen, um xxxxx zu helfen.

Xxxxxxxxxxxxxxx
Betr.: Brief des xxxxx an den westdeutschen Rundfunk
Heute Vormittag gaben Sie mir und einer Reihe Mitschüler meiner Klasse Kenntnis, dass xxxxx, Schüler meiner Klasse, einen Brief an den westdeutschen Rundfunk geschrieben hat. Von dem Inhalt teilten sie uns mit, dass es einem westdeutschen Sänger (der Name wurde nicht genannt) zur Wertung einer Schlagersendung gelten sollte. Zu diesem Zweck hat xxxxxx 17 Unterschriften von Mitschülern unter den Brief geschrieben, darunter auch den meinen.
Ich erkläre hiermit, dass ich bis heute von diesem Brief und seinem Inhalt nichts wusste. Ich habe diesen Brief bis jetzt noch nicht gesehen und wurde durch Sie in Kenntnis gesetzt. Ich erkläre weiter, dass die Unterschrift meines Namens in diesem Brief nicht von mir stammt und ich mit dieser Sache nichts zu tun habe.
Wir als Mitschüler von xxxxx sollten ihn deshalb nicht verachten, sondern ihn mit aller Kraft unterstützen, dass so etwas nicht mehr vorkommt.
Ich habe diese Angelegenheit mit meinen Eltern besprochen und diese Erklärung mit ihrer Hilfe geschrieben.

Xxxxxxxxxxxxxx
In erster Linie verachte ich den Missbrauch von Unterschriften anderer Schüler, die nicht mehr in der Klasse sind und auch ist es eine große Schweinerei demjenigen gegenüber, dessen Unterschrift gefälscht wurde, da es für ihn schwerwiegende Folgen haben kann. Zum Zweiten muss ich es verurteilen, dass ein alter Mitschüler jemanden in so gemeiner Art und Weise in einen schlechten Ruf bringt. Ich höre jedoch auch gern Beat-Musik, jedoch aber verurteile ich in jeder Hinsicht, dass man an jegliche Sender von kapitalistischen Ländern schreibt, da dieses

Verhalten für jeden Schüler und auch für die Schule schwere Folgen haben kann und dass westdeutsche Sender diesen Brief als Hetze gegen unseren Staat und unsere Regierung gebrauchen.

Jedoch sollte man doch auch das DT 64-Jugendstudio oder Stimme der DDR hören, wo ja auch sehr gute Beat-Musik von sozialistischen als auch kapitalistischen Sendern gespielt wird.   Ende der Abschrift.

Was Angst so alles ausmacht. Die Formulierungen sind zielsicher und teilweise erschreckend für Schüler der 9. Klasse. Da liegt die Vermutung nahe, dass außer den Eltern noch jemand Pate gestanden hat beim Verfassen.

Der erkrankte Schüler hatte wohl am meisten Zeit zum Überlegen, und er bringt es auf den Punkt: **„Ich persönlich hätte nicht an einen Westsender geschrieben, da ich mir denken könnte, was auf mich zukommt, wenn der Brief auffällt"**. Und das war er ja. Bloß wie? Im Gegensatz zu mir hat ihn der Schüler eigenhändig in den Briefkasten geworfen. Dem Mitschüler, der das beobachtet hat, war das egal. Also wie kam der Brief in die Hände des Kreisschulrats? Denn dieser informierte die Schule. (Das ist auch so eine Sache: Wenn man schon von einem „Vergehen" ausgeht, wird die Schule informiert, nicht die Eltern). Sag mir wie. Es geht laut Verfassung[14] der DDR eigentlich gar nicht, denn Artikel 31 regelt die Unverletzlichkeit des Postgeheimnisses:

> **Artikel 31**
>
> 1   Post- und Fernmeldegeheimnis sind unverletzbar.
> 2   Sie dürfen nur auf gesetzlicher Grundlage eingeschränkt werden, wenn es die Sicherheit des sozialistischen Staates oder eine strafrechtliche Verfolgung erfordern.

Also war der Brief wohl eine Gefahr für die Sicherheit der DDR.

---

14 Verfassung der DDR vom 06.04.1968 in der Fassung des Gesetzes zur Ergänzung und Änderung der Verfassung der DDR vom 07.10.1974, Seite 30

Erlebnisse in der sozialistischen Produktion
oder
Aktivist? – Nein, danke.

Noch während der EOS-Zeit lernte ich meinen späteren Mann kennen, und zwar in dem Betrieb, der uns mit der „Sozialistischen Produktion" vertraut machen sollte. Das hat er auch. Wir lernten viel über die Rolle, die die ‚führende Kraft', also die Arbeiterklasse, dort spielte. Wenn zum Beispiel im Maschinenbau plötzlich während der Arbeitszeit 23 Drehmaschinen still standen, dann war das nichts besonderes. Dann gab es im Betriebskonsum Bananen. Die Arbeiter, die ja alle im Leistungslohn standen, hatten mehrfach darum gebeten, doch eine Sammelbestellung für die Brigade – es wurde doch sonst pausenlos über die sozialistische Brigade gesprochen – aufgeben zu können, aber das war eben partout nicht möglich. Die sozialistische Brigade sollte möglichst viel gemeinsam unternehmen, und so ging man eben gemeinsam Bananen kaufen. Das brauchte schon für den Hin- und Rückweg jeweils 10 Minuten, und dann stand man erst einmal gemeinsam an. Es musste schließlich jeder persönlich befragt werden, wie viele Personen in der Familie leben, denn es gab ja nur eine Banane pro Person. Und so verging schnell eine Stunde, in der nicht gearbeitet wurde. Schnell entstand der Slogan: „Alle Maschinen stehen still, wenn die Betriebsverkaufsstelle es will." Nach der Schicht zu gehen hätte keinen Zweck gehabt, die Bananen wären ja längst alle gewesen. Und so ging mancher Arbeiter, der kein Kind hatte, nach einer Stunde mit ein oder zwei Bananen zurück an die Maschine. Arbeiter, die Kinder hatten, aßen prinzipiell keine Bananen. Damit für die Kinder eine mehr blieb.

Eines Tages hatten wir ein Schlüsselerlebnis. Wir waren mittlerweile in der 12. Klasse und hatten keinen Unterricht mehr in der Produktion, sondern WPA (wissenschaftlich - praktische Arbeit). Wir bekamen konkrete Aufträge ökonomischer oder technologischer Art – Aufträge, die mehr auf ein späteres Studium vorbereiten sollten. Aber wenn wir Geld brauchten, dann machten wir freitags abends gern mal eine Schicht in der Produktion. Bedarf war ja immer - bei uns an Geld und im Betrieb an Arbeitskräften.

Es war immer die Spätschicht, die wir machten, und an dem besagten Tag kam, kaum dass wir eine Stunde gearbeitet hatten, der Meister zu uns: „Sagt mal, habt ihr nicht Lust, ins Kulturhaus zu gehen? Die Festveranstaltung zum ‚Tag des Metallarbeiters' findet heute statt und ihr könnt hingehen, wenn ihr wollt." Wir sahen uns an. Unschlüssige Gesichter. „Wieso denn wir? Wir sind doch gar keine Metallarbeiter, wir sind doch bloß Schüler..." „Ach, die haben noch paar Plätze frei im Saal, wäre doch schade, wenn sie leer bleiben. Außerdem gibt es was zu essen und bestimmt auch ein gutes Bier." Die Augen unserer Jungs fingen an zu funkeln bei dem Gedanken an Exportbier. „Aber wir wollten eigentlich paar Mark machen heute." „Keine Angst, wir schreiben euch den Durchschnitt für die Zeit! Na? Was wird? Was soll ich denen da oben sagen?" Na ja, ehe wir uns prügeln lassen. Essen, trinken, vielleicht 2-3 Stunden weniger arbeiten und den Durchschnitt gezahlt bekommen, also gut. Gehen wir eben hin. Zu blöd war nur, dass wir richtig dreckig waren und uns wieder umziehen mussten.

Und dann saßen wir da also. Ich wunderte mich eigentlich, dass mein Mann nichts gesagt hatte von dieser Veranstaltung. Er hatte ja auch Spätschicht, nur in einer anderen Betriebshalle. Ich schaute mich auch mehrmals suchend um, konnte aber weder ihn noch ein anderes bekanntes Gesicht sehen. Die Veranstaltung war langweilig. Reden, Reden, Reden.... Der FDJ-Sekretär, der Parteisekretär, der Betriebsleiter... Wie gut doch alle arbeiten. Wir bezogen das nicht auf uns. Irgendwie war die Situation komisch. Dann folgten Auszeichnungen. Aktivisten der sozialistischen Arbeit wurden geehrt. Das Essen war gut, das Bier so gut, dass der Meister sagte, wir sollen ja vorsichtig sein und gut aufpassen, als wir uns wieder umgezogen hatten, um an die Arbeit zu gehen. „Fasst lieber nichts an. Am besten, ihr setzt euch irgendwo hin, bis die Schicht zu Ende ist. Wir rechnen heute mit dem Durchschnitt ab." Na ja, so besoffen waren wir ja auch wieder nicht. Er hatte Angst, wir waren ja noch Schüler. „Dein Freund war da", sagte er zu mir. „Er kommt später noch mal."
Er kam aber nicht, denn er hatte vom Meister erfahren, wo wir gewesen sind, und das war ihm irgendwie in die Nase gefahren. Wir sahen uns

erst nach der Schicht. „Ihr wart oben im Kulturhaus", sagte er. „Ja, der Meister hat uns gefragt, ob wir nicht hingehen wollen. Ich hab mich gewundert, dass keiner von euch da war". Oh mein Gott! Jetzt konnte ich mir aber was anhören. So konsequent und energisch wie es geht, wenn man jung verliebt ist, setzte er mir folgendes auseinander: „Dieser Tag soll eigentlich eine Würdigung des Metallarbeiters sein, mit Auszeichnungen und Ehrungen. Du hast doch gesehen, wer zum überwiegenden Teil ausgezeichnet wird? Leute, die gar nicht in der Produktion tätig sind wie Verwaltungsangestellte und Parteibonzen. Wir sind 23 Mann in der Brigade und bekommen im Schnitt 3-4 Einladungen zur Festveranstaltung, so verhält sich das. Wir sind dafür bekannt, dass unsere Leistungen überdurchschnittlich gut sind, aber nur 2 Mann sind in der Partei, höchstens 3 in der DSF und in der Kampfgruppe ist außer dem Meister gar keiner. Also gelten wir als politisch-ideologisch unzuverlässig." Er war kaum zu bremsen, so hat er sich ereifert. „Was heißt hier politisch-ideologisch unzuverlässig? Ihr seid Dreher! Und ihr habt doch gute Leute!" „Das interessiert doch gar nicht", winkt mein Mann, damals noch mein Freund, ab. „Hast doch selbst gesehen, wen sie auszeichnen! Also gut, ich wollte Dir das eigentlich nicht erzählen: Ich bin vorgeschlagen worden als Aktivist wegen langjähriger sehr guter Arbeit. Ich bezahle aber nie Soli" (Solidaritätsbeitrag, wurde mit dem Gewerkschaftsbeitrag zusammen abgezogen, wenn man nicht eindeutig widersprach, d. Autorin). Daraufhin wurde ich von der BGL (Betriebsgewerkschaftsleitung; man beachte die Rolle der Gewerkschaft!), abgelehnt. Man wollte andererseits, um glaubwürdig zu bleiben, mal wieder einen Arbeiter auszeichnen, also sollte der Meister mit mir folgenden ‚deal' aushandeln: „Du bezahlst einfach rückwirkend für ein Vierteljahr Soli, damit ist das in Ordnung." Ich habe aber abgelehnt. „Gut, dann bezahlst du eben nur 3 Mark nach. Dann können wir das durchkriegen mit der Auszeichnung." Ich habe abgelehnt, weil ich mich auf so einen faulen Handel nicht einlasse. „Jetzt überleg doch mal. Du bekommst 300 Mark Prämie als Aktivist, abzüglich der 3 Mark Soli sind das immerhin noch 297 Mark!" Ich erklärte zum letzten Mal, dass ich das ABLEHNE. Entweder man zeichnet mich für meine Arbeit aus oder sie lassen es bleiben. Und außerdem stelle ich mich nicht auf eine Ebene

mit den SED-Bonzen, die auf Grund ihrer ‚gesellschaftlichen Tätigkeit' ausgezeichnet werden. So, jetzt weißt du, warum keiner aus unserer Brigade oben war." Es fällt mir wie Schuppen von den Augen. Man hat uns als Statisten angeheuert und durchgefüttert, damit der Saal voll wird!
Wir hatten wieder mal etwas gelernt: Es war nicht so wie im Staatsbürgerkundeunterricht (auch wenn der manchmal sehr lustig war). Wo von der SED als der ‚Partei der Arbeiterklasse' gesprochen wurde. Denn ich sah: Hier waren die Arbeiter und dort war die Partei. Und sie mochten sich nicht.

Überhaupt wird die Verbindung mit meinem Mann auch später dafür sorgen, dass mir nie die Verbindung zum wirklichen Leben abhanden kommt. Das kann als Lehrer – weit weg von der Produktion – sehr schnell passieren, vor allem wenn der Partner auch einen Beruf weit weg von der ‚Basis' hat. Ich bin aber immer wieder auf den Boden der Realität zurückgeholt worden, und da konnte kein Parteilehrjahr, keine Gewerkschaftsversammlung und kein ‚Pädagogischer Rat' etwas daran ändern. Und es wird mich später auch nicht aus der Bahn werfen, wenn ich in 14 Jahren Berufsleben während der DDR-Zeit als Aktivist gar nicht erst vorgeschlagen werde. Ich wusste ja Bescheid: Arbeit allein reicht nicht. Heute bin ich stolz darauf, dass mir dieser Titel nicht verliehen wurde, denn wenn ich im nachfolgenden Beispiel sehe, wie die ideale Besetzung für diese Auszeichnung aussah, dann muss ich sagen: „Aktivist der sozialistischen Arbeit – nein, danke!"

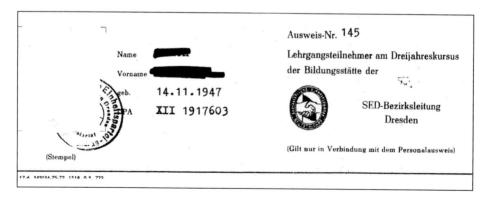

Genossin / Genosse

███████ *Dietrich*

hat in der Zeit vom **20.9.** bis **17.12.71**

am Drei-Monate-Lehrgang zur

MARXISTISCH-LENINISTISCHEN GRUNDAUSBILDUNG

teilgenommen und ihn mit

gut

abgeschlossen

Ottendorf, den **17.12.71**

Sonderschule der Bezirksleitung der SED

Schulleiter

SOZIALISTISCHE EINHEITSPARTEI DEUTSCHLANDS
KREISLEITUNG ZITTAU

Das Sekretariat der Kreisleitung Zittau der Sozialistischen Einheitspartei Deutschlands spricht dir, lieber Genosse

Dietrich ▬▬▬▬

für den vorbildlichen Einsatz bei der Durchführung der Beschlüsse des VIII. Parteitages im Jahre des 25. Jubiläums der Deutschen Demokratischen Republik die Anerkennung aus.

Diese Auszeichnung nehmen wir zum Anlaß, um Dir für Deine geleistete Arbeit zum Wohle unserer Partei den herzlichsten Dank zu sagen.

Wir wünschen Dir für die Zukunft beste Gesundheit und Schaffenskraft bei der Verwirklichung unserer Aufgaben zur Erhaltung des Friedens und beim Aufbau des Sozialismus in der Deutschen Demokratischen Republik.

Sozialistische Einheitspartei Deutschlands
Kreisleitung Zittau

▬▬▬▬
I. Sekretär

Zittau, den 27.09.1974

SOZIALISTISCHE EINHEITSPARTEI DEUTSCHLANDS
KREISLEITUNG ZITTAU

Das Sekretariat der Kreisleitung Zittau der Sozialistischen Einheitspartei Deutschlands spricht dir, lieber Genosse

Dietrich

für Deinen vorbildlichen Einsatz bei der Durchführung der Beschlüsse des VIII. Parteitages zur Gestaltung der entwickelten sozialistischen Gesellschaft in der Deutschen Demokratischen Republik seine Anerkennung aus.

Diese Auszeichnung nehmen wir zum Anlaß, um Dir für Deine geleistete Arbeit zur Erhöhung der führenden Rolle unserer Partei den herzlichsten Dank zu sagen.

Wir wünschen Dir für die Zukunft beste Gesundheit und Schaffenskraft bei der Verwirklichung unserer großen und verantwortungsvollen Aufgaben bei der weiteren Sicherung des Friedens und beim Aufbau des Sozialismus in der Deutschen Demokratischen Republik.

Sozialistische Einheitspartei Deutschlands
Kreisleitung Zittau

1. Sekretär

Zittau, den 28.04.1975

URKUNDE

FÜR VORBILDLICHE
SOZIALISTISCHE ARBEIT
VERBUNDEN MIT
AKTIVER GESELLSCHAFTLICHER TÄTIGKEIT
WIRD *Kollege*

 *Dieter*

DER EHRENTITEL

AKTIVIST

DER SOZIALISTISCHEN ARBEIT

VERLIEHEN

Görlitz, den 28.09.1984

Vors. des FDGB-KV.

Schließlich hatten wir die „Penne" hinter uns und ich ging nach Leipzig zum

STUDIUM

Es war insofern fast etwas verrückt, weil mein Mann, der damals noch mein Freund war, in Leipzig geboren und bis zum 17. Lebensjahr dort aufgewachsen war. Dann war er durch Umzug der Eltern in die „Provinz" gekommen, wo wir uns kennen gelernt haben und dann bin ich für 4 Jahre nach Leipzig gegangen. Ich profitiere vom großen Bekanntenkreis meines Mannes und seiner Eltern in Leipzig, denn meine Abneigung gegen ‚Massenunterkünfte' ist geblieben und ich möchte auf gar keinen Fall im Internat wohnen. Wir suchen also ein Zimmer, aufgrund der Wohnraumsituation ein schwieriges Unterfangen. Kaum jemand hat Wohnraum, den er nicht selbst benötigt. Eine Annonce in der Zeitung bringt ein Ergebnis; eine Frau bietet ein Zimmer in der Arndtstraße in Leipzig. Abgesehen davon, dass ich, nachdem ich Frau und Zimmer gesehen, das Weite gesucht habe, hatte ich damals nicht die geringste Ahnung, in welch einer geschichtsträchtigen oder treffender gesagt furchtbaren Nachbarschaft ich fast gewohnt hätte! Der Teufel bzw. der Henker persönlich hätte mir in schlaflosen Nächten erscheinen können – denn er hatte die gleiche Adresse. Aber davon später.

Schließlich machten die Eltern meines Freundes eine alte Dame ausfindig, die seit dem Tode ihres Mannes sehr einsam war und ein Zimmer innerhalb ihrer Wohnung erübrigen konnte. Man muss erklärend dazu sagen, dass es überhaupt nicht möglich gewesen wäre, einfach so als Student eine Wohnung zu mieten. Dafür gab es lange Wartelisten für Verheiratete und Familien. Also griff ich ganz schnell zu für 40 Mark im Monat, das war die erste feste Größe, die von meinem Stipendium von 180 Mark abging. Die zweite war die Monatskarte für die Straßenbahn (7 Mark), die brauchten wir alle ganz dringend, denn in Leipzig studieren hieß damals – Gott sei Dank – fast täglich kreuz und quer durch die Stadt zu fahren, und das kam so: Es gab zwar schon den Uni-Riesen, auch „Weisheitszahn" genannt, aber dort hatten wir nur hin und wieder Seminare. Ein zentrales Hörsaalgebäude gab es nicht, und so führte uns unser Stundenplan vom Uni-Riesen zum Franz-Mehring-Haus, in die Schillerstraße, nach Connewitz, in die Nähe des Völkerschlachtdenkmals, in die Nähe vom Zoo, in den Petersteinweg, nach Wahren zum Sport usw., usw. Das war nicht etwa belastend, nein, das war toll. Wir hatten manchmal bis zu zwei Stunden Zeit zwischen zwei Lehrveranstaltungen. Und das in einer Stadt wie Leipzig! Das war genial, waren wir doch das Volk der

Jäger und Sammler,

ständig bereit, irgendwelchen Engpässen nachzujagen. Es gab immer etwas, was es nicht gab, und in der Stadt war die Chance größer, mal etwas zu „erwischen". Das war ja bis zur Wende auch unser Lebensmotto. Kamen wir – aus welchen Gründen auch immer (und wenn es im Urlaub war) – in eine andere Stadt, hatte man so viele Dinge im Hinterkopf, auf die man achten musste. Konnte sein, dass es was gab. Das waren nicht etwa nur größere Dinge, sondern oft ganz simple Sachen: Döbelner Salami (mit der weißen Schale) als Ersatz für die ungarische, die nicht aufzutreiben war, mal gab es Herrenunterwäsche, Kaffeetassen, Taschentücher, kleine chinesische Handtücher, Suppentassen, Teller, eine Kaffeemaschine, Lampen, Waschmittel (Spee Color!), Herrenhemden, Rosinen und Mandeln in der Vorweihnachtszeit, ein Glas Gewürzgurken war schon fast unglaublich, von Obst und Gemüse ganz zu schweigen. Man könnte die Aufzählung beliebig fortsetzen. Ich hatte von meiner Mutter immer einen Zwanzig-Mark-Schein einstecken, für „alle Fälle". Einmal ist es mir sogar gelungen, 2 Kilo Mandarinen zu erbeuten, schier unglaublich.
Im ersten Studienjahr gelang mir das Unvorstellbare: Wir mussten zum Praktikum in ein Ferienlager im Westerzgebirge. Helle Herrenschuhe waren zu dieser Zeit der absolute Knüller, natürlich nur theoretisch, praktisch gab es keine. Und in diesem kleinen Ort finde ich ein Geschäft, in dem es solche Schuhe gab! Ich kannte die Schuhgröße meines Vaters, aber die von meinem Mann noch nicht. Einfach mal anrufen würde man heute sagen, ja heute. Aber damals stand man einfach un-

schlüssig im Geschäft, um sich dann zu konzentrieren und der entsetzten Verkäuferin mit beiden Händen die Größe eines Schuhs anzudeuten. „So etwa". „Ist das Ihr Ernst? Genauer wissen Sie's nicht?" Nein, genauer wusste ich es nicht. „Bringen Sie mal ein Paar, das hier rein passt, das wird schon hinhauen." Und sie brachte ein Paar Schuhe Größe 46. „Das sind die größten, die ich habe, aber ich muss Ihnen sagen, so hat noch niemand bei mir Schuhe gekauft." Was soll ich machen, ich kann ihn nicht herholen zum Probieren. Aber die Größe erscheint mir realistisch, und ich nehme die zwei Paar. Allerdings vereinbaren wir, dass ich die Schuhe mit der Post abschicke, und die beiden sollen probieren und unverzüglich zurückschicken, wenn sie nicht passen. Die Verkäuferin glaubt nicht, dass das hinhaust, aber mein Augenmaß ist gut. Sehr gut. Nichts kam zurück.

Später, als wir dann auch an Heirat und einen eigenen Hausstand dachten, kaufte ich die zumindest kleinere Dinge zum großen Teil in Leipzig. Stück für Stück, es war eine Frage des Geldes und des Transports. Ich kam ja jedes Wochenende mit dem Zug heim. Meinem Mann und mir gefiel Steingut, und da war immer mal was zu bekommen. Wir haben noch heute Teller und Suppentassen aus jener Zeit, und jedes mühsam zusammengetragene Stück ist ein Stück Erinnerung.

Nie werde ich vergessen, wie meine Freundin aus Leipzig eines Nachmittags mit zwei 5 kg-Tüten geleimter Wandfarbe an der Straßenbahnhaltestelle erschien – wir hatten noch Vorlesung. Nach und nach heirateten die ersten, in der Regel wegen einer Wohnung. Und Gaby hatte eben zufälligerweise geleimte Wandfarbe gesehen und musste sie natürlich mitnehmen, denn nach der Vorlesung wäre ja alles zu spät gewesen. Und nun stand sie also vor mir, hochrot im Gesicht, Schweißperlen auf der Stirn, unter jedem Arm eine dieser Riesentüten - und man hatte das Gefühl, lange würde sie die Tüten nicht mehr halten können. Mit letzter Kraft und flehentlichem Blick stieß sie hervor: „Hast Du manchmal ein Netz?" Da war es wieder, dieses „manchmal". Oh, wie mich das nervte. Obwohl innerhalb von Sachsen, hatten wir sprachliche Besonderheiten gefunden, die der eine oder andere aus seinem Sprachraum nicht kannte. Und das war unter anderem dieses „manchmal". Ich weiß, was sie meint (Hast du mal oder hast du zufälligerweise ein Netz), aber es nervt mich total und ich denke mir: Na warte, heute ist meine große Chance gekommen und antworte ruhig und gelassen: „Ja". Gaby, am Ende ihrer Kräfte und in Anbetracht meiner A....ruhe auch am Ende ihrer Nerven, fast verzweifelnd (denn die Tüten rutschen ihr langsam aus dem Armen): „Na, gibst du mir es mal?!" „Na, HEUTE habe ich gerade keins, du weißt doch, nur manchmal habe ich eins..." „Ach, Mensch, du mit deinem Quatsch, was soll ich denn jetzt machen?" Wir stellen die Tüten erst mal ab und warten. Wir haben ja auch zwei Jungs in der Seminargruppe. Sie schleppen die Tüten bis zur Vorlesung, dort sehen wir weiter. Heute würde man sagen: Warum ruft sie nicht zu Hause an (Gaby wohnte in Leipzig) und lässt sich abholen. Antwort: Hätten wir ein Handy bzw. Gabys Eltern ein Telefon gehabt, dann hätten wir auch geleimte Wandfarbe gehabt ohne diese Schlepperei...

Apropos Telefon – Telefonieren 1972 (und später)

Ich bin also Sonntag Abend immer nach Leipzig gefahren und am Freitag wieder zurück nach Hause – zu meinen Eltern oder zu meinem Freund. Und das musste am Sonntag Abend genau besprochen werden, denn es gab die Woche über keine Kontaktmöglichkeit. Es hatte doch fast keiner ein Telefon, von Handys ganz zu schweigen, wir wussten gar nicht, dass es so was gibt. Wer hatte schon ein Telefon? Feuerwehrleute, Ärzte, Betriebsdirektoren, wer sonst eins hatte, war schon fast verdächtig. Und man konnte auch nicht einfach von einem öffentlichen Fernsprecher aus telefonieren, das wäre utopisch gewesen. Ich konnte meinen Mann in dringenden Fällen auf Arbeit erreichen. Dazu musste ich in Leipzig zum Hauptbahnhof aufs Postamt. Dort war ein Raum mit vielen Telefonzellen, mit schweren Türen, damit man „ungestört(!)" sprechen kann. Ich weiß das noch, weil es immer schnell gehen musste, die Tür aufzumachen. Also man hing dran wie ein Schluck Wasser und bekam sie dann fast ins Kreuz. Man konnte da aber nicht einfach reingehen und anrufen. Es gab einen Schalter, da musste man sein „Ferngespräch" anmelden. Nummer und Name des Teilnehmers. Logischerweise waren immer viele Leute dort, mit denen man dann gemeinsam in einem Warteraum saß, bis man „aufgerufen" wurde. Es konnte bis zu einer halben Stunde dauern, bis der erlösende Aufruf „Das Gespräch nach ... Zelle 5!" kam. Dann ging man in diese Zelle und musste sich beeilen, denn der Angerufene war schon am anderen Ende und hatte nur gesagt bekommen; „Ein Ferngespräch für Sie aus Leipzig!" Der Angerufene war in dem Falle der Meister meines Mannes, der das schon kannte und dann aus Leibeskräften schrie: „Straube, TELEFON!!!!!!!!!!!!" Mein Mann musste auch gerade am Arbeitsplatz sein, wenn das klappen sollte. Ich erinnere mich, dass ich mal anrief, weil es im Kaufhaus Teppiche gab und wir ja an Heirat und eine eigene Wohnung dachten. Wir sind dann übereingekommen, dass ich den Teppich kaufe, unsere 2 Jungs aus der Seminargruppe mir das Teil bis in den Zug tragen und ins Gepäcknetz legen und mein Mann dann in Dresden auf dem Bahnsteig steht, um mich und den Teppich da rauszuholen.

Man könnte aus diesen Dingen eine unendliche Geschichte machen. Aber es kam uns in dem Moment nicht so belastend vor, wie man heute meinen könnte. Es war manchmal richtig abenteuerlich, und man hatte sich damit arrangiert. Die Freude war groß, wenn man etwas bekommen hatte, und „schenken" hatte damals noch eine ganz andere Dimension. Wir liefen auch nicht mit griesgrämigen Gesichtern herum, weil bei uns alles „trist und grau" war und die Städte um uns herum fast zusammenfielen. Wir sahen das gar nicht so, denn wir hatten ja nicht den Vergleich. Wir ärgerten uns über spontane Dinge, zum Beispiel über die dritte feste Größe in meinem ohnehin schon spärlichen Etat: Wir mussten zu Beginn des Studiums das ND (Neues Deutschland, Zeitung der SED) abbonieren. Einzelpreis 15 Pfennige, Abonnementpreis 3.50 Mark monatlich. Kein Mensch wusste, wozu! Ich kann mich nicht erinnern, dass wir das Blatt jemals gebraucht hätten! Wir haben auch nie etwas damit gemacht (im Seminar oder so, nicht einmal in M/L), aber wir mussten es als Studenten eben „haben". Sicher gab es irgendwo an der Uni eine Statistik, wie viel Prozent der Studenten das ND „lesen". Ich weiß nicht einmal mehr, wie das kontrolliert wurde, ich weiß nur noch, dass ich mich furchtbar drüber aufgeregt habe, denn ich war nun mit den monatlichen Unkosten schon bei 50,50 Mark. Mein Mann erzählt mir, dass er in der Armeezeit auch nicht drum herum kam, auf jeder „Stube" musste eine Zeitschrift „Armeerundschau" und je ein Exemplar des ND und der „Jungen Welt" abonniert sein, und die vier Mann, die in dem Zimmer wohnten, mussten sich die Kosten teilen (von ihrem fetten Sold von 74 Mark). Ich ergebe mich in mein Schicksal und muss das nun meiner Wirtin schonend beibringen, denn sie wird ja die Zeitung aus dem Briefkasten holen, wenn ich tagsüber nicht da bin. Sie sieht mich verunsichert an. Ich versichere ihr, dass ich das von der Uni aus bestellen muss. Da atmet sie erleichtert auf, sie hatte vielleicht schon überlegt, worauf sie sich da eingelassen hat. Sie selbst liest natürlich eine andere Leipziger Tageszeitung, und wir einigen uns drauf, dass sie mein ND gleich haben kann, wenn es kommt, nicht zum Lesen, oh nein, aber die großen Seiten sind eine schöne Sache, im Winter zum Feuer machen und Schuhe trocknen, im Sommer als Unterlage zum Trocknen von Pilzen und Kräutern. Sie gibt mir dann abends ihre Tageszeitung zum Lesen.

Wir ärgern uns über Dinge, die nicht vordergründig sichtbar waren und die sich meist erst im Berufsleben zeigten. Im Studium waren das der weitere Russischunterricht, die sinnlosen Lehrveranstaltungen Marxismus/Leninismus (Vorlesung) und marxistisch-leninistische Philosophie (Seminar) mit jeweils überdimensionalen Prüfungen. Überdimensional in Umfang, Zeitaufwand und Bedeutung. Ich erinnere mich an eine Prüfung in Marxismus/Leninismus, zu der die Prüferin, unsere Seminarleiterin, plötzlich und unangekündigt eine „Freundin" mitbrachte, weil sie noch nicht so viel „Erfahrung" in Prüfungen habe. Die „Freundin" stellte unglaubliche Fragen, die mit dem Lehrinhalt eigentlich nichts zu tun hatten und wollte dann auch tatsächlich fast die halbe Seminargruppe durchfallen lassen. Hier haben wir aber dann zum ersten Mal „den Aufstand geprobt" und, ich weiß nicht mehr wie, aber es wurde dann irgendwie „hingebogen". Aber wir bezogen solche Dinge aufs Studium und schwankten irgendwie zwischen Hoffnung und Illusion, es möge dann im Beruf anders sein bzw. uns erspart bleiben, genau wie der Lehrgang

Zivilverteidigung,

unsere vormilitärische Ausbildung also, die wir am Beginn des 2. Studienjahres absolvieren mussten. Wir waren zu diesem Zwecke vom 5. September bis zum 4. Oktober 1973 im ZV-Lager. Das war unweit eines kleinen Dorfes in der Sächsischen Schweiz mitten im Wald. Wir wohnten in Blockhütten, die im Sommer als Pionierlager sicher sehr idyllisch waren. Im Herbst sind wir darin fast erfroren. Wir hatten den Eindruck, es sollte ganz bewusst hart und schikanös sein wie bei der Armee, und unsere Ausbilder gefielen sich irgendwie in ihrer Rolle. Vergleichbar mit der Armee waren die primitiven Unterkünfte, die Kälte, die unmögliche Verpflegung (man konnte auch nirgends etwas kaufen mitten im Wald), der minutiös durchgeplante Tagesablauf, Ausgang auf Antrag am Sonntag Nachmittag, keinerlei Außenverbindung (Telefon o.ä.), die medizinische Betreuung war bei der Armee sicher besser. Die Ausbildung dauerte 8 Stunden am Tag und wir mussten Uniform tragen. Wir hatten theoretischen Unterricht (die wachsende Aggressivität des Imperialismus, dem „Feind" ist alles Böse zuzutrauen, auch der Einsatz von ABC-Waffen, vor denen wir uns und andere also schützen müssen). Erste Hilfe und Evakuierungsmaßnahmen gehörten genauso zum Programm wie Handgranatenweitwurf, Ausdauerläufe, Übungen mit Gasmaske, teilweise das Überwinden der Sturmbahn, Schießen mit Luftgewehr und Kleinkaliber-Maschinenpistole sowie Exerzieren und Marschieren. Wir fühlen und zum ersten mal so richtig verarscht. Dieser ganze Quatsch geschah natürlich nur, um „uns und unseren Staat vor dem Feind zu schützen". Wir hatten schon nach 3 Tagen die Nase voll und beschwerten uns wegen der Kälte in den Bungalows, die uns kaum schlafen ließ. Es gab dann manchmal abends einen Heizstrahler für den Bungalow, wenn wir Glück hatten. Die Strahler reichten nicht für alle Bungalows, und die Ausbilder wollten ja auch nicht frieren, und die hübsche Medizinstudentin, die für unsere „Betreuung" abgestellt war, sicher erst recht nicht. Wir waren frustriert und konnten es den Wehrpflichtigen nachfühlen, die sich ein Maßband kauften und dieses 150 Tage vor der Entlassung feierlich anschnitten (auf der „Stube" oder beim Ausgang in der Kneipe). Obwohl verboten, hatte jeder eins, und wenn gefragt wurde, wie lange hast du noch, dann wurde es triumphierend vorgezeigt, denn wenn man schon eins hatte, war man ein „EK" (Entlassungskandidat). Es wurde überall mitgenommen, und wenn man beim Ausgang in der Kneipe saß, wurde es gezeigt und gegenseitig ausgewertet, wer noch „wie viel" hatte. Wie im Knast. Solche Gedanken hatten wir auch, aber wo hätten wir mitten im Wald ein Maßband herbekommen sollen.

Einmal glaubte ich eine Chance zu haben, aus der kalten Hütte rauszukommen und was Ordentliches essen zu können. Wir hatten einen Geländemarsch mit Hindernissen und Schießübungen. Ausgang außer der Reihe war versprochen für die Besten. Na ja, Laufen und Hindernisse überwinden war nicht so mein Ding, aber im Schießen war ich gut. Und das kam so: Als Kind war ich oft mit meinen Eltern bei der Oma in Dresden und wenn Rummel war, gingen wir hin. Mich interessierte eigentlich nur Autoscooter und Schießen mit meinem Vater, nicht etwa, weil wir schießwütig waren, sondern weil mein Vater seine Fußballbegeisterung auf mich übertragen hatte. In Ermangelung eines Sohnes, der erst 9 Jahre später kam, wurde ich eingeweiht in alle Fußballregeln und schaute mit meinem Vater WM-Spiele, als das noch richtiger Sport war und es noch Spieler gab wie Pele oder Eusebio. Wir waren richtig im Fieber. Und an den Schießbuden auf dem Rummel und komischerweise NUR DORT gab es wunderbare Portraitfotos von diesen Spielern. Also nahmen wir uns vor, wenigstens jedes mal ein Foto zu schießen. Wir begannen gemeinsam, und wer gerade die bessere Tagesform hatte, schoss zu Ende, damit es nicht unnötig teuer wurde. Daher meine Fähigkeiten im Schießen. Und als ich die Luftgewehre sah auf diesem blöden Marsch, sagte ich meinen Leidensgenossinnen, von denen vorher schon einige angekündigt hatten, sie können das nicht, sie sollen mich das machen lassen. Es war erlaubt, dass einer für alle schießt. Und es hat geklappt, meine Schießbudenqualifikation hat gereicht. Sieg und Ausgang außer der Reihe. Alle waren mir dankbar – zunächst. Wir konnten am gleichen Abend noch gehen – und dann war die Ernüchterung groß. Wir liefen bis zum nächsten kleinen Ort, und das war so ein elendes mieses Kaff, dass es dort nicht mal einen Kneipe gab, wo man hätte was essen können. Aus der Traum vom schönen Essen und zurück in die kalte Hütte. Die Schießleistung zog noch eine „Belobigung "vor der Front" nach sich, beides wurde als Bestandteil des Studiums ins Studienbuch eingetragen.

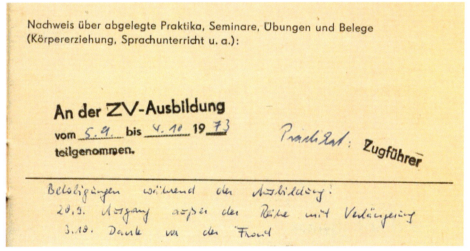

Mein Mann kam am darauffolgenden Sonntag, um mich zu besuchen. Sonntags nachmittags konnte man ja Ausgang beantragen. Das hatten wir vorher schon besprochen, denn Kontakt war ja nicht. Mein Mann als cleverer Ex-Wehrpflichtiger kam gleich mit der Taxe und holte mich ab in die nächstgrößere Stadt. Das war eigentlich verboten, denn theoretisch durften wir „den Standort" nicht verlassen. Aber darum scherten wir uns nicht. Ich war froh, da raus zu kommen und erzählte meinem Mann von dem Desaster mit dem „Ausgang außer der Reihe". Er amüsierte sich erst, wurde dann aber sofort hellhörig, als ich vom Schießen sprach und dass ich dort die Beste gewesen war. Seine Miene veränderte zu einer Mischung von Mitleid und Entsetzen, fast so wie damals mit der Aktivisten-Angelegenheit. Und ich (mit meinem Schießbudenbewusstsein) prahlte noch: „War doch gut, was?" Eine Weile sagte er gar nichts. Als ich ihn herausfordernd ansah, sagte er schließlich: „Na ja, ist ja zum Glück alles bloß Spielerei bei euch. Ihr werdet ja nie in die Lage kommen..." „In was für eine Lage?" Er sieht mich an als wäre ich begriffsstutzig. Und ich muss zugeben, ich war es auch in dem Moment. Also wird er etwas deutlicher. „In die Lage, mit einer Waffe in der Hand auf Wache zu stehen und schießen zu müssen, wenn jemand unbefugt in den Postenbereich eindringt!" Ich merke, er spricht von seiner Armeezeit. Mein Mann war im Selbständigen Wachbataillon Geltow, das auserkoren war, einen Bunker in der Nähe von Potsdam zu bewachen. Und es wird mir in dem Moment erst bewusst, dass er meine Prahlerei mit der Schießleistung gar nicht lustig findet. „Und du hättest auf Menschen schießen müssen?" „Du machst mir Spaß, deshalb standen wir doch dort. Du hattest abzusichern, dass kein Unbefugter in den Postenbereich eindringt." „Wenn doch?" „Dann hätte es im günstigsten Fall eine Postenkontrolle durch Vorgesetzte sein können." „Und im ungünstigsten Fall?" „Eine unbefugte Person." „Und Du hättest schießen müssen?" „Nicht gleich. Ich hätte ihn erst anrufen müssen: ‚Halt, wer da? Stehen bleiben oder ich schieße!' Danach die MP durchladen, was ein hörbar lautes Knacken des Gewehrschlosses verursacht hätte, dann einen Warnschuss in die Luft abgeben und dann gezieltes Feuer auf die Person!" ‚GEZIELTES FEUER AUF DIE PERSON' verursacht mir Gänsehaut. Das ist ein Deutsch, das ich gar nicht kenne. „Wir waren angehalten, möglichst in die Beine zu schießen", fügt er hinzu. „Wie willst Du bei einer Person, die dann sicher wegrennt, aus einer Entfernung die Beine treffen?" frage ich entsetzt. „Kannst Du Dir vorstellen, warum ich auf dem Schießplatz immer zu den Schlechtesten gehörte?", fragt mein Mann zurück. Es dämmert mir. „Mein Vater hat mir das mit auf den Weg gegeben, als ich zur Armee musste. ‚Tu dich nie mit Schießleistungen hervor. Wenn du zu den Besten gehörst, hat er gesagt, dann hast du ein Problem, wenn du im Ernstfall nicht triffst. Wenn du schon auf dem Schießplatz nicht triffst, dann wundert sich keiner, wenn du dann auch nicht triffst. Lass' die anderen lachen, wenn sie wollen. Wer zuletzt lacht, lacht am besten'." Ich verstehe. Und danach hat er gehandelt. „Und hatte das keine Konsequenzen, wenn du so schlecht warst?" „Ich hab nicht übertrieben. Wir mussten alles schießen. Leichtes und schweres Maschinengewehr, Panzerbüchse, Pistole, wichtig war auch Handgranatenweitwurf (ich zucke innerlich zusammen bei dem Wort, ich denke an unseren Marsch, d. Autorin). Ich war immer am unteren Durchschnitt. Wenn es zu arg war, war eben mal eine zusätzliche Schießübung. War aber nicht schlimm, Zeit hattest Du doch bei der Armee. „Schießen kannst du doch aber?" frage ich trotzdem noch mal. „Na klar, man muss doch wissen, wie man schießt, es kann ja auch sein, du musst dich wirklich selbst verteidigen, wenn du da stehst in der Nacht. Ich habe mir auf dem Schießplatz ein Ziel für mich selber gesucht in unmittelbarer Nähe der Scheibe, damit es nicht auffiel. Einen Stein zum Beispiel. Viel gab es ja nicht auf dem Schießplatz. Und da habe ich dann gesehen, wie ich treffe." „Und wenn du die „unbefugte Person" nicht gesehen oder gehört hättest?" „Bist Du verrückt, bei groben Wachvergehen konntest du vor dem Militärstaatsanwalt landen und bei Verurteilung in berüchtigten Militärgefängnissen wie Schwedt zum Beispiel." „Warum berüchtigt?" „Dort hattest du militärischen Drill und körperlich schwere oder gesundheitsgefährdende Arbeit, die sonst keiner machen wollte und die Zeit musste obendrein noch nachgedient werden. Leute, die von dort zurückkamen, haben sich nie mehr etwas zuschulden kommen lassen. Das waren gebrochene Menschen, und man versetzte sie mit Vorliebe in Einheiten, wo es nicht ganz so lief, wie man es gerne gehabt hätte. Zur Abschreckung." „Ist es dir jemals passiert, dass eine Person in deinen Postenbereich eingedrungen ist?" „Zum Glück nicht, in den ganzen 18 Monaten nicht. Es war ja keine Grenze. Aber man musste immer damit rechnen." Oh Mann, da kann ich aber froh sein, dass ich nie zur Armee muss mit meiner „Belobigung" und meinem „Ausgang außer der Reihe". Fazit: Erst denken, dann schießen.

Irgendwie bekamen wir die vier Wochen herum und lebten in der Illusion, wir hätten mit Wehrerziehung, militärischen Übungen und Zivilverteidigung nie wieder etwas zu tun. Was wir nicht wussten war, dass genau im Jahre 1973 eine Studie der Akademie der Pädagogischen Wissenschaften der DDR die Einrichtung eines Unterrichtsfaches Wehrerziehung forderte. Auf Beschluss des Politbüros des ZK der SED bereitete eine Arbeitsgruppe ab 1976 (unser Arbeitsbeginn!) unter der Verantwortung von Margot Honecker (Ministerin für Volksbildung) und des Ministeriums für Nationale Verteidigung die Einführung des Unterrichtsfaches zum 1. September 1978 vor. Wir hatten uns zu früh gefreut, das Schicksal wird uns einholen.

Aber zunächst hatte uns das Leben wieder und es gab für 18 Mädchen und 2 Jungs erfreulichere Dinge, zum Beispiel die erste Hochzeit in der Seminargruppe. Conny heiratet – da war man doch wieder mitten im Leben! Conny, von der wir wussten, sie wohnt irgendwo hinter Magdeburg, in der Nähe von Oschersleben, in einem kleinen unbekannten Ort, den keiner kannte. Hötensleben, so vermuteten wir, ist irgendwo am A.... der Welt, und wir ahnten damals nicht, wie richtig wir mit dieser Vermutung liegen sollten. Conny würde also den Anfang machen, und irgendwie faszinierte uns der Gedanke – wir dachten schon an den Polterabend, hatten wir doch keine Ahnung, welche Probleme und welcher Stress verbunden sein können mit einer

Hochzeit im Sperrgebiet

Conny hatte uns im ZV-Lager an diesen miesen, kalten Abenden schon von ihrem „Earny", der eigentlich Hartmut heißt, erzählt. Der Gedanke an ihn und die bereits geplante Hochzeit gab ihr immer wieder Kraft, diese Wochen zu überstehen, konnte ihr Earny sie doch nicht einmal besuchen, weil er selbst bei der Armee war. Die Jungs mussten ja, ehe sie ihr Studium beginnen konnten, wenigstens ihre 18 Monate Grundwehrdienst ableisten. Sie begannen das Studium entsprechend zeitverzögert. „Keine zehn Monate mehr", hatte Conny in den kalten Nächten geträumt, „und wir sind verheiratet." Und wir anderen hatten mitgeträumt. Wir wussten, Earny würde gleich nach der Armeezeit ein Studium in Leipzig beginnen, und die beiden wollten doch im Internat so gern zusammen wohnen. Und das ging eben nur, wenn man verheiratet war.

Und nun sollte es bald soweit sein. Der Termin für die Hochzeit war der 25. August. ‚In den Semesterferien', dachten wir sofort. Denn nicht nur Conny plante, wir auch! Nicht dass wir grundsätzlich zu allen Familienfeiern angerückt wären, nein, aber bei der ersten Hochzeit in der Seminargruppe – da wollten wir doch wenigstens zum Polterabend präsent sein. Und im Sommer auf dem Dorf würde es ja kein Problem sein, im Stroh zu schlafen. Die ersten begannen schon bald, altes Geschirr zu sammeln, ‚klammheimlich' natürlich, dass es eine Frage der Zeit war, bis Conny was mitbekam. (Mädchen können ja schweigen, es müssen die beiden Jungs gewesen sein, die geplaudert haben). Jedenfalls sagte Conny eines Tages in der Mensa mit ernster Miene: „Hört mal, ich finde es so lieb von euch, dass ihr kommen wollt. Es wäre bestimmt ein toller Polterabend geworden mit euch, aber es geht leider nicht. Ich darf doch nur Verwandte einladen. Ihr könnt nicht kommen." Auf unsere verstörten Blicke hin fügte sie leise hinzu: „Ihr wisst doch, ich wohne im Sperrgebiet!" Mein Gott, das hatten wir doch im Eifer des Gefechts völlig außer acht gelassen. Klar, sie hatte gleich am Anfang des Studiums so etwas erwähnt. Dass die (West)grenze nicht weit sei und niemand zu ihr kommen kann zu Besuch. Aber irgendwie haben wir damals gar nicht so richtig geschnallt, was das eigentlich bedeutet. Es hatte auch keiner von uns eine Vorstellung davon, keiner war jemals in einem Sperrgebiet gewesen (wie auch!), keiner hatte jemals etwas gesehen oder gehört. Und nun erklärt uns Conny, dass sich im Sperrgebiet nur aufhalten darf, wer nachweislich dort wohnt. Zur Einreise ins Sperrgebiet benötigt man einen Passierschein, den man zeitig genug beantragen und dann bei der Einreise vorzeigen muss. „Wo vorzeigen muss?", wollen wir wissen. „Am Schlagbaum. Dort sind Posten, und die kontrollieren den Passierschein." Wir geben immer noch nicht auf. „Und wenn wir einfach einen beantragen?" „Das könnt ihr gar nicht, das müssen wir machen.

Passierschein III 2414574

zum vorübergehenden Aufenthalt in der Sperrzone

Herr / Frau / Fräulein **Beuke**
(Name)

Rainer
(Vorname)

ist berechtigt, sich aus **dienstlichen** / **privaten** Gründen in der Zeit vom 01.08.89 bis 31.07.91

Stefanie 25.07. in Hötensleben
(Ort und Kreis)

Osderleben

Der Passierschein ist nur gültig in Verbindung mit dem Personalausweis Nr. H0478070

Mitgeführtes Kraftfahrzeug (pol. Kennz.) HH 16-52

Hinweise auf der Rückseite beachten!

Oschersleben, den 01.08.1989

(Unterschrift)

Passierschein von Connys Bruder zum Besuch der Mutter in Hötensleben

Bei der Volkspolizei angemeldet

am _____

DS _____
(Unterschrift)

Bei der Volkspolizei abgemeldet

am _____

DS _____
(Unterschrift)

Gültigkeit verlängert bis:

Hinweise:

1. Zum Erreichen des Reisezieles ist innerhalb des Grenzgebietes der kürzeste Weg zu benutzen.
2. Sie haben diesen Passierschein während des Aufenthaltes in der Sperrzone ständig bei sich zu tragen.
3. Sie haben sich innerhalb von 12 Stunden nach der Einreise, soweit der Aufenthalt 12 Stunden übersteigt, bei der Meldestelle der DVP oder beim zuständigen ABV anzumelden und vor der Abreise abzumelden.
4. Der Passierschein kann Ihnen entzogen werden, wenn die Gründe, die zur Ausstellung geführt haben, weggefallen sind oder gegen die Anordnung über die Ordnung in den Grenzgebieten und Seegewässern der DDR – Grenzordnung – vom 25. März 1982 verstoßen wird.
5. Nach Ablauf der Geltungsdauer bzw. dem Wegfall der Gründe, die zur Ausstellung führten, ist der
   – aus beruflichen Gründen ausgestellte Passierschein der ausstellenden Dienststelle der DVP
   – aus persönlichen Gründen erteilte Passierschein der für Wohnsitz zuständigen Dienststelle unverzüglich zurückzugeben.

Und wir bekommen grundsätzlich nur einen für Verwandte ersten Grades, also für Eltern, Kinder und Geschwister. Wir können also niemals Bekannte, die wir im Urlaub kennen gelernt haben oder Studienkollegen einladen." „Keine Ausnahmen?" „Keine Ausnahmen!" Wir machen lange Gesichter.

Conny erzählt weiter: „Wer das Sperrgebiet einmal verlassen hat, muss, auch wenn er nur 5 km weggezogen ist, einen Passierschein haben, um zum Geburtstag der Mutti oder der Geschwister einreisen zu dürfen. Die Einwohner im Sperrgebiet müssen diesen Passierschein sehr zeitig bei der Volkspolizei beantragen. Und man muss sehr aufpassen, diese Termine (es gibt nur zwei kurze Termine in der Woche) nicht zu verpassen, sonst findet die Geburtstagsfeier oder Hochzeit ohne Verwandte statt, und wenn es die Mutter der Braut oder des Bräutigams ist. Vier Wochen Bearbeitungszeit sind die Regel, eher haben wir noch nie einen Passierschein bekommen. Und dann muss ja auch noch genug Zeit sein, den Passierschein an die Verwandten zu schicken. Man muss 6 Wochen vorher alles bedenken, was wichtig ist, zum Beispiel, ob der einreisende Bruder vielleicht ein Kind mitbringen möchte oder mit dem Auto einreist. Das muss alles auf dem Passierschein vermerkt und also bereits bei Antragsstellung bekannt sein. Der Passierschein wird in der Regel für die Dauer von vier Wochen ausgestellt (gegen Ende dieser unglückseligen Zeit wird sich diese Zeitspanne auf ein bis zwei Jahre erhöhen, die Autorin). Und dann sollte der Betreffende bei der Einreise den Passierschein um Gottes Willen nicht vergessen und ist verpflichtet, ihn während des Aufenthalts im Sperrgebiet zusammen mit seinem Ausweis ständig bei sich zu führen."

„Und wie ist das bei dir, wenn du nach Hause fährst?" „Ich habe einen ‚Wohnberechtigungsstempel' im Personalausweis, der mich als Einwohner des Sperrgebiets ausweist. Ich muss diesen Ausweis immer bei mir haben. Jeder Bewohner des Sperrgebiets ist belehrt, er DARF den Ausweis nicht vergessen. Wenn du ohne Ausweis angetroffen wirst, wirst du mitgenommen und mindestens 2-3 Stunden lang ‚verhört'.

Beispiel für Wohnberechtigungsstempel

Conny berichtet uns von einem misslungenen Treffen mit ihrem Freund Earny, der noch außerhalb des Sperrgebiets wohnte. Es war an einem heißen Sommertag, und sie fuhr mit dem Bus Richtung Oschersleben. Weil nur mit einem leichten Sommerkleid bekleidet, hatte sie den Ausweis vergessen. Die gleichen Kontrollposten, die sie schon ihr ganzes Leben kontrolliert und abgefertigt haben, sie also genau kannten, holten sie bei der Kontrolle aus dem Bus und „vernahmen" sie drei Stunden lang in einem stinkenden, heißen Postenhaus. Das Vergehen war, dass sie den Ausweis nicht bei sich hatte. Schließlich „durfte" sie von diesem Kontrollposten zurück nach Hötensleben laufen. Sie habe geweint vor Wut, erzählt sie uns, vor Wut wegen dieser Schikane am Kontrollpunkt, vor Enttäuschung wegen der geplatzten Verabredung und wegen der Strapaze, den langen Weg zurücklaufen zu müssen in dieser Hitze.

Wir sind nicht sicher, ob wir so leben möchten. Für uns ist das unfassbar, wir sind noch nie mit dem Thema „Sperrgebiet" konfrontiert gewesen, darüber sprach ja sonst auch keiner. Und darüber hörte man natürlich auch nichts, nicht im Staatsbürgerkundeunterricht, nicht in M/L. Warum eigentlich nicht? Ein Zeichen für ein Unrechtsbewusstsein? Wir hatten schon in der 11. Klasse zur Klassenfahrt auf der Insel Poel mitbekommen, welche Einschränkungen es dort gab. „Zu nahe an der Westgrenze, Lübeck ist nicht weit", hieß es immer, wenn etwas verboten war. Und verboten war eigentlich alles, was Spaß gemacht hätte: Lagerfeuer am Strand, Luftmatratzen, Schlauchboote... . Aber ein Territorium IN DER DDR, das verboten war für DDR-Bürger (mit Ausnahme derer, die da wohnten), das war ein starkes Stück. Ein 5 Kilometer breiter Sperrstreifen entlang der innerdeutschen Grenze. Wozu eigentlich? Die Antwort gibt vielleicht die

Polizeiverordnung über die Einführung einer besonderen Ordnung an der Demarkationslinie vom 26. Mai 1952

Die Regierung der Deutschen Demokratischen Republik hat der Bonner Regierung und der Regierung der Westmächte Vorschläge über die Durchführung freier gesamtdeutscher Wahlen gemacht und den baldmöglichsten Abschluss eines Friedensvertrages mit Deutschland zugeleitet. Dabei ließ sich die Regierung der Deutschen Demokratischen Republik von dem einmütigen Willen des Volkes leiten, der auf die Erhaltung des Friedens und die Einheit Deutschlands gerichtet ist. Diese Vorschläge wurden von der Bonner Adenauer-Regierung abgelehnt, die auf Weisung der amerikanischen, englischen und französischen Besatzungsmächte sich anschickt, den Generalkriegsvertrag abzuschließen, der gegen den Friedensvertrag und die Wiederherstellung der Einheit Deutschlands gerichtet ist.

In Verbindung mit dieser Spaltungspolitik haben die Bonner Regierung und die westlichen Besatzungsmächte an der Demarkationslinie einen strengen Grenz- und Zolldienst eingeführt. Dadurch grenzen sie sich tatsächlich von der Deutschen Demokratischen Republik ab und vertiefen somit die Spaltung Deutschlands.

Das Fehlen eines entsprechenden Schutzes der Demarkationslinie seitens der Deutschen Demokratischen Republik wird von den Westmächten dazu ausgenutzt, um in immer größerem Umfange Spione, Diversanten, Terroristen und Schmuggler über die Demarkationslinie in das Gebiet der Deutschen Demokratischen Republik zu schleusen. Diese haben nach Ausführung ihrer verbrecherischen Aufgaben bislang leicht die Möglichkeit, ungehindert über die Demarkationslinie nach Westdeutschland zurückzukehren.

Auf diese Art versuchen die feindlichen Agenten, die Erfolge des friedlichen wirtschaftlichen und kulturellen Aufbaus der Deutschen Demokratischen Republik zu untergraben, die weitere Hebung des Wohlstandes der Bevölkerung der Deutschen Demokratischen Republik zu erschweren und die demokratische Ordnung und Gesetzlichkeit, die Stütze des deutschen Volkes im Kampf für Frieden, Einheit und friedlichen Aufbau zu erschüttern.

Durch diese Handlungen der anglo-amerikanischen Besatzungsmächte und der Bonner Regierung hat sich die Regierung der Deutschen Demokratischen Republik gezwungen gesehen, durch eine Regierungsverordnung Maßnahmen anzuordnen, die das Ziel haben, die Interessen der Bevölkerung der Deutschen Demokratischen Republik zu verteidigen und das Eindringen von feindlichen Agenten in das Gebiet der Deutschen Demokratischen Republik unmöglich zu machen.

Durch Regierungsverordnung wird entlang der Demarkationslinie eine besondere Sperrzone errichtet, in der eine besondere Ordnung eingeführt wird.

Zur Durchführung dieser Regierungsverordnung ergeht folgende Polizeiverordnung:

§ 1

Die entlang der Demarkationslinie zwischen der Deutschen Demokratischen Republik und Westdeutschland festgelegte Sperrzone umfasst einen **10 m breiten Kontrollstreifen an der Demarkationslinie, anschließend einen etwa 500 m breiten Schutzstreifen und dann eine 5 km breite Sperrzone.**

§ 2

Die Bestimmungen über den kleinen Grenzverkehr sind ab sofort aufgehoben. Die Demarkationslinie darf nur mit gültigem Interzonenpaß an den vorgesehenen Kontrollpunkten der Deutschen Grenzpolizei passiert werden.

§ 3

Für Personen, die im Sperrgebiet wohnen, werden ab sofort keine Interzonenpässe mehr ausgegeben. Für Personen, die in Westdeutschland wohnen, werden für das Sperrgebiet keine Aufenthaltsgenehmigungen mehr erteilt. Die Einreise in das Sperrgebiet mit Interzonenpaß oder Visum ist mit sofortiger Wirkung verboten.

§ 4

Das Überschreiten des 10 m Kontrollstreifens ist für alle Personen verboten. Personen, die versuchen den Kontrollstreifen in Richtung der Deutschen Demokratischen Republik oder Westdeutschland zu überschreiten, werden von den Grenzstreifen festgenommen.
Bei Nichtbefolgung der Anordnung der Grenzstreifen **wird von der Waffe Gebrauch gemacht.**

§ 5

Die Bewohner der 5 km Sperrzone sind verpflichtet, sich innerhalb von 48 Stunden nach Inkrafttreten dieser Verordnung bei den für sie zuständigen Meldestellen der Deutschen Volkspolizei zu melden.
Die Personalausweise dieser Ortsansässigen erhalten einen **Stempel, der dem Ausweisinhaber die Wohnberechtigung in der 5 km Sperrzone gibt.**
Kinder unter 15 Jahren müssen in dem Personalausweis des Vaters oder der Mutter bzw. des Pflegeberechtigten eingetragen sein.

§ 6

In der 5 km Sperrzone sind alle öffentlichen Versammlungen, Kundgebungen und Massenveranstaltungen jeder Art genehmigungspflichtig. Die Genehmigung ist durch die örtlichen Verwaltungsorgane 24 Stunden vor Beginn von der zuständigen Grenzpolizei-Kommandantur einzuholen.
Alle Versammlungen, Veranstaltungen usw. müssen bis 22.00 Uhr beendet sein.

§ 7

Personen, die in der Deutschen Demokratischen Republik wohnen, aber in der 5 km Sperrzone arbeiten, sind verpflichtet, sich innerhalb von 48 Stunden nach Inkrafttreten dieser Polizeiverordnung bei der für sie zuständigen Volkspolizei-Behörde zu melden. Dort erhalten sie einen befristeten Ausweis, der sie zur Ausübung von Arbeiten in der 5 km Sperrzone berechtigt.

§ 8

Einwohner der Deutschen Demokratischen Republik außerhalb der Sperrzone, die aus beruflichen oder anderen Gründen (z. B. Dienstfahrten, Besuch von Angehörigen usw.) vorübergehend in die Sperrzone einreisen wollen, müssen bei dem für ihren Wohnort zuständigen Kreisamt der Deutschen Volkspolizei **einen Passierschein für die Einreise in die 5 km Sperrzone beantragen.**
Personen, die in die 5 km Sperrzone vorübergehend einreisen, sind verpflichtet, sich mit einer Frist von 12 Stunden bei den örtlichen Volkspolizeibehörden anzumelden bzw. beim Verlassen des Gebietes sich abzumelden.

§ 9

Die in dem 500 m Schutzstreifen ortsansässigen Bewohner sind verpflichtet, sich innerhalb von 48 Stunden nach Inkrafttreten dieser Polizeiverordnung in den örtlichen Polizeirevieren zu melden. Dort erhalten sie in ihrem Deutschen Personalausweis einen Stempel, der zum Aufenthalt in der 5 km Sperrzone berechtigt.
Nachdem die örtlichen Polizeireviere die Personalausweise dieser Personen mit dem Berechtigungsstempel versehen haben, haben sie sich die vorgenannten Personen in den zuständigen Kommandos der Grenzpolizei zu melden.

Dort erhalten die Personalausweise dieser Personen einen besonderen Stempel, der ihnen das Wohnrecht in dem 500 m Schutzstreifen gibt.
Kinder unter 15 Jahren, die in diesem Gebiet wohnen, müssen in dem Deutschen Personalausweis des Vaters oder der Mutter bzw. des Pflegeberechtigten eingetragen sein.
Die Bevölkerung ist verpflichtet, alle Personen, die sich widerrechtlich in dem 500 m Schutzstreifen aufhalten, sofort der Deutschen Grenzpolizei zu melden.

§ 10

Innerhalb des 500 m Schutzstreifens ist der **Aufenthalt auf Straßen und Feldern, der Verkehr aller Arten von Transportmitteln und die Ausführung von Arbeiten aller Art außerhalb der Wohnungen nur von Sonnenaufgang bis Sonnenuntergang** gestattet. Die Ausführung von Arbeiten in unmittelbarer Nähe des 10 m Kontrollstreifens ist nur unter Aufsicht der Grenzpolizei gestattet.
Zum Aufsuchen der Arbeitsplätze außerhalb der Ortschaften dürfen nur die von der Grenzpolizei vorgeschriebenen Wege benutzt werden.

§ 11

Öffentliche Gaststätten, Kinos, Pensionen, Erholungsheime und andere öffentliche Lokale, die sich in diesem 500 m Schutzstreifen befinden, werden geschlossen. Versammlungen und Massenveranstaltungen jeder Art sind verboten.

§ 12

Bauliche oder andere Veränderungen im Gelände dürfen ohne Genehmigung der zuständigen Grenzkommandantur der Deutschen Grenzpolizei nicht vorgenommen werden.

§ 13

Personen, die in der 5 km Sperrzone wohnen, aber in dem 500 m Schutzstreifen arbeiten, sind verpflichtet, sich bei dem zuständigen Grenzkommando registrieren zu lassen.
Nur die bei dem zuständigen Grenzkommando listenmäßig erfassten Personen haben das Recht, den 500 m Schutzstreifen zu betreten.

Zum Aufsuchen der Arbeitsplätze dürfen nur die von der Grenzpolizei festgelegten Wege benutzt werden.

§ 14

Personen, die in der 5 km Sperrzone wohnen und sich aus anderen Gründen (z. B. Dienstfahrten, Besuch von Angehörigen usw.) vorübergehend in dem 500 m Schutzstreifen aufhalten wollen, müssen bei dem zuständigen Grenzpolizeikommando einen besonderen Passierschein für den 500 m Schutzstreifen beantragen.
Diese Besucher sind verpflichtet, ihre Ankunft bzw. Abreise unverzüglich bei der nächsten Grenzwache zu melden.
Zur Erreichung des Ortes, für den der Passierschein gültig ist, dürfen nur die von der Grenzpolizei vorgeschriebenen Wege benutzt werden.

§ 15

Personen, die in der Deutschen Demokratischen Republik außerhalb der Sperrzone wohnen und die aus beruflichen oder familiären Gründen den 500 m Schutzstreifen betreten wollen, müssen bei dem für ihren Wohnort zuständigen Kreisamt der Deutschen Volkspolizei einen besonderen Passierschein für das Betreten des 500 m Schutzstreifen beantragen.
Diese Besucher sind verpflichtet, ihre Ankunft bzw. Abreise unverzüglich der nächsten Grenzwache zu melden.
Die ortsansässige Bevölkerung ist dafür verantwortlich, dass die in den §§ 13 und 14 genannten Besucher, die sich bei ihnen aufhalten, diese Bestimmungen einhalten.

§ 16

Verstöße gegen diese Verordnung werden mit aller Strenge des Gesetzes bestraft.

Diese Verordnung tritt am 27. Mai 1952 um 0.01 Uhr in Kraft.
**Ministerium für Staatssicherheit
Der Minister
gez. Zaisser**

Quelle. www.verfassungen.de/de7ddr/demarkationslinienverordnung52-vl.htm

Achim Walther, Vorsitzender des Grenzdenkmalvereins Hötensleben kommentiert in seinem Buch ‚*Heringsbahn*'[15] diese Maßnahme folgendermaßen: „Durch eine gnadenlose Pressezensur mundtot gemacht, dem stalinistischen Terrorregime machtlos ausgeliefert und eingeschüchtert, mussten sie (die Einwohner, E.S.) solche von unverschämten Verdrehungen und Entstellungen triefenden Verlautbarungen hinnehmen. Da spricht die ‚Regierung', welche doch nur eine Marionette Moskaus ist, allein in diesem Text 15 Mal von der ‚Deutschen Demokratischen Republik', da wird mit keinem Wort Grenzgängerei und Massenflucht der eigenen Bevölkerung genannt, ... da wird von freien Wahlen in Gesamtdeutschland gesprochen, obwohl jedem klar ist, was man im sowjetischen Machtbereich darunter zu verstehen hat" ... „Das alte System der ‚Grünen Grenze' ... wird abgeschafft und entlang der 1400 km langen Grenzlinie eine 5 km breite und mehrfach gestaffelte Zone eingerichtet. An deren westlichem Rand liegt nun ein 10 m breiter, von einem Stacheldrahtzaun begrenzter und gepflügter Kontrollstreifen, bei dessen Betreten „von der Waffe Gebrauch gemacht" wird (nicht „werden kann"!). Und die Bewohner der Sperrzone werden zu Denunzianten gemacht, denn im § 9 heißt es: „Die Bevölkerung ist verpflichtet, alle Personen, die sich widerrechtlich in dem 500 m Schutzstreifen aufhalten, sofort der Deutschen Grenzpolizei zu melden!"

Wir unternehmen keine weiteren Anstrengungen mehr, in das Sperrgebiet einzureisen. Conny heiratete also und kam freudestrahlend und glücklich zurück. Wir würden ihren Freund, der nun ihr Mann war, dann eben erst im neuen Studienjahr kennen lernen. Sie brachte viele Fotos mit. Dass es fast ein Glücksumstand war, dass die Hochzeit bzw. die vorausgehende Verlobung überhaupt stattfinden konnte, erzählt sie nicht. Ein Husarenstück ohne Beispiel war nötig, um nicht im letzten Moment alles platzen zu lassen. Beide Väter – ihrer und der des Bräutigams – haben Kopf und Kragen dafür riskiert – und hätten, wenn einer von uns gequatscht hätte, alles verloren. Das kann sie uns erst viel, viel später erzählen...

---

15 Achim Walther / Joachim Bittner: „Heringsbahn"; Grenzdenkmalverein Hötensleben

25 Jahre später erzählen mir Conny und Earny die ganze Geschichte, und dabei erfahre ich, das mit der Hochzeit ging ja noch, absolut filmreif jedoch war die Verlobung. Verlobung sollte im Winter sein, die Hochzeit am 25. August. Earny war in der Ehrenkompanie des NVA-Wachregiments Berlin. Er diente dort seinen ganz normalen Grundwehrdienst ab. Urlaub gab es alle Vierteljahre 3 Tage. Drei Tage Zeit also, nach Hause nach Oschersleben zu fahren, sich mit Conny in Hötensleben zu verloben und wieder zurück zum Regiment. Die Sache stand unter keinem guten Stern. Es war Ende Januar, Earny war eigentlich krank. Aber die große Familienfeier war lange geplant, und es war ja nicht einfach, im Sperrgebiet so etwas zu planen. Die Passierscheine für seine Eltern, die in Oschersleben wohnten, waren beantragt, das war ja das Wichtigste. Beinahe jedenfalls. Und so gab es keinen Zweifel: Trotz Erkältung und Fieber, Verlobung wird gefeiert. „Vor dem Urlaubsantritt wurdest du erst mal noch so richtig schikaniert", erzählt Earny. „Am liebsten hätten sie dir noch mit einer 2000-Watt Lampe in die Flinte reingeguckt, und wehe es wurde irgendwo der Schatten eines Staubkorns gefunden. Es wurde Hektik verbreitet buchstäblich bis zur letzten Sekunde, dass du dachtest, sie wollen dir den Urlaub von vornherein noch vermiesen. Dich auf etwas zu freuen oder etwas zu planen hattest du gar keine Zeit. Wir sind dann praktisch wie die Blöden mit der Tasche unter dem Arm zum Bahnhof Friedrichstraße gehetzt. Als ich dann endlich im Zug saß und nur noch die Augen schließen und zur Ruhe kommen wollte, traf mich fast der Schlag, und das war nicht das Fieber, das war Realität: Ich hatte keinen Passierschein! Der Stress, die Schikane – und das Fieber noch dazu! Ich habe den Passierschein vergessen. Ich wohnte ja noch in Oschersleben und brauchte auch einen. Ich hatte nicht mal einen beantragt. Ich hatte einfach nicht dran gedacht. Meine Gedanken überschlugen sich. Ich sitze im Zug, fahre zu meiner eigenen Verlobung – und die wird vielleicht gar nicht stattfinden! Alles ist organisiert und vorbereitet, für die Eltern sind Passierscheine beantragt – nur für den künftigen Verlobten nicht! Dabei wäre das so einfach gewesen im Regiment. Ich hab's einfach vergessen. Wie sollte ich das Conny beibringen? Also erst mal nach Hause zu meinen Eltern nach Oschersleben und Kriegsrat gehalten. Sie sind genauso entsetzt wie ich. Wir alar-

mieren Connys Vater, er kommt sofort zu uns. Die zwei Väter beraten, ob sie dieses schwere Los auf sich nehmen und mich als Armeeangehörigen ohne Passierschein ins Sperrgebiet reinholen." „Und das geht?", frage ich ganz erstaunt. „Das KANN gehen", sagt er. „Es kann auch schief gehen." „Und wie habt ihr es gemacht", wollte ich wissen. „Die beiden haben mich bei Nacht, Nebel und Schneetreiben reingeholt. Mein Vater war damals Stadtrat für Planung und mein Schwiegervater Betriebsleiter. Er hat das Betriebsauto genommen und ist hinten lang gefahren, wo sein Betrieb ist und wo in der Nacht nicht immer jeder Kontrollpunkt besetzt war. Die Schranken waren nicht immer runter. Tagsüber war das anders, die Buszeiten waren bekannt, da standen die Posten schon draußen und warteten. Nachts konnte man Glück haben. Außerdem war mein Schwiegervater mit dem Betriebsauto bekannt, manchmal haben sie ihn auch durchgewunken. Ich habe mich bei Annäherung an den Kontrollpunkt abgeduckt im Auto, die Szene war filmreif." „Angst, dass sie euch erwischen, hattet ihr keine?" „Und ob wir Angst hatten. Beide Väter wären auf der Stelle erst einmal ihren Job losgewesen. Und ich – ich wollte ja schließlich hinterher noch studieren." Er schwieg eine Weile. „Sie haben alles für uns riskiert, alles." „Und wenn ihr nicht die Straße genommen hättet, wenn ihr ..." „Um Gottes willen", er lässt mich gar nicht ausreden. „Über einen Feldweg, noch dazu als Armeenagehöriger, da wärst du gleich abgegangen nach Bautzen[16]. Du wärst sofort verdächtig gewesen und wegen versuchter Republikflucht verhaftet worden!" „Und das beste war", ergänzt Conny, „er war nun erst mal drin. Aber er musste ja auch wieder raus." „Was", frage ich ungläubig, „raus war auch nicht drin?" „Was denkst du", sagt sie. „Du musstest den Kontrollpunkt passieren, da spielte die Richtung keine Rolle. Und wenn du keinen Passierschein hattest, war es zurück genauso verdächtig bzw. ungesetzlich. Sie haben ihn auf ähnlich abenteuerliche Art und Weise auch wieder rausbringen müssen." „Das war doch wie im Krimi", sage ich mit tonloser Stimme. „Das WAR ein Krimi", sagt Earny. „Und wir sind uns vorgekommen wie die Verbrecher."

---

[16] ehemaliges Stasigefängnis Bautzen II

Wir sollten natürlich auch ein sozialistisches Studentenkollektiv sein und uns kulturell betätigen. Deshalb hatten wir ein Studentenanrecht, das uns regelmäßig in entsprechende Einrichtungen führte. Genauer gesagt, man musste die Karten abnehmen, ob man dann hinging, war nicht so wichtig. Aber sie kosteten ja schließlich Geld. Ich erinnere mich an eine verrückte Aufführung im Schauspielhaus, eine ganz gute in der Oper, für Karten in der „Pfeffermühle" (politisch-satirisches Kabarett) haben wir sogar eine Nacht lang angestanden. Trotz Anrecht und Vorbestellung! Zum Glück waren wir 20, immer zwei wurden abgeordnet zum Anstellen, jeder zwei Stunden, so kamen wir über die Nacht bis zur Öffnungszeit um 9 Uhr. Eines Tages waren wir zu einer Veranstaltung in den alten Messehallen. Ich kann mich beim besten Willen nicht mehr an den Anlass erinnern, es kann mit der „Messe der Meister von Morgen", einer Art Neurerbewegung, zu tun gehabt haben. Es war auf jeden Fall stinklangweilig. Wir hatten aber ein Erlebnis, das mir damals schon unheimlich war und im Nachhinein betrachtet stelle ich mir die Frage, was waren das für Leute, die da plötzlich an unserem Tisch saßen. Es waren zwei Herren mittleren Alters, keiner weiß, wo sie plötzlich herkamen, die uns in einem kumpelhaften Ton in ein Gespräch zu verwickeln versuchten. Sie passten in keiner Weise zu uns, weder vom Alter noch vom Typ noch von der Kleidung her, waren wie von Himmel gefallen und versuchten eine Vertraulichkeit herzustellen, die alle Alarmglocken auf einmal läuten ließ. Ich weiß noch, wie der Eine sich schließlich zu mir rüberbeugte und mir eindringlich zuflüsterte: „Ihr studiert in Leipzig, schön. Was wisst ihr eigentlich von der Stadt? Wisst ihr überhaupt, dass in Leipzig in den 60er Jahren und sogar noch heute der Schornstein raucht im Krematorium? Wisst ihr das?" Also, in jedem Krematorium raucht ein Schornstein. Oder wie? Oder was? Wollten sie uns aus der Reserve locken oder eine Falle stellen? Wir wussten nicht, was das soll und die beiden Typen waren uns einfach unheimlich. So machten wir das einzig Angebrachte in dieser Situation: Wir traten den Rückzug an. Irgendwie hatten wir das Gefühl, man will uns in eine Falle locken.
Ich erzählte meinem Mann von der merkwürdigen Begebenheit, er ist ja schließlich Leipziger und hat die 60er dort erlebt. Auf die Frage, was in

den 60ern in Leipzig Aufregendes los gewesen sei, beginnen seine Augen zu glänzen und er erzählt mir vom Beataufstand, der komischerweise außerhalb der Stadt nie bekannt geworden ist. Es war nachweislich seit dem 17 Juni 1953 das erste und einzige größere Aufbegehren gegen die Staatsgewalt. Leipzig ist schon eine tolle Stadt. Mit „Schornsteinen, die noch rauchen" konnte er aber beim besten Willen nichts anfangen. Das werden wir erst viel später erfahren, und es wird eine furchtbare Erkenntnis sein. Aber über den

Beataufstand in Leipzig

am 31.10.1965 erzählt mir mein Mann sehr ausführlich, betraf es doch zumindest indirekt auch ihn selbst, denn auch er fühlte sich als Jugendlicher zur Beatmusik hingezogen, sah im Fernsehen den „Beatclub" (in Leipzig ging das!) und hatte sich als Schlagzeuger einer Band angeschlossen. Die neue Musikrichtung erfasste eine ganze Jungend, eine Vielzahl von Gruppen waren wie Pilze aus dem Boden geschossen, bekannte wie The Butlers, The Shatters, The Starlets, The Giutar Men und Shake Hands und Hunderte unbekannte. Von Staatsseite tolerierte und förderte man das zunächst sogar. Man glaubte, über die FDJ und Kulturfunktionäre Einfluss auf die Jugend nehmen zu können. Aber die Begeisterung unter den Jugendlichen war so groß, der Kapellen so viele, dass es nicht lange dauerte, und die Situation kippte. Mein Mann erzählt: „In der Zeitung stand plötzlich, dass auf Parteibeschluss fast alle Leipziger Beatgruppen verboten wurden wegen Steuerhinterziehung, Vergehen gegen Zollgesetze (illegale Einfuhr von Verstärkern und Instrumenten), „asozialer Lebensweise" (die Jugendlichen haben mit Musik ihr Geld verdient, teilweise den Beruf aufgegeben oder die Lehre abgebrochen), Verstoßes gegen die gesetzliche Vorgabe 40:60 und anderen an den Haaren herbeigezogenen Gründen.
Man unterstellte, die jungen Musiker wären „Gammler". Ich weiß aber aus eigener Erfahrung, dass viele sogar als Schichtarbeiter in der Produktion arbeiteten und gar keine Zeit hatten, als „Gammler" ihr Leben zu fristen. Zudem mussten wir wenigstens ein Minimum an Ausrüs-

tung und Instrumenten haben, und das wenige, was es gab, war teuer genug.

Gerade die größeren Gruppen wie die Butlers oder die Starlets waren sehr begehrt für größere Tanzsäle wie zum Beispiel „Drei Linden" (Liebertolkwitz) oder im Forsthaus Raschwitz. Ich habe selbst mit Begeisterung beobachtet, wie „Die Starlets" während der Messe in Liebertolkwitz in den „Drei Linden" von westlichen Messebesuchern umlagert waren. Diese waren erstaunt, dass man auf den vergleichsweise primitiven Instrumenten und Anlagen so ein hohes Niveau erreichen konnte. Es wurden unzählige Fotos geschossen, und die Westbesucher sagten: „Ihr müsstet bei uns spielen, da könntet ihr gutes Geld verdienen – und von der Musik leben." Ich kann mir gut vorstellen, dass das „Wasser auf die Mühlen" von SED und Stasi war, die zu dieser Zeit garantiert besonders viele Spitzel auch auf den Tanzsälen hatten.

Die Gastwirte wurden mit Ordnungsstrafen belegt, wenn sie den Gruppen mehr bezahlt haben als ihnen eigentlich zugestanden hätte, nur um sie zu bekommen. Dann war der Umsatz in Ordnung. Und die Musik bzw. die Gruppen waren so beliebt, dass nie alle Leute reinkamen, die zu so einer Veranstaltung wollten. Kurz nach dem Einlass mussten die Säle meist schon geschlossen werden wegen des übermäßigen Andranges und um mit der Bauspolizei nicht auch noch Ärger zu haben.

Man übte auf die Gruppen den größtmöglichen Druck aus. Klaus Renft und andere Leiter der größeren Kapellen wurden vorgeladen zur Abteilung Kultur. Ihnen wurde vorgeworfen, sie hielten sich nicht an das vorgeschriebene Verhältnis 40:60. Das war auch so eine unverschämte SED-Erfindung. Es war gesetzlich vorgeschrieben, dass pro Abend nur 40% der gespielten Titel „Westtitel" sein dürfen, dem aber 60% „Osttitel" gegenüberzustehen haben, ob die Leute das hören wollten oder nicht. Das war keine Erfindung des Beataufstandes, das blieb generell so und wurde bis zuletzt so abgerechnet. Insgesamt 54 von 58 Kapellen wurden verboten![17] Kleinere, unbedeutende Kapellen wurden nicht belangt, aber es wurde auch mit Spielverbot gedroht.

---

17 Das Original des Schriftstücks, in dem Klaus Renft das Auftrittsverbot mitgeteilt wurde, ist im Zeitgeschichtlichen Forum in Leipzig zu sehen.

Wie kam es nun zum Aufstand? Durch Mundpropaganda und Flugblätter, die in der Innenstadt auftauchten. Ich erinnere mich, dass ich am Hauptbahnhof einen jungen Mann sah, der dort stand und, wenn junge Leute vorübergingen, seine Jacke öffnete, so dass man das am INNENFUTTER der Jacke angebrachte Flugblatt „Komm mit zur Demo" sah. So konnte er sich die richtigen Zielgruppen aussuchen und sein Flugblatt vor der Vernichtung retten, denn so viele gab es nämlich gar nicht. Einen BÄRENDIENST haben sich Polizei, SED und Stasi erwiesen, denn ohne ihre wahnsinnige Anti-Propananda hätten gar nicht so viele von der Demo gewusst. Polizeidienststellen selbst haben eine Riesenkampagne ausgelöst in Schulen, Berufsschulen, Betrieben und Internaten. Überall, wo junge Leute waren, sind sie aufgetaucht und haben gewarnt, ja nicht diesem Demoaufruf zu folgen. Es wurde sogar davor gewarnt, sich an diesem Tag (31. 10.) in der Innenstadt aufzuhalten. IN ALLEN Betrieben ging man an die Eltern heran, ihre Kinder ja nicht am Sonntag in die Innenstadt zu lassen. Es ist mit Verhaftung zu rechnen. Es wird rigoros druchgegriffen, der Betrieb wird informiert, man kann aus der Lehre fliegen, weil „Leute, die gegen diesen Staat sind, nicht würdig sind, eine abgeschlossene Berufsausbildung zu erhalten". Sie haben so lange gedroht und agitiert, bis es auch der letzte gewusst hat. Innerhalb von 3 Tagen war die Demo Stadtgespräch, man hätte gar keine Flugblätter gebraucht.

Ich war 17 damals, und na ja, kein Kind von Traurigkeit. Ich spielte natürlich auch schon in einer Band, wenn auch in einer unbekannten, aber immerhin war die Sache bekannt und der ABV kam doch tatsächlich VOR der Demo zu meiner Mutter und sprach sie extra daraufhin an, dass ich ja nicht dahin gehen soll. Dann brachte mein Vater noch die entsprechenden Infos aus dem Betrieb mit, also sie waren besser informiert als ich. Es war natürlich der Teufel los und ich musste versichern nicht hinzugehen. Ich hab's aber dann doch nicht ganz ausgehalten. Bis zum Leuschnerplatz, wo die Demo stattfinden sollte, bin ich nicht, aber bis zum Zentralstadion bin ich mit der Straßenbahn gefahren. Da fiel man noch nicht auf, denn an dem Tag war dort auch noch ein größeres Fußballspiel, es waren demzufolge mehr Leute in der Stadt als sonst.

Man konnte sich dort erst mal gut untermischen, dann bin ich zu Fuß auf Umwegen in die Stadt und hab immer gehorcht, ob Sprechchöre oder anderes zu hören sind. So was war ja aber gar nicht organisiert. Es wusste doch keiner, dass die Flugblätter nur das Werk von 2 Schülern waren, wir haben doch alle gedacht, irgend jemand „macht was los". Bis zum Leuschnerplatz bin ich also nicht (mein Vater hätte mir den Hals umgedreht, wenn ich von der Schule geflogen wäre). Ich bin dann wieder in Richtung Zentralstadion gelaufen und traf dann dort einige aus unserer Klasse, die es riskiert hatten und sich beizeiten absetzen konnten. Sie haben bestätigt, dass Jugendliche sich dort versammelt hatten und warteten, dass etwas passiert. Schließlich forderten Lautsprecherwagen die Jugendlichen auf, den Platz zu räumen und schließlich räumte man ihn mit einem Wasserwerfer, Bereitschaftspolizei, Volkspolizei und Hunden. An unserer Berufsschule kam am Montag ein Schüler nicht zur Schule. Die Eltern fragten nach, ob er da sei, denn man hatte sie nicht von seiner Verhaftung verständigt. Er musste 6 Wochen Zwangsarbeit im Braunkohletagebau leisten. Danach wurde er gekündigt und wir haben nie wieder von ihm gehört.

Ich muss noch was sagen zu dem „langen Haaren": Schau Dir heute ein Bild von den Beatles an und suche ihre langen Haare! Wir versuchten ungefähr so auszusehen wie sie und wir versuchten die ähnliche Musik zu machen. So wild und ungepflegt sehen wir aus:

Das war alles „westlich-dekadent", das waren die „Einflüsse des Klassenfeindes", bekamen wir ständig zu hören, und also war es unmoralisch. Genauso wie die Miniröcke oder Schlaghosen, die wir in der Bravo (wer eine hatte!) gesehen haben oder im Westfernsehen. Wer von den Mädchen eine Nähmaschine hatte, versuchte das nachzunähen. Jugendliche mit „langen Haaren" wurden oft in Gaststätten nicht bedient, ihnen wurde der Eintritt zu Tanzveranstaltungen verwehrt, sie wurden als „Gammler" beschimpft, obwohl sie geregelter Arbeit nachgingen. Arbeitskollektive wurden angehalten, die Jugendlichen dazu zu bewegen, sich die Haare schneiden zu lassen oder sie wurden diskriminiert, indem sie bewusst lächerliche Haarnetze tragen mussten oder sogar Kopftücher. Friseure verlangten mehr Geld für „Überlänge" oder schickten die Jugendlichen in den „Damensalon". Ganz übel abgezockt wurden die, die ein Bild von den Beatles mitnahmen zum Friseur und das als Muster vorlegten. Manche Friseure machten das für viel Geld, andere lehnten das ab. Folge: Wir haben uns die Haare gegenseitig geschnitten.

Die Tanzveranstaltungen, zu denen Beat-Musik gespielt wurde, wurden natürlich so schlecht gemacht wie nur möglich: Man berichtete von „Alkoholexzessen", die sich dort abgespielt hätten. Das wäre schon an der Versorgungslage gescheitert, denn die wenigsten Wirte hatten so viele Gläser und auf Grund der Bespitzelungen traute sich kein Wirt, gegen das Jugendgesetz zu verstoßen. Das wäre ein willkommener Anlass gewesen, ihm seine Kneipe dicht zu machen. Auch Berichte von „Schlägereien" sind absichtlich und böswillig gestreut worden. ALLE Anhänger der Beatmusik waren sich einig in ihrem Geschmack, wir wollten alle die gleiche Musik hören. Da gab es keine rivalisierenden Fangruppen oder Clubs wie beim Fußball. Es gab normale Rangeleien, wie sie es auf jedem Tanzsaal mal gibt, alles andere war vom Zaun gebrochen, damit entsprechende Leute was zu berichten hatten. Die Jugendlichen selbst versuchten Ruhe und Ordnung zu erhalten, denn ein Gaststättenverbot hätte bedeutet, die Freizeit ohne Musik und Freunde verbringen zu müssen. Überhaupt hatte die Beatbegeisterung der Leipziger Jugendlichen eine positive Begleiterscheinung: Am Sonnabend

Nachmittag, wenn im Westfernsehen der Beat-Club lief, war kein Jugendlicher auf der Straße. Und am Abend auch nicht, denn die besten Bands konnten die am Nachmittag gehörten Lieder schon abends auf der Bühne nachspielen.

Von dem ganzen Theater um die Gruppen und dem Verbot der großen, bekannten konnten die kleinen unbekannten, so auch wir, profitieren. Unser Aktionsradius war allerdings noch nicht öffentlich. Wir spielten in der Berufsschule und in kleinen Kulturhäusern, allerdings noch nicht für Geld. Jeder, der in der DDR öffentlich Musik machen wollte, musste eine staatliche Einstufung machen. Jeder, außer Singegruppen (politisches Lied). Die waren aber eben auch nur bei SED und Stasi beliebt, bei den Jugendlichen waren sie sogar verpönt. NACH dem Beataufstand musste man vor der Einstufung einen Notenlehrgang absolvieren. Ich hatte aber den Eindruck, es ging nur scheinbar um Musiktheorie, viel wichtiger war, die politische Einstellung auszuloten. Wir mussten den Lehrgang also alle machen. Das war 1966. In dem Jahr erschien in der NBI (DDR-Illustrierte) ein Artikel über die Beatles mit einem Schwarz-Weiß-Foto der Gruppe. Du kennst das doch selbst, wenn man von sei-

Foto: NBI

nem Idol nichts hatte (kein Autogramm, keine Platte, nicht mal ein Bild). Das mit dem Foto sprach sich herum wie ein Lauffeuer, manche kauften gleich 10 Stück, so dass die Auflage im Nu vergriffen war. Ich klebte dieses Foto in meine Arbeitsmappe für den Notenlehrgang und als der Zirkelleiter das sah, sagte er zu mir: „Wenn DAS deine Vorbilder sind, hast du nichts auf der Bühne zu suchen!" Es hatte aber keine Konsequenzen, ich habe es nicht entfernt und durfte den Lehrgang abschließen.

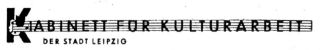

Danach konnten wir uns zur Einstufung anmelden, die man dann alle 2-3 Jahre wiederholen musste. Das heißt: Man musste einem unbekannten Gremium von „Kulturschaffenden" vorspielen, und die entschieden, on man öffentlich auftreten darf oder nicht und wie viel Gage man nehmen darf. Zur Einstufung von Amateurtanzkapellen musste man 14 Tage vorher folgende Unterlagen einreichen: Teilnahmeerklärung 2fach, Repertoireliste mit 40 Titeln, entsprechend den gesetzlichen Bestimmungen 40:60, mit Angabe der Komponisten, Texter, Bearbeiter und Art der Interpretation (Gesangs- oder Instrumentaltitel), Titelliste für ein 20-Minutenprogramm mit gleichen Angaben wie oben. Dabei wurden zusätzlich von der Beratergruppe 2 Titel aus der Repertoireliste für das Wertungsvorspiel ausgewählt. Schriftliche Befürwortung von der Leitung des Betriebes (Arbeitsstelle) für die Tätigkeit als Amateurtanzmusiker war notwendig. Und der Nachweis über abgeschlossene Qualifizierungsmaßnahmen, also unser Lehrgang.

Das waren wir also, die stolze SZ-Combo aus Leipzig. Sahen wir nicht schrecklich verwahrlost aus? Wild, verwegen und ängstlich, weil wir der Willkür und dem Geschmack des Gremiums ausgeliefert waren.

Und so spielten wir, was sie hören wollten und bekamen unsere Spielerlaubnis. Samt „Einstufung". Wie du siehst, eine fette Gage von 4 Mark pro Stunde durfte ich einstreichen."

Soviel Glück wie mein Mann haben andere mit ihrem Beatles-Bild nicht gehabt. Ich zitiere aus dem Buch „Damals in der DDR" [18]:
„Lange Haare, bunte Kleidung und ein Foto der Beatles, mehr brauchte es nicht, um die Staatsmacht aus der Reserve zu locken. Wolfgang Koschek erinnert sich. Später bin ich mal in eine Polizeikontrolle gekommen, und wir mussten unsere Ausweise vorzeigen. Dummerweise hatte ich gerade ein Foto von den Beatles in meiner Brieftasche. Das haben sie mir dann gleich weggenommen. Kurz drauf bekam meine Mutter ein Schreiben. Alle Jugendlichen, bei denen sie was gefunden hatten, mussten mit ihren Eltern zum Kulturhaus in der Karl-Heine-Straße kommen. Dort warteten Polizisten und ein Jugendrichter auf uns, und die Eltern bekamen eine richtige Rotlichtbestrahlung. Die Kinder würden ihnen entgleiten, mit der Musik und in ihrem Aufzug würden sie offen gegen den Staat rebellieren, und weil sie noch keine 18 wären, sei es in ihrer Verantwortung, die Kinder wieder zur Räson zu bringen."

---

18 Hans-Hermann Hertle, Stefan Wolle: „Damals in der DDR", unter Mitarbeit von Nicolaus Schröder bei C. Bertelsmann, ISBN: 3-570-00832-0, Seite126, 127

Kaum zu fassen, was mein Mann zum Beataufstand erzählt. Keine 300 km von zu Hause entfernt, und wir haben nie etwas davon gehört! Wen ich auch frage, keiner weiß das. Aus heutiger Sicht fallen mir in der Sprache der Dokumente und Dienstanweisungen von Polizei und Stasi[19] Formulierungen auf, die ich so auch kenne: „Ungesetzliche Zusammenrottungen", „gesetzwidriges Verhalten", „Behinderung des Straßenverkehrs", „Rowdytum" – merken Sie was? Dazu das Bereithalten von Gewalt – Bereitschaftspolizei, Volkspolizei, Wasserwerfer, Hunde. Drohungen in Betrieben, Einschüchterungsversuche („Leute, geht da nicht hin!", „Geht nach Hause, macht doch keinen Ärger"), – wie 1989! Kriminalisierung von Kritikern und anders Denkenden. Die ganze breite Palette! Dazu die Arroganz und Dreistigkeit der SED-Führung, damals (1965) verkörpert von Ulbricht und seinem berühmten Zitat:

„Ist es denn wirklich so, dass wir jeden Dreck, der vom Westen kommt, kopieren müssen? Ich denke, Genossen, mit der Monotonie des Yeah, Yeah, Yeah und wie das alles heißt, ja, sollte man doch Schluss machen." [20]

Man hätte Schluss machen sollen mit seinem System, dann wäre viel Leid erspart geblieben, aber 1965 war es leider noch nicht marode genug und 1000 oder 2000 Jugendliche fegte man hinweg. 24 Jahre später gelingt das zum Glück nicht mehr. Und Ulbrichts Hasstirade zeigt uns, es ging doch nicht eigentlich um den Beat, es waren überhaupt die „falschen Ideale"! Alles Böse kam aus dem Westen, war dekadent und unmoralisch und gefährdete die

Kulturpolitik der DDR

und ganz besonders die Jugendpolitik, die Ulbricht und Konsorten beschlossen hatten. Man wollte die Jugend zu „neuen Menschen" in der sozialistischen Menschengemeinschaft formen. Es war eindeutiges Ziel,

---

19 s. Seite 107 - 110
20 Walter Ulbricht auf dem XI. Plenum der ZK der SED im Dezember 1965

die gesamte Jugend für das Programm der SED zu gewinnen, und das hieß: Umfassender Aufbau des Sozialismus in der DDR. Der Jugend stand so vieles offen: das nationale Kulturerbe, das klassische Erbe, der große Bereich der Sowjetliteratur – und wenn es Musik sein muss, dann „niveauvolle Tanzmusik". Und was „niveauvoll" war, das bestimmte die Partei – notfalls auch an dem Geschmack der gesamten Jugend vorbei. Und man schreckte nicht davor zurück, dem verhassten Beat und seinen „Rock 'n Roll-Verrenkungen" einen anständigen, sozialistischen Tanz entgegenzusetzen, der ausgerechnet in Leipzig kreiert wurde: den LIPSI. Mit einem Riesenaufwand wurde dieser neue Tanz propagiert, bald tönte es ständig aus dem Radio:

**„Heute tanzen alle jungen Leute
im LIPSI-Schritt, nur noch im LIPSI-Schritt..."**

Kein Mensch außer dem Fernsehballett bewegte sich zu diesem albernen Getänzle – man wollte uns lächerlich machen, und ich glaube, man wollte ausprobieren, wie weit wir da mitgehen. Aber da sträubte sich Gott sei Dank der gesunde Menschenverstand. Die Antwort der Leipziger Jugendlichen auf diesen Quatsch war:

**„Wir wollen keinen LIPSI und keinen Alo Koll,
wir wollen Elvis Presley und seinen Rock n' Roll!"**

Man wollte uns bevormunden und verdummen und gewisse Gedanken gar nicht erst aufkommen lassen. Gewisse Gedanken? Warum meinen Sie, sage ich, es war nicht nur der Beat? Erst kürzlich habe ich durch Zufall erfahren, dass das hübsche, aber doch harmlose Liedchen „Über den Wolken" von Reinhardt Mey in der DDR nicht gespielt werden durfte!!! Es stand auf dem Index! Kann man sich das vorstellen? Ja, man kann, wenn man sich nur an wenige Textzeilen erinnert: „Über den Wolken, muss die Freiheit wohl grenzenlos sein" – eine schamlose Provokation der SED-Führung und ihres großen Beschützers, der Stasi. „Über den Wolken muss die Freiheit wohl grenzenlos sein" – und es endet auch noch mit den Worten: „... ich wär' gern mitgeflogen!"

Auszüge aus Dokumenten von Polizei und Stasi im Zusammenhang mit dem Beat-Aufstand von 1965

„Bericht" aus dem Volkspolizeikreisamt Leipzig zu „Jugendtanzkapellen" vom 5. 3. 1965

... „Das Verhalten und Auftreten der einzelnen Kapellen bei Tanzveranstaltungen erfolgt nach unserer Einschätzung mit dem Ziel, die anwesenden Jugendlichen in Extase zu versetzen. Die Interpretation der Musikstücke erfolgt in einer derartigen Form (Überlaustärke), dass nur geringfügige Anlässe zu Schlägereien, rowdyhaftes* Benehmen und damit verbunden zu Sachbeschädigungen führen. Begünstigt wird dies noch durch die ständige* überfüllten Veranstaltungsräume.

Bei Überwachungen von derartigen Tanzveranstaltungen und Untersuchung von Kommissionen wurde festgestellt, dass jede der Kapellen über eine gewisse Anhängerschaft verfügt. Dazu gehören zum Teil vorbestrafte und gefährdete Jugendliche. Bei Tanzveranstaltungen in ländlichen Gebieten kommen im Durchschnitt bis zu 80 Jugendliche aus anderen Orten des Bezirkes und teilweise aus Nachbarbezirke*. Diese Erscheinen* mit PKW oder mit Krad.

Die Anwesenden* Funktionäre schätzten die Spielweise der Kapelle wie folgt ein:
Die Einhaltung der Proortion* 40 zu 60 war dem Kapellenleiter bekannt. Dies ist jedoch nicht überprüfbar, weil die Kapelle angeblich eigene Kompositionen spielt.
Dies ist auch der Grund, warum fachkundige Personen nicht einschätzen können, welche Schlager gespielt werden. Handelt es sich tatsächlich um eigene Kompositionen, oder wird nur modisch kopiert bezw.* imitiert.
Ein Spielen nach Noten erfolgt nicht. Gleichfalls ist ungeklärt, ob die Mitglieder der Kapelle Notenkenntnis besitzen.

Zusammenfassend ist die Kommission der Meinung, dass diese Art von Musik, entsprechend unserer Vorstellung, das Niveau auf allen musischen Gebieten zu heben und zu fördern, nicht dazu angetan ist unserer Jugend eine Kulturvolle* Tanzmusik zu bieten.

---

* Kein Tippfehler. Originalübernahme aus dem Bericht.

Auf Grund der bisherigen inoffiziellen Bearbeitung dieses Komplexes kann eingeschätzt werden, dass die jetzige Spielweise und das Verhalten der Kapellenmitglieder ein Ausdruck bezw.* eine Erscheinungsform der politisch-ideologischen Diversion ist."

Quelle:
www.bstu.bund.de/cln_030/nn_717566/DE/Regionales/Aussenstelle-Leipzig/Regionalgeschichten

Dienstanweisung des MfS 4/66

„Zur Jugendpolitik der DDR

Die überwiegende Mehrheit der Jugend der DDR leistet auf allen Gebieten des gesellschaftlichen Lebens eine vorbildliche Arbeit.
Es darf jedoch nicht übersehen werden, dass die großen Aufgaben, die das Programm der SED zum umfassenden Aufbau des Sozialismus stellt, nur dann erfolgreich gelöst werden können, wenn es gelingt, die gesamte Jugend der DDR für die Verwirklichung dieses Programms zu mobilisieren.

Das ZK unserer Partei und der Ministerrat der DDR haben in grundsätzlichen Beschlüssen und Dokumenten, wie

> dem Jugendkommunique vom 25.9.1963,
> dem Jugendgesetz vom 4.5. 1964 und
> dem Gesetz über das einheitliche sozialistische Bildungssystem vom 25.2.1965 sowie
> dem Beschluß des Ministerrats vom 15.7.1965 über die nächsten Aufgaben der örtlichen Räte zur Erhöhung der Wirksamkeit der staatlichen Jugendpolitik und Maßnahmen zur Veränderung der Leitung der staatlichen Jugendpolitik

die Aufgaben für die Durchführung der sozialistischen Jugendpolitik in der DDR festgelegt."

---

* Kein Tippfehler, Originalübernahme aus Dokument

„Dem Gegner gelang es, auf einzelne Jugendliche und Gruppierungen Jugendlicher teilweise Einfluss zu gewinnen. Das wurde u. a. begünstigt durch die ungenügende Nutzung der Möglichkeiten unserer sozialistischen Gesellschaft zur sozialistischen Erziehung der Jugend und zur Zurückdrängung der feindlichen Einflüsse.

Am 7. 7. 1965 und am 11. 10. 1965 faßten das Sekretariat des ZK der DDR und am 15. 7. 1965 der Ministerrat der DDR Beschlüsse, die Maßnahmen zur Überwindung der noch unzureichenden Wirksamkeit der staatlichen und gesellschaftlichen Organe bei der Bekämpfung der Jugendkriminalität beinhalten.

Im Beschluss des ZK der SED vom 7. 7. 1965 über das Auftreten von Kriminellen und gefährdeten Gruppierungen Jugendlicher in der DDR wird festgestellt:

„Die imperialistische Bedrohung, insbesondere die Maßnahmen der westdeutschen Militaristen zur Vorbereitung des verdeckten Krieges gegen die DDR zwingen uns, energischer das Auftreten von kriminellen Gruppierungen Jugendlicher zu unterbinden und vor allem die Ursachen für das Entstehen solcher Herde zu überwinden, das ist um so dringender erforderlich, da das Wirken solcher Gruppierungen vom Gegner leicht zur Vortäuschung von ‚Widerstandskräften' benutzt werden kann."

„Die Jugend der DDR stellt im System der psychologischen Kriegsführung einen besonderen Angriffspunkt dar. Ein koordiniertes Zusammenspiel zwischen dem

> Bonner Staatsapparat,
> den westlichen Geheimdiensten,
> den Agentenzentralen und
> Zentren der ideologischen Diversion,
> zwischen westdeutschen Jugendorganisationen,
> Film- und Starclubs,
> kirchlichen Institutionen,
> Rundfunk, Presse und Fernsehen u. a.

ist darauf gerichtet, die Jugend der DDR vom Einfluß der sozialistischen Ideologie zu isolieren, in die Passivität zu drängen, eine Atmosphäre der allgemeinen Unsicherheit und zeitweilig in bestimmten Territorien Bedingungen zu schaffen, die zu Zusammenrottungen und Ausschreitungen Jugendlicher führen sollen".

„4. Laienmusikgruppen

Als Ausdruck der politisch-ideologischen Diversion des Gegners müssen die sich in der letzten Zeit in verstärktem Maße im Zusammenhang mit dem Auftreten sogenannter Beat-Gruppen entwickelnden Ausschreitungen und Krawalle negativer jugendlicher Personengruppen eingeschätzt werden.

- Durch die Bezirksverwaltungen und Kreisdienststellen ist bei den Räten der Bezirke und Kreise sowie den kulturellen Einrichtungen Einfluss zu nehmen, dass die Beschlüsse des Sekretariats des ZK der SED vom 11. 10. 1965 und die Anweisung des Ministeriums für Kultur zur Arbeit mit diesen Laienmusikgruppen eingehalten und weder sektiererische noch liberalistische Abweichungen geduldet werden.

- Es ist zu gewährleisten, dass alle Reaktionen, vor allem unter den betroffenen Gruppen und ihrer Anhängerschaft, auf die Realisierung dieser Beschlüsse festgestellt werden, um rechtzeitig differenzierte Maßnahmen zur Verhinderung von Provokationen und Ausschreitungen treffen zu können."

Quelle:
www.bstu.bund.de/cln_030/nn_717566/DE/Regionales/Aussenstelle-Leipzig/Regionalgeschichten

Ich überlege, warum gerade Leipzig diese Vorreiterrolle hinsichtlich des Aufbegehrens gegen diesen Staat gespielt hat. Wahrscheinlich war die Stadt durch die Messe die weltoffenste Stadt der DDR, wenn man das überhaupt so sagen kann. Zweimal im Jahr kamen Aussteller aus aller Welt nach Leipzig, eine ungewöhnliche Situation. Viele Leipziger vermieteten Zimmer an ausländische Messebesucher, auch an „Westaussteller", meine Schwiegereltern auch. Das heißt, sie selbst schliefen im Wohnzimmer und vermieteten das Schlafzimmer an Messegäste, denn überschüssigen Wohnraum hatte ja keiner. Der Staat musste das zulassen, denn nie im Leben hätten die Messegäste sonst unterkommen können. Mein Mann war damals noch Kind, und da die meisten Leipziger dann irgendwie ihre „Stammgäste" hatten, brachten diese immer paar Kleinigkeiten mit. Was ich lustig finde: Mein Mann hat von einem Aussteller aus Bayern die „Lausbubengeschichten" von Ludwig Thoma geschenkt bekommen. Ja, der Aussteller wird sich schon was dabei gedacht haben. „Messe" bedeutete aber auch: Zweimal im Jahr gab es reichlich Bananen und Apfelsinen zu kaufen. Kurioserweise bereits 2-3 Wochen VOR der Messe, erzählt mein Mann. „Da haben sich die Leute drauf gestürzt, bevorrateten sich und aßen sich dran satt. Wenn dann Messe war, hatte jeder seinen Heißhunger gestillt und das Zeug lag in den Schaufenstern – wie im Westen! Kaum einer kaufte mehr und die ausländischen Messebesucher sagten: "Von wegen keine Südfrüchte! Bananen und Apfelsinen liegen im Schaufenster und keiner steht Schlange!" So geht das! Und schon waren wir angekommen im

Land der Illusionen

Was nicht so funktionieren wollte, wie es die Parteiideologie verlangte, das bog man hin. Ein Beispiel waren die regelmäßig stattfindenden „Arbeiterfestspiele". Arbeiter, die in ihrer Freizeit künstlerisch tätig waren, sangen und musizierten wie die Profis. Geht nicht? Geht doch. Mein Mann war außer in der Band auch noch im Blasorchester des Betriebes, wo er die Kesselpauken spielte. Sie spielten regelmäßig zu Kurkonzerten, und für Laien war das vollkommen in Ordnung, wie sie das machten. Waren es doch Schichtarbeiter aus dem Maschinenbau, der Gießerei und anderen körperlich schweren Berufen. Irgendwann entstand die Idee, „Arbeiterfestspiele" zu veranstalten (mit riesigem finanziellen Aufwand natürlich), um die besten Laienorchester zu ermitteln. Und man zog eine Show ab! Wahnsinnige Probenarbeit begann. In einer Zeit, in der ständig Arbeitskräftemangel herrschte und um die Planerfüllung „gekämpft" wurde, wurden die Mitglieder des Orchesters tagelang (bezahlt) freigestellt. Mein Mann hatte kaum noch Zeit.

Jedem Arbeiterorchester wurde zur Unterstützung ein Profiorchester als „Pate" an die Seite gegeben. Für das Blasorchester, in dem mein Mann mitspielte, war das ein bekanntes Dresdner Orchester. Das war deren „gesellschaftliche Arbeit", einmal in der Woche Musiker zur Probe zu schicken, um mit den Arbeitern ein Programm für die Festspiele einzustudieren. Nun gut, das Orchester meines Mannes nahm teil an den Arbeiterfestspielen 1974 in Erfurt. Ich war nicht dabei, deshalb zeigte er mir hinterher ein Foto. Ich hab nicht schlecht gestaunt. Ich wusste ja ungefähr, wie viele sie waren. Und nun hielt mein Mann mir ein Foto unter die Nase von einem Orchester, das bald die ganze Bühne ausfüllte. Ich sehe irritiert auf das Bild. „Das seid doch nicht ihr!" „Klar sind wir das!" Ich starre auf das Bild und suche krampfhaft meinen Mann. Schließlich finde ich ihn – neben vielen unbekannten Gesichtern. „Was sind das für Leute", frage ich. „Na, das sind die Berufsmusiker." Etwas verlegen ergänzt er: „Die erste Stimme haben sie meist gleich selber gespielt."
Und das war so typisch. Die Hände eines Arbeiters, der den ganzen Tag schwere, heiße Eisenteile in die Maschine spannt und im Schichtrhythmus arbeitet, können nicht mit der gleichen Leichtigkeit über ein Instrument gleiten wie die eines Berufsmusikers. Doch! Im Sozialismus schon!

Wir müssen heiraten

Nein, nicht was Sie denken. Aber im dritten Studienjahr begann langsam die Planung unseres späteren Einsatzortes. Ich wollte wieder in meine Heimatregion zurück, was sich „wohnungstechnisch" als taktisch unklug erweisen sollte, denn dort und NUR DORT konnte ich ja schließlich bei meinen Eltern wohnen. Hätte ich mich woanders einsetzen lassen, hätte sich der spätere Arbeitgeber um Wohnraum bemühen müssen, in der Regel bekam man dann ein Zimmer zur Untermiete bei Privatleuten. Aber das hatte ich ja nun vier Jahre, und nach dem Studium wollte ich nun endlich mit meinem Mann zusammen wohnen. Allerdings wohnte der auch noch bei seinen Eltern, so war das damals. Und wenn wir heiraten, so dachten wir beide, dann konnten wir endlich einen Antrag auf Wohnraum stellen. Gesagt, getan. Aber wo sollten wir diesen Antrag stellen? Mein späterer Einsatzort war noch nicht bekannt. Also erst mal in meinem bisherigen Wohnort, in dem meine Eltern auch wohnen. Mir wird gleich beim Abgeben des Antrags gesagt, es sei sinnlos und nicht realisierbar – und im Moment auch völlig überflüssig, bin ich doch noch mehr als ein Jahr in Leipzig. Nicht gerade zuversichtlich komme ich von diesem Gang zurück. zurück.

Und mein Mann? Warum kann er keinen Wohnungsantrag stellen? Mein Mann hat die „Chance seines Lebens" vertan. Er hätte, als er nach Ableistung seines Grundwehrdienstes von der Armee zurück kam, sofort eine Wohnung und andere Herrlichkeiten haben können, wenn er auf „gewisse Bedingungen" eingegangen wäre: Man bestellte ihn in die Kaderabteilung des Betriebes. Dort saß ein Angehöriger der Abteilung Sicherheit und Betriebsschutz und ein Unbekannter in Zivil. Sie begrüßten ihn mit der Frage: „Du weißt doch sicher, weshalb du hier bist?" An der Stelle sind viele in sich gegangen und haben kleinere Vergehen zugegeben. Ja, mal ein Stück Metall mit nach Hause genommen, mal was für den privaten Rasenmäher gedreht während der Arbeitszeit. Oder, wenn der Kumpel eilig weg musste, mal die Karte mit in die Stechuhr gehalten. Urkundenfälschung konnte man daraus machen. Aber mein Mann sagt: „Nein, bin mir keiner Schuld bewusst." Sie lassen die Katze aus dem Sack: „Hättest du nicht Lust, den Beruf aufzugeben und zu den bewaffneten Organen zurückzukehren?" Mein Mann will Genaueres. „Na ja, in Berlin, bei einer Wacheinheit, Aufgabe u.a. Bewachen von Objekten und Personen". Ihm wird bei aller Wohnungsnot SOFORT eine Wohnung in Berlin angeboten. Außerdem überdurchschnittlicher Verdienst, den er in der Produktion niemals erreichen könne (wurde extra betont!), andere materielle Vergünstigungen wie zum Beispiel Theaterkarten, Freifahrkarten für die Reichsbahn, Einkaufsmöglichkeit in Objektläden, wo es hochwertige Konsumgüter, Textilien und Genussmittel gab, die sonst nicht zu bekommen waren. Mein Mann lehnt das ab mit der Begründung, dass er sich „für so etwas" nicht eigne und dem Staat lieber seine Leistungen in der Produktion zur Verfügung stellen möchte. Man musste sich ja auch noch überlegen, wie man so eine Ablehnung begründet. Man akzeptiert, verpflichtet ihn aber, über das Gespräch Stillschweigen zu bewahren. Für eine Wohnung hat es dann aber eben nicht mehr gereicht, nicht mal in der Provinz.

Wir verlassen uns auf meinen Arbeitsbeginn und sind verlassen. Es tritt ein, was ich befürchtet habe: Ich kann ja bei meinen Eltern wohnen, das „Wohnraumproblem" ist ja nicht so dringend. Und so sind wir also ein Ehepaar, ich wohne bei meinen Eltern, wo ich ein kleines Zimmer habe, das nicht heizbar ist und mein Mann wohnt 20 km entfernt bei seinen Eltern, wo er mit seinem Bruder ein Zimmer teilt. Es ist nicht unbedingt das, was wir uns nach zwei Ehejahren erträumt haben.

Und weil sich überhaupt nichts bewegt, entschließt sich mein Vater zu einem für ihn unangenehmen Gang: Er kennt zum Glück jemanden, der bei der Wohnraumvergabe ein Wörtchen mitzureden hatte. Man Vater macht das nur mir zuliebe, er ist kein Mensch, der sich mit „Beziehungen" brüstet. Aber er kann schließlich erreichen, dass wir eine Wohnung in Aussicht gestellt bekommen in einem alten Haus, das ein Betrieb gekauft hat, weil er das Gelände braucht. Das Haus selbst ist dem Verfall preisgegeben, weil es zwei Jahre später abgerissen werden soll. Reparaturen werden kaum noch ausgeführt. Es ist in einem furchtbaren Zustand, hat keine Kellerfenster mehr, Trockenklo für zwei Familien außerhalb der Wohnung und die Wohnung selbst ist feucht. Im Hausflur stinkt es und an den Wänden sind mehrere Schichten grüner und blauer Farbe. Was wir nicht wissen: Der Abfluss ist kaputt, und jedes mal, wenn wir später baden, läuft das Wasser über die Straße in die Nachbargärten. Das Dach ist undicht; es regnet rein. Es ist eine marode Hütte – aber wir sind begeistert. Wir haben die erste „Wohnung" und bezahlen dafür 26 Mark Miete. Die Wohnung ist im Nachbarort, denn dort bin ich inzwischen eingesetzt worden.

Mein Vater sagt: „Was anderes war nicht drin. Nehmt es. Entweder es wird wirklich abgerissen oder aber es wird von selbst einstürzen, dann müssen sie euch eine Wohnung geben."

Ich kämpfe also um ein paar Rollen Dachpappe, denn unseres war nicht dicht... Obwohl uns gesagt wurde, dass große Investitionen nicht mehr ausgeführt werden, sind wir so vermessen, um eine NOTDÜRFTIGE Reparatur des Daches zu kämpfen, was an ein paar Rollen Dachpappe hängt. Aber ich muss mich belehren lassen, dass mir die eigentlich gar nicht zustehen und dass es anderen genauso geht.

Frau
Elke Straube

23. 9. 1977

Eingabe vom 8. 9. 1977

Grundsätzlich muß zu Ihrer Eingabe festgestellt werden, daß die Kapazitäten für Werterhaltung nicht ausreichen. Das ist nicht nur bei ▓▓▓ oder in ▓▓▓, sondern in der ganzen Republik.
Nicht nur bei Ihnen ist das Dach undicht, sondern auch in vielen anderen Gebäuden und sogar im Wohnheim der polnischen Bergleute regnet es rein. Das uns dieser Zustand selbst nicht gefällt, können Sie uns glauben.

Die Dachreparatur am Haus ▓▓▓ ist keine Frage der Finanzierung, sondern der Kapazität und der fehlenden Dachpappe. Der Dachdecker ▓▓▓ sollte dieses Dach schon lange mit der 2. Lage Dachpappe versehen. Er hat aber keine. Auch unsere Bemühungen waren bis vor kurzem erfolglos. Nunmehr haben wir 3 Rollen beschafft und stellen diese Herrn ▓▓▓ zur Verfügung. Das reicht aber nicht. Herr ▓▓▓ wartet auf weitere Lieferungen von der Genossenschaft und wird dann die 2. Lage eindecken, so daß nunmehr Hoffnung besteht, daß das Dach im Oktober fertig wird.
Soweit zum eigentlichen Sachverhalt.

Zum 2. Teil Ihres Briefes muß ich Ihnen auch noch meine Meinung mitteilen.
Sie kündigen an, daß Sie bei weiterer Hinauszögerung der Dachreparatur an Prof. Kaul das "Prisma" und die "Lehrerzeitung" schreiben wollen, da Sie als Lehrerin eine entsprechende Wohnung verlangen können.
Ich kann Sie nicht daran hindern das zu tun, kann Ihnen aber bereits heute sagen, daß auch diese Institutionen nicht helfen können, da auch sie keine Kapazitäten und kein Material haben.

Wenn Sie "Prisma" aufmerksam verfolgt hätten, wüßten Sie sogar, daß Fragen der Werterhaltung ein allgemeines Problem sind. Erst gestern wurde auf dem Kreistag geklagt, daß es im Feierabendheim in ▓▓▓▓▓ reinregnet. Auch für ▓▓▓▓▓ müßten wir in Vorbereitung der Stadtverordnetenversammlung einschätzen, daß zahlreiche Dachreparaturen dieses Jahr nicht kommen, weil die Kapazität nicht ausreicht.

Zum Herausstreichen, daß Sie als Lehrerin eine entsprechende Wohnung verlangen können, muß ich nur bemerken, daß dieses Recht jeder Bürger hat, <u>in erster Linie aber die Arbeiter.</u> <u>Sie sind die führende Kraft und sie schaffen die materiellen</u> <u>Werte für uns, für unsere Kinder und auch für Sie. Das sollten</u> <u>Sie in Ihrer Tätigkeit als Lehrer immer wissen und beachten.</u> !

Zum Schluß noch einige Bemerkungen zum Haus ▓▓▓▓▓
Wir haben das Haus wegen ▓▓▓▓▓▓▓▓▓▓▓▓▓ gekauft.
Es sollte 1977/78 abgebrochen werden.
Nur im Interesse der Frau ▓▓▓▓ und des Koll. ▓▓▓▓ habe ich nach langem Bedenken entschieden, das Haus nochmals vorübergehend beziehen zu lassen. Ich ärgere mich jetzt im stillen über diese Entscheidung, weil ich heut zusätzliche Probleme habe und der Betrieb erhebliche Kosten tragen muß, nur weil ich nach Möglichkeit immer helfen will.
Ein kleiner Trost bei der ganzen Sache ist nur, daß nunmehr auf Grund ▓▓▓▓▓▓▓▓▓▓▓▓▓▓ das Haus bis 1980 stehen bleiben kann und sich die Kosten noch einigermaßen rentieren.

▓▓▓▓▓▓▓
Betriebsleiter

Ach, ja! Ich gehöre nicht mehr zur führenden Klasse. Ich schaffe keine so händeringend gebrauchten Werte, nichts zum Verscherbeln gegen Devisen. Deshalb auch die Bezahlung! Ich habe inzwischen meinen Arbeitsvertrag bekommen und verdiene 720 Mark BRUTTO! Ich weiß zu dem Zeitpunkt noch nicht, dass eine Raumpflegerin bei der Bezirksverwaltung der Stasi in Dresden 16570 Mark netto im Jahr verdient. Laut dieser unverschämten Antwort müssen andere für mich die materielle Grundlage schaffen. Ich arbeite nicht, ich habe nur eine „Tätigkeit" als Lehrer. Das werde ich immer zu spüren bekommen. Daran wird sich auch bis zum Ende dieses unglückseligen Staates nichts mehr ändern.

Kreisvorstand der
Gewerkschaft Unterricht und Erziehung

Kreisvorstand der Gewerkschaft Unterricht und Erziehung

Kollegin
Elke Straube

Ihre Zeichen   Ihre Nachricht vom   Unsere Zeichen   Datum 11.10.77

Betreff:

Werte Kollegin Straube !

In einer Rücksprache mit dem Verantwortlichen für Bauwesen des Betriebes ▮▮▮ versicherte er mir, daß er sich für die Abdeckung des Hausdaches einsetzt.
Der Betrieb stellt dem Dachdeckermeister, ▮▮▮ 9 Rollen Dachpappe zur Verfügung.
Es liegt also jetzt nur noch daran, wann Herr ▮▮▮ die Reparatur durchführt.
Bitte sprechen Sie mit Kolln. ▮▮▮ damit sie sich nochmals bei Herrn ▮▮▮ einsetzt.
Beachten Sie bitte, daß dieses Haus spätestens 1980 abgerissen wird, damit Ihnen dann vom Rat der Stadt eine andere Wohnung zur Verfügung gestellt werden kann. Verweisen Sie auf den Beschluß des Bezirkstages vom 16.10.75 Nr. 131-20 "Versorgung der Pädagogen mit Wohnraum."

Mit gewerkschaftlichem Gruß

Ich bin sprachlos. Das Haus wird abgerissen, DAMIT man mir eine andere Wohnung zur Verfügung stellen kann. Na, Leute, es geht doch! Von wegen ich gehöre nicht zur führenden Kraft! Das ist das erste und einzige Mal, dass mich diese „Gewerkschaft" unterstützt hat. Sie hatten mit meiner Dachpappe wohl wesentlich weniger Probleme als mit der Wohnung einer anderen Kollegin.

Parallel zu alledem vollzieht sich der

Start ins Berufsleben als Lehrer

Energiegeladen und froh, dass nun endlich Schluss ist mit dem Studium, stelle ich mich an meiner Schule vor und brenne darauf, nun endlich eigenverantwortlich auf Schüler losgelassen zu werden. Ich bin nicht zum Theoretisieren geschaffen. Ich bin ein Praktiker, will endlich unterrichten und so mache ich mich - nach ersten Gesprächen and der Schule – mit allem vertraut, was mir für den Schulalltag noch fehlt. Das ist fast alles. Trotz großen Schulpraktikums und „Lehrproben" im 4. Studienjahr halte ich nun zum ersten Mal ein Klassenbuch und einen Lehrplan in der Hand und verschaffe mir einen Überblick, was mich die nächsten Jahre meines Lebens in meinen Fächern Englisch und Deutsch so beschäftigen wird. Für Englisch hält das Leben für mich keine großen Überraschungen bereit. Am Stellenwert des Unterrichts hat sich seit meiner Schulzeit nicht viel verändert. Englisch ist die Sprache der Kapitalisten. Ich höre neidisch, wie Russischlehrer von ihrer zeitweiligen Ausbildung im Herkunftsland der Sprache berichten, vom Kontakt und Erfahrungsaustausch mit Muttersprachlern. Ich verschwende keinen Gedanken daran, so was ist für einen Englischlehrer jenseits von Gut und Böse. Ich weiß überhaupt nicht, ob mich ein Engländer überhaupt verstehen würde und anders herum natürlich auch. Diese Frage werde ich erst 1990 klären können. Vorerst bleibt mir ein Einheitslehrbuch mit dem Titel der gleichnamigen Fernsehsendung „English for You", die ich jedoch in den ersten Jahren nicht in den Unterricht einbeziehen kann, weil meine Englischstunden auf Grund des fakultativen Status ja meist nachmittags lagen und die Sendung lief gegen Mittag. Von den technischen Möglichkeiten einer Videoaufzeichnung konnten wir nicht einmal träumen, denn wir wussten gar nicht, dass es (woanders) so etwas gibt. Die Unterrichtsmittel sind schnell durchgesehen: Es existieren an allen Schulen mehrere Dia-Reihen zu Großbritannien. Mein Problem ist, dass ich gar nicht weiß, wie das richtig aussehen muss. Ich habe aus diesem Grunde wahrscheinlich bis 1990 einige London-Dias seitenverkehrt gezeigt. Ich erinnere mich, dass mir mal jemand, der „Westverwandtschaft" hatte, eine Ansichtskarte von London geschenkt hat. Die habe ich gehütet wie meinen Augapfel. Es war mein einzigstes Anschauungsmaterial. Die Sendung „English for You" habe ich mir zu meiner individuellen Vorbereitung angesehen, wenn ich konnte, musste jedoch öfters schmunzeln. Klar, ich kannte weder Land noch Leute, aber es wurde – wie beim Lehrbuch – immer schön drauf geachtet, dass ja genug Kritisches aus diesem kapitalistischen Land rüberkam. Mieterhöhungen, Arbeitslosigkeit, triste Bilder aus Industriegebieten und Arbeiterwohngegenden; landschaftlich Attraktives und Beeindruckendes fiel auch im Lehrbuch schon allein wegen der Qualität des Papiers nicht attraktiv und beindruckend aus. Man malte uns ein schönes Schwarz-Weiß Bild. Die Darsteller der Sendung kamen mir auch manchmal – ich wusste nicht warum – nicht ganz geheuer vor, aber ich bin immerhin davon ausgegangen, dass es Schauspieler sind, die vielleicht gerade nichts Besseres zu tun haben als diese Sendung in der DDR zu drehen, als Kriterium habe ich mir allerdings die Sprache vorgestellt und nicht – die Zugehörigkeit zur kommunistischen Partei. Das passt perfekt ins Bild des DDR-Bildungsministeriums: Wenn es schon Engländer sein müssen, dann doch wenigstens Kommunisten. Diese für mich im nachhinein belustigende Entdeckung werde ich erst machen, als es die Sendung schon lange nicht mehr gibt: Ich zitiere Auszüge aus dem Aufsatz „English for you" von Katrin von Maltzahn[21] :

„... Für die Produktion der Sendungen wurden englische Muttersprachler gesucht. Man trachtete damals danach, Leute, die mit der DDR sympathisierten, als Schauspieler zu gewinnen. Die Engländerin Diana Loeser lebte bereits in der DDR. Sie war als Kommunistin 1956 mit ihrem Mann, einem deutschen Emigranten, von England in die DDR übergesiedelt. In der Sendung übernahm sie die Rolle der Lektorin und Sprecherin. Die Hauptrollen der Episoden wurden durch Alan Clarke, als Tom, und Valery Lester, als Peggy, besetzt. Alan, ein englischer

---

21 Katrin von Maltzahn: English for you (Sklavenheft Nr. 19/1995) unter: www.katrinvm.de/Pages/files/Sklave.htm

Schauspieler aus einer bekannten kommunistischen Familie, wurde von Diana Loeser für die Sendung engagiert.

„... English for you" als das östliche Pendant zu der im Westen produzierten Sendung „Walter und Conny" ist unter sehr verschiedenen Bedingungen entstanden. Hier hat ein Staat das Bild eines ihm fremden Landes, das keiner seiner Bürger erleben konnte, produziert. Es entstanden u. a. Sendungen zu Themen wie Karl Marx, Arbeitslosigkeit, Streik, Gewerkschaften, Mietpreise, soziale Bedingungen, die klar die DDR-Perspektive widerspiegeln.

Interview mit Alan Clarke

Alan: Von der Qualität war alles ziemlich primitiv, weil die technischen Bedingungen eben schlecht waren. Sicherlich hat man von unserer Sendung gelernt und 10 Jahre später alles ein bisschen besser machen können. Wir haben übrigens auch zwei Mal in England gedreht, in London und in Coventry.

Katrin: Wie bist du eigentlich an diesen Job gekommen?

Alan: Durch Stanley Forman. Er kannte meine Familie. Mein Vater arbeitete als Chirurg und war engagierter Kommunist, mein Stiefvater war Chefredakteur beim „Daily Worker". Deswegen und durch die Friedensbewegung ist meine Familie in der Kommunistenszene ziemlich bekannt gewesen. Einmal war ich als Schauspieler auf Englandtournee. In jedem, noch so kleinem Ort gab es Bekannte durch die Partei, bei denen ich Unterschlupf finden konnte. Persönlich kannte ich niemanden davon.

Katrin: Warst du auch Mitglied der Kommunistischen Partei?

Alan: Ja, natürlich, das war auch ein Grund für meinen Aufenthalt in der DDR und das Engagement bei DEFA-Dok." Ende des Zitats.

Na ja. Ich versuche später viele Jahre lang, etwas Aktuelles für den Unterricht zu bekommen, das über Lehrbuch und Sendung hinausgeht. Ich möchte mit meinen Schülern eine englische Zeitung lesen und ich meine, an Zeitungskiosken in großen Städten solche Zeitungen gesehen zu haben. Ich nerve eine Verkäuferin auf dem Dresdner Hauptbahnhof. Sie erklärt mir, es gibt EINE englischsprachige Zeitung, und das ist der MORNING STAR. Toll, die Zeitung der englischen kommunistischen Partei! Mir ist jetzt schon alles egal, ich schiele auf den Preis und verlange 20 Stück. Die Frau läuft rot an im Gesicht, schnappt nach Luft und schreit: „Was denken Sie, wie viel ich davon kriege? 7-8 Stück pro Ausgabe! Was in aller Welt wollen Sie mit 20 Stück?!" Ich gebe auf.

Wesentlich reichhaltiger fällt das Material für den Deutschunterricht aus, bei der Sichtung packt mich allerdings

Das blanke Entsetzen

Schallplatte für den Literaturunterricht: Text zum Titelbild: Aufmarsch der KPD und des RFB Hamburg Altona aus Anlaß d. Reichstagswahl im Mai 1928, Foto: Zentralbild

SEITE 1

WLADIMIR MAJAKOWSKI
1★ Linker Marsch
Eisler/Busch
2 Verse vom Sowjetpaß
H. Müller-Lankow
3 Das Geheimnis der Jugend
E. Mellies

KURT TUCHOLSKY
4★ Der Graben
Eisler/Busch
5★ Augen in der Großstadt
P. Fischer/Gisela May
6 Fragen an eine Arbeiterfrau
H. Müller-Lankow

ERICH WEINERT
7★ Ferientag eines Unpolitischen
G. Kochan/H. Hähnel
8 Sozialdemokratisches Mailiedchen
H. Müller-Lankow
9 John Scheer und Genossen
H. Müller-Lankow
10 Salud, Union Soviética
E. Mellies

JOHANNES R. BECHER
11★ Der an den Schlaf der Welt rührt — Lenin

Mir scheint ich bin irgendwie ZWISCHEN DIE FRONTEN geraten. Ich finde viele Platten wie diese[22], ich wühle und suche, sie sind alle so, abgesehen von ein paar Gesamtaufnahen literarischer Werke („Faust" ist zum Glück auch da, „Kabale und Liebe" von Schiller finde ich auch), aber ansonsten dominieren Platten und Texte wie oben. Ich muss mich setzen. Ich BIN ENTSETZT. Und ich weiß, dass diese Lehrmittel an allen Schulen identisch sind, die muss man nicht bestellen, sie werden automatisch geliefert. Und das beste daran ist, ich kenne das alles gar nicht. (Außer aus meiner eigenen Schulzeit). Das hat im Studium überhaupt keine Rolle gespielt. Was haben wir dort gemacht? 500 Jahre Literaturgeschichte, rauf und runter. Wofür? Wozu der ganze Aufwand? Was ich vier Jahre studiert habe, kommt fast gar nicht vor. Und das alles für einen „Linken Marsch", die „Verse vom Sowjetpaß", für „John Scheer und Genossen"?

---

22 SCHOLA 870015 – Deutsch Literatur Kl. 9, entwickelt von der Akademie der Pädagogischen Wissenschaften der DDR, zugel. vom Ministerium f. Volksbildung DDR

Der Text auf dem Backcover[23] wird mir alles erklären: „Die vorliegende Auswahl von Gedichten und Liedern zum Literaturunterricht der Klasse 9 umfaßt charakteristische Zeugnisse sozialistischer Dichtung aus den letzten fünf Jahrzehnten – von der Großen Sozialistischen Oktoberrevolution bis zum gegenwärtigen Leben in der sozialistischen Gesellschaft. Die Aufnahmen sollen den Schülern die großen kämpferischen Traditionen unserer sozialistischen Kunst und Literatur nahe bringen, ihr gemeinsames Kunsterleben im Unterricht vertiefen und sie zu schöpferischer Mitgestaltung anregen. Der Grundlinie des Literaturunterrichts in dieser Klassenstufe folgend, soll die Entwicklung der sozialistischen Literatur zum bestimmenden Faktor unserer Nationalliteratur deutlich werden.

Der begrenzte Umfang einer Schallplatte vermag die Breite dieses Entwicklungsweges nicht im entferntesten zu umspannen. Dennoch erweist sich, dass die Auswahl – wenngleich begrenzt auf Werke der lyrischen Gattung – doch wesentliche Züge der Entwicklung der deutschen sozialistischen Literatur in der ersten Hälfte unseres Jahrhunderts erkennen lässt. Der Zusammenhang zwischen Literatur und Gesellschaft wird offenbar in der aktiven Rolle der sozialistischen Literatur im Klassenkampf. Ihre Parteilichkeit und Volksverbundenheit erweist sich in der Gestaltung des Heldenbildes proletarischer Kämpfer und Sieger, in der Massenwirkung der Werke ebenso wie in der Aufnahme und Weiterentwicklung der humanistischen, revolutionären Traditionen des Volkes im Sinne der historischen Mission der Arbeiterklasse.

Der Zusammenhang von Literatur und Klassenkampf zeigt sich auch darin, dass einige der schönsten und wirksamsten Gedichte und Lieder unmittelbar im Kampf geboren und aufgezeichnet wurden: so etwa Majakowskis „Linker Marsch", notiert auf der Fahrt zum Matrosentheater der ehemaligen Gardekaserne in Petrograd, oder die Werke Erich Weinerts, mit denen der Dichter oft noch am gleichen Tag auf aktuelle Ereignisse des Zeitgeschehens reagierte. Für den Tag geschrieben, wuchs ihre Wirkung mit den Jahrzehnten, da es den Dichtern gelang, in der Vielfalt der Ereignisse das historisch Bedeutsame zu entdecken und

---

23 SCHOLA 870015, Text von Dr. Gottfried Wittig

perspektivisch zu gestalten. Andere Werke wiederum legen Zeugnis ab von dem jahre- und jahrzehntelangen Ringen um die überzeugende und dauerhaft verdichtete Gestaltung des Grunderlebens der Epoche: so Bechers monumentales Lenin-Bild oder Kubas „Gedicht vom Menschen."
Der **unaufhaltsame Siegeszug der sozialistischen Revolution und die Notwendigkeit ihrer bewaffneten Verteidigung im „Linken Marsch", der überlegene Klassenstolz des sozialistischen Staatsbürgers auf sein wahres Vaterland in den „Versen vom Sowjetpaß", die hohe Verpflichtung und Verantwortung der jungen Generation als Frucht und Keim wahrer Freiheit im „Geheimnis der Jugend" – damit werden Grundthemen der Auswahl wie des gesamten Literaturunterrichts**[24] angeschlagen, die sich fortsetzen über die Werke unserer sozialistischen Dichter bis zu den jüngsten Liedern der Freien Deutschen Jugend. Andererseits klingt in der Auswahl aus der deutschen sozialistischen Dichtung immer wieder **das Grundthema der Verbundenheit mit der Sowjetunion**[25] an: von Weinerts Gruß der Internationalen Brigaden zum 20. Jahrestag der Errichtung der Sowjetmacht, aus deren Bestehen die internationalen Kämpfer in Spanien ihre Kraft schöpften, über Brechts Lenin-Hymne und Kubas „Gedicht vom Menschen" bis zu den Liedern des Oktoberclubs."

Oh, mein Gott. Ich lese diesen letzten Abschnitt mehrmals, aber er wird davon nicht anders. Ich denke an meine Studienbewerbung zurück. Ich habe das Fach ‚Deutsch' als Alternative zu Russisch gewählt. Ich dachte damals, ich könne damit zurechtkommen, denn ich bin ein Literaturmensch und ein Bücherwurm. Aber was in aller Welt hat das mit Literatur zu tun? Das ist kommunistische Propaganda in Reinkultur.
Der „unaufhaltsame Siegeszug der sozialistischen Literatur" ist also mein künftiges Grundthema. Die ‚Notwendigkeit ihrer bewaffneten Verteidigung' wird mich im Schlaf verfolgen, das werde ich erst in wenigen Tagen zum ersten „Pädagogischen Rat" erfahren. Der „überlegene Klassenstolz" des sozialistischen Staatsbürgers" ist jene zur Schau ge-

---

24, 25 Hervorhebungen von der Autorin.

stellte Überheblichkeit der SED- und Staatsführung, die ich so hasse und an die ‚hohe Verpflichtung und Verantwortung der jungen Generation als Frucht und Keim wahrer Freiheit' glauben – zumindest in dem Sinne, wie die Aussage gemeint ist - wohl nur sehr wenige, die dann sicher auch das Stammpublikum und die Anhängerschaft des Oktoberclubs und anderer Singeclubs bilden. Ich weiß jetzt aber, warum man den Jugendlichen IHRE Ideale, nämlich die Beatmusik notfalls mit Gewalt verbieten wollte – sie dient nicht dem Siegeszug der sozialistischen Revolution und der Verbundenheit mit der Sowjetunion. Das ist auch so ein Ding: „... der überlegene Klassenstolz des sozialistischen Staatsbürgers auf sein wahres Vaterland in den „Versen vom Sowjetpaß"! Also anders ausgedrückt: Das wahre Vaterland eines jeden sozialistischen Staatsbürgers ist die Sowjetunion!? Oder wie soll ich das verstehen? Und vor allen Dingen: Wie soll ich das vermitteln?

Eine andere Hilfe fällt mir in die Hände: SCHOLA 870050[26]:

„In Vorbereitung der Volkswahlen 1971 forderten die Mädchen und Jungen des Singeclubs „..." von der „...Oberschule die Bürger mit Jugend- und Arbeiterliedern auf, ihre Stimme den Kandidaten der Nationalen front zu geben. Foto: Zentralbild"

Seite 1
1 **Louis Fürnberg. Unser Lied**
   (In: Wir sind die Rote Garde. Band 1., Seite 490.
   Verlag Philipp Reclam jun., Leipzig, 1967)
   Vortrag: Hans-Peter Minetti
2 **Erich Weinert. Bänkelballade vom Kaiser Nero**
   (In: Lesebuch Klassen 9 und 10. Volk und Wissen
   Volkseigener Verlag Berlin, 1970, Seite 135)
   Vortrag: Robert Trösch
3 **Erich Weinert. Der Herr Direktor trifft seinen Angestellten**
   (In: Wir sind die Rote Garde. A. a. O., S. 388–391)
   Vortrag: Norbert Christian und Peter Aust
4 **Friedrich Wolf. Der Sprichwort-Song**
   (In: Friedrich Wolf — Leben und Werk / Reihe
   Schriftsteller der Gegenwart
   Volk und Wissen Volkseigener Verlag Berlin, 1965,
   S. 164). Vortrag: Robert Trösch
5 **Erich Weinert. Das Lied vom roten Pfeffer**
   (In: Lesebuch. A. a. O., S. 134)
   Vortrag: Robert Trösch
6 **Hans Marchwitza. Von der ersten Arbeiterkorrespondenz zur ersten Kurzgeschichte**
   (In: Wir sind die Rote Garde. A. a. O., S. 491–493)
   Vortrag: Norbert Christian
7 **Helmut Preißler. An die Unpolitischen**
   (In: Lesebuch. A. a. O., S. 282)
   Vortrag: Peter Aust

Seite 2
8 **Erich Weinert. Genauso hat es damals angefangen**
   (In: Lesebuch. A. a. O., S. 238)
   Vortrag: Robert Trösch

Kommentar auf dem Plattencover[26]:
„Unser Lied", 1927 von Louis Fürnberg geschaffen, bringt die revolutionäre Entschlossenheit und die Siegeszuversicht zum Ausdruck, die den Prozess auszeichnen, in dem die proletarisch-revolutionären Schriftsteller auf Initiative der Kommunistischen Partei Deutschlands unsere Nationalliteratur auf den Positionen des sozialistischen Realismus entwickeln und zur internationalen Geltung brachten. Durch Darbietung dieses programmatischen Gedichts (im Zusammenhang mit der Orien-

---

26 SCHOLA 870050 für den Literaturunterricht in den Klassen 9 und 10, entwickelt von der Akademie der Pädagogischen Wissenschaften der DDR, Institut für Unterrichtsmittel, als Unterrichtsmittel zugelassen durch das Ministerium für Volksbildung der DDR.

tierung auf die im Unterricht, Klasse 9, zu gewinnenden Erkenntnisse) wird die Aufmerksamkeit der Schüler von vornherein auf wesentliche Gesichtspunkte hingelenkt, unter denen die Bedeutung der deutschen sozialistischen Literatur im Kampf gegen Imperialismus und Faschismus zu erfassen ist. „Unser Lied" eignet sich außerdem dafür, in Verbindung mit der Aufgabenstellung in den Unterricht einbezogen zu werden, die Bedeutung des Bundes proletarisch-revolutionärer Schriftsteller herauszuarbeiten".
Das verbinde ich doch nicht mit dem Begriff „Literatur"! Ich denke an unseren Staatsbürgerkundelehrer. ‚Der Lehrer muss mit der roten Fahne vorangehen!' Um Gottes Willen, ja, es fehlt bloß noch die rote Fahne. Nein, sie fehlt nicht, auch sie ist da, auf einem der Plattencover, nicht zu übersehen.

Ich weiß nicht mehr, wie lange ich da gesessen habe, in den Ferien, an einem warmen Sommertag im August, in einem großen, leeren Klassenzimmer vor diesem Lehrmittelschrank.
Mich erfasst eine Ahnung vom Inhalt der Lehrbücher, habe ja im Studium nie eins gesehen. Ich sitze da und denke über mein Studium nach. Über den Inhalt der Vorlesungen, Seminare und Prüfungen. Über anspruchsvolle Literatur. Es ist kaum etwas dabei, was ich hier brauchen werde. Mein Blick fällt wieder auf das Cover. „Wir sind die Rote Garde." Es verstärkt sich in mir das Gefühl, dass wir das sind, die ‚Rote Garde". WIR, die Lehrer! „Die Rote Garde" mit der roten Fahne. Oh, mein Gott, worauf habe ich mich hier eingelassen. Ich denke an meine Wohnraumsituation, ich denke daran, dass ich mir sagen lassen muss, andere müssen die materiellen Grundlagen für mich schaffen, ich denke an mein Traumgehalt und zweifle an allem. Bloß gut, dass keiner da ist, der mich in dieser Stimmung antrifft.

Zu Hause angekommen, möchte ich mich am liebsten irgendwo einschließen. Mein Mann versucht die Gründe für meine Niedergeschlagenheit herauszufinden, kann jedoch diesen inhaltlichen Gesichtspunkt nicht nachvollziehen. Er denkt, ich hadere mit unserer „Wohnung" oder meinem Gehalt. „Ich bin ja auch noch da", sagt er.

Eine kleine Nachtlektüre[27] – Albträume garantiert

**Lehrplan
Deutsche Sprache und Literatur**
Teil Literaturunterricht
Klasse 9

Ministerrat
der Deutschen
Demokratischen
Republik
Ministerium
für Volksbildung

ZIELE UND AUFGABEN DES LITERATURUNTERRICHTS IN DEN KLASSEN 9 UND 10

Der Unterricht im Fach Deutsche Sprache und Literatur trägt entscheidend dazu bei, sozialistische Menschen zu formen, die sich durch ein hohes Kulturniveau, durch einen hohen Grad der Sprachbeherrschung sowie durch Liebe zur Muttersprache und zur humanistischen Literatur auszeichnen. Beide Bereiche – der Muttersprachunterricht und der Literaturunterricht – beeinflussen von ihren Gegenständen und Aufgaben her wesentlich das Denken, Fühlen und Handeln der Schüler und erziehen zu sozialistischer Parteilichkeit und schöpferischer Aktivität. Die literaturästhetische Bildung und Erziehung wird bis zum Abschluß der zehnklassigen Oberschule so weit geführt, daß die Schüler mit bedeutenden Werken der sozialistischen sowie der bürgerlich-realistischen Literatur vertraut sind und ein enges Verhältnis zur sozialistischen Literatur und zum humanistischen Erbe besitzen. Die selbständige, bewußte Aufnahme und parteiliche Wertung humanistischer Literatur, insbesondere die intensive Auseinandersetzung mit unserer sozialistischen Gegenwartsliteratur, soll allen Schülern zum Lebensbedürfnis werden und ihnen helfen, ihr Leben in der sozialistischen Gesellschaft sinnvoll zu gestalten.

Der Literaturunterricht bringt den Schülern ihre Stellung in der sozialistischen Gesellschaft tiefer zum Bewußtsein, entwickelt ihr sozialistisches Geschichts- und Perspektivbewußtsein und hilft ihnen, einen festen Klassenstandpunkt zu gewinnen. Er trägt wesentlich dazu bei, sozialistische Verhaltensweisen zu festigen, Verantwortung für das Ganze zu übernehmen und klassenbewußte Entscheidungen zu treffen. Die Möglichkeiten des Literaturunterrichts, auf die gesamte Persönlichkeit der Schüler einzuwirken, sind zu nutzen, um ihre Liebe zum sozialistischen Vaterland, zur Arbeiterklasse und zu ihrer marxistisch-leninistischen Partei und die Freundschaft mit der Sowjetunion und den anderen sozialistischen Brudervölkern zu vertiefen. Untrennbar damit verbunden ist die Erziehung zum Haß gegen Imperialismus und Militarismus und zur Solidarität mit allen für Frieden, Freiheit und nationale Unabhängigkeit kämpfenden Völkern.

---

27 Lehrplan Deutsche Sprache und Literatur, Teil Literaturunterricht Klasse 9, Herausgeber Ministerrat der DDR, Ministerium für Volksbildung im Volk und Wissen Volkseigenen Verlag Berlin

Wenn ich mir vorgestellt habe, wie das sein wird als Lehrer, dann habe ich mich in Gedanken eigentlich immer vor Schülern gesehen, diesen etwas beibringend. Bilden und erziehen. Erziehen im Rahmen einer ganz normalen kindlichen Entwicklung, denn es sind ja keine „fertigen" Persönlichkeiten, mit denen man zu tun hat, es sind Kinder, die gerade in der Schule den Umgang miteinander und vieles andere lernen müssen. Und die Fähigkeiten und Fertigkeiten erwerben sollen. Dass das wahrscheinlich ziemlich altmodisch ist und in meinem Beruf ganz andere Prioritäten gesetzt werden, zeigt mir der erste

„Pädagogische" Rat,

meine „Einstiegsveranstaltung" sozusagen. Das ist das große Gremium aller Lehrer und Erzieher einer Schule zum Beginn oder Abschluss eines Schuljahres oder Halbjahres. Richtungsweisende Auftaktveranstaltung oder die Bilanz am Jahresende. Ich habe große Erwartungen, das wird sich jedoch als naiv erweisen.

Der Schulleiter spricht zur Aufgabenstellung für das Schuljahr 1976/77. Im Vordergrund der Ausführungen steht die politisch-ideologische Arbeit. Das Pädagogenkollektiv habe im Schuljahr 76/77 die Aufgabe, ständig mit den Materialien des IX. Parteitages zu arbeiten. Die Pionierleiterin ergänzt aus der Rede von Egon Krenz auf dem X. Parlament und erläutert den Pionier- und FDJ-Auftrag. Es folgen Hinweise von der Pionierleiterkonferenz für alle Lehrer und Erzieher. Der Parteisekretär weist auf die Weiterbildung ALLER Lehrer und Erzieher im Parteilehrjahr hin (ich glaube mich verhört zu haben!), die stellvertretende Schulleiterin darauf, dass die Teilnahme an der Jugendweihe zu gewährleisten ist (zwei Schüler müssen noch überzeugt werden!). Eine Kollegin fragt an, on es Klassensätze für die Arbeit mit den Materialien des IX. Parteitages gebe. Der Parteisekretär erinnert an die militärische Nachwuchsgewinnung: Es müssen insgesamt 2 Berufsoffiziere und 5 Berufsunteroffiziere gewonnen werden! Ein Mitarbeiter der Abteilung Volksbildung des Kreises hält das Schlusswort. Er dankt allen Pädagogen für die geleistete Arbeit im Schuljahr 1975/76. Er bekräftigt, dass für alle Lehrer und Erzieher der Auftrag zur kommunistischen Erziehung der Schüler gilt. Eine besondere Konzentration auf die Materialien des IX. Parteitages muss erfolgen. Abschließend gibt der Schulleiter organisatorische Hinweise für das neue Schuljahr.

Ich wähne mich im falschen Film. Was soll ich machen? Wirre Gedanken gehen mir durch den Kopf. ‚Jetzt bin ich endlich fertig mit dem Studium'. ‚Es ist doch mein Beruf'. ‚ICH KANN DOCH GAR NICHTS ANDERES, ich hab doch nichts anderes gelernt!' Kapitulieren ist nicht mein Ding. Es liegt mir nicht, lange über Dinge nachzugrübeln, die ich nicht ändern kann. Ich beschließe für mich, ich muss das jetzt angehen. Ich muss versuchen, so gut wie möglich da durchzukommen. Ich werde Zugeständnisse machen müssen. Aber sie müssen vertretbar bleiben. Ich muss am nächsten Morgen noch in den Spiegel sehen können. Und eine Grenze muss es geben, ohne Diskussion: DIE PARTEI lass ich nicht an mich heran. Die fangen mich nicht ein, dann ist definitiv Schluss.

Und so werde ich also Klassenleiter und versuche das Beste draus zu machen. Mit den Schülern und Eltern komme ich gut klar, diese Seite des Berufes entsprach ja wenigstens meinen Vorstellungen. Und da ich zu beiden Seiten von Anfang an ein gutes Verhältnis habe, muss ich bei dem alltäglichen Pionier- und FDJ-Kram keinen großen Druck machen, alle Beteiligten sind es gewohnt. Es wird ganz wenige Ausnahmen geben (natürlich gehöre ich zu den Lehrern, die im Unterricht KEINEN Klassensatz der Materialien des Parteitages brauchen). Ich lege von Anfang an Wert auf ein gutes Verhältnis zu den Eltern, und ich denke, dass diese, gerade im ländlichen Raum, wo man einander kennt, auch ein Gespür dafür hatten, wer macht, was er unbedingt muss und wer – aus welchen Gründen auch immer – sich vor den roten Karren spannen lässt. Ich muss ein einziges Mal eine Schülerin überreden, am 1. Mai zur Kundgebung zu kommen anstatt mit den Eltern übers Wochenende an einen See zu fahren. Ich musste eigentlich mehr die Eltern überzeugen. Ich weiß nicht mehr, wer sich durchsetzen konnte, die Eltern oder ich, aber mir ist es bis heute unangenehm, weil DAS nicht ehrlich war, ich nicht dahinter stand. Ich wäre auch lieber an den See gefahren.

Organisiert und kontrolliert

Organisiert und kontrolliert wurde alles. Man glaubt es nicht, aber es wurde aufgepasst, dass jeder mindestens eine gesellschaftliche Funktion hatte, die „Besten" hatten natürlich viele. Und wenn so ein Querulant wie ich außer dem albernen „Finanzaktiv" (Kontrolle über belanglose Geldbeträge) eben nichts anderes machen wollte, wurde der leere Platz auch mit einer dienstlichen Funktion gefüllt (Fachzirkel Deutsch und Schulbücher). Man wurde gezielt daraufhin angesprochen, wollen Sie nicht dies oder jenes machen…? Ich wollte eher nicht.

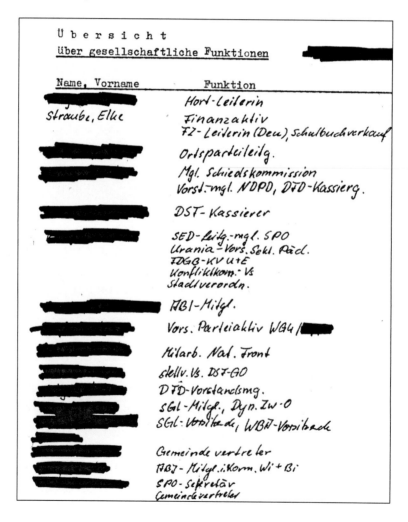

Pressespiegel

Name; Vorname	ND	SZ	Junge Welt	DLZ	VuM	Päd-agogik	Neuer Weg	Ein-heit	Was u. wie?	andere Presseerzeugnisse/ Fachzeitschriften
████████	x	x		x	x					USt, Fremd, NBCZ, TT
Straube, Elke	x	x		x						USt, FT, Wopo
████████	x	x		x	x			x		DU / FU / ABC-Z. (Bestellg.)!
████████	x	x		x x						Wopo / FU / Budapoki Rundschau
████████	x	x	x	x x	x					DU, Neue Zeit, SHQBeruuaRBt
████████	x	x		x	x					ZfE (abo) / Horizont (Bestellg.)
████████	x	x	x	x	x					FT, USt, KE, VKSK, PRAMO
████████	x	x		x						USt, TT, Bummi, RBCZ
████████	x	x	x	x	x					Sportecho, GS, DU, Hor, NBI
████████	x	x	x	x	x					Sportecho, GS, FürDich, NBI, FW, Eule
████████	x	x		x					x	Hor, Sputnik, GS,
████████	x	x		x x	x			x	x	NBI, MJS, FT, Urania
████████	x	x		x x	x			x		USt, Hamsterd.
████████	x	x		x x			x			Bummi, Misha, ABC-Z., Pionierleiter
████████	x	x		x x					x	GBE, Bummi, Misha, ABC-Z.
████████	x	x		x			x			ABC-Z, Bummi, GBE,
████████	x	x		x						GBE, ABC-Zlg.
████████	x	x		x						Trobou

131

Eine ganz besondere Unverschämtheit, heute zum Glück nicht mehr denkbar, ist der „Pressespiegel". Man kontrollierte, welche Zeitungen wir lasen oder nicht. Es wurde doch tatsächlich das vorbereitete Blatt im Lehrerzimmer am schwarzen Brett ausgehängt, so dass jeder sich eintragen konnte (musste!). Und jeder sah, was der andere liest (oder auch nicht). Und die Krönung: Es wurde auch noch „nachgeholfen". Ich lese kein kommunistisches Blatt. Das ND lasse ich mir nicht noch mal aufschwatzen, das habe ich mir nach dem Studium geschworen. Wir lesen die übliche Lokalzeitung für das Tagesgeschehen, und mir sind die „Verfügungen und Mitteilungen" wichtig. Das ist das Amtsblatt vom Ministerium mit Anweisungen und gesetzlichen Grundlagen, wie es die Schulleitungen auch bekommen. Es wurde immer mit Argwohn beobachtet, wenn man als Lehrer dieses Blatt las, aber es war ja für jedermann zugänglich, und man wusste etwas genauer, was man unbedingt tun musste und was nicht verlangt werden konnte. Ansonsten habe ich mich auf die Fachzeitschriften für meine beiden Fächer beschränkt (DU = Deutschunterricht, FU = Fremdsprachenunterricht). Mehr nicht! Der Zusatz „ABC-Zeitung" auf der Liste stammt nicht von mir!

Ich habe sowieso keine Zeit für Zeitungen, denn ich muss ja alles das lesen, was ich im Deutschunterricht behandeln muss und aus dem Studium nicht kenne. Und dann ist die „Wohnung" endlich frei, d. h., wir können rein und erst mal rund vier Wochen schuften, bis wir einziehen können. Und dann erleben wir die

Odyssee einer Wohnungseinrichtung

Es ist ja für uns beide die erste Wohnung und keiner bringt außer Klamotten und persönlichen Dingen etwas mit. Wir brauchen eigentlich alles, aber es gibt ja kaum etwas. Die einzige Überraschung in dem Zusammenhang gab es mit unserem Schlafzimmer. Wir sind sofort, als wir die Zusage für die Wohnung hatten, aber noch nicht einziehen konnten, auf „Möbelsuche" gegangen. Mal vorsichtig schauen, ob es was gibt. Im Allgemeinen gab es nichts, und so hatten wir weder größere Geldbeträge noch Schecks bei uns. Und das Unglaubliche passiert: Im 2. oder 3.

Geschäft gibt es ein Schlafzimmer. Einfach so. Wir hätten es sofort kaufen können. Wir sind begeistert, es gefällt uns auch, aber wir können es im Moment nicht bezahlen. Meinem Mann ist die Sache nicht geheuer und er überlegt die ganze Zeit, ob da irgendwie ein Haken ist. Er fragt den Verkäufer, der fast beleidigt ist. Wie er das meine. „Nun", sagt mein Mann, „es ist doch nicht normal, dass da einfach so ein Schlafzimmer steht und man kann es sofort kaufen. Ist es vielleicht beschädigt, 2. oder 3. Wahl? Nicht gut genug für den Export?" Er sprach da schon immer eine deutliche Sprache. Der Verkäufer verneint, kann das Phänomen aber auch nicht erklären. Ab und zu komme so was mal vor. Wir erklären ihm unsere Lage. Wir möchten das Schlafzimmer unbedingt haben, haben aber kein Geld mit und können erst in 6-8 Wochen in die Wohnung. Er winkt ab. Ich weiß noch, es war ein Sonnabend. Er könne uns das Schlafzimmer bis Montag reservieren, das sei aber das Äußerste. Dann müssen wir es bezahlen, und dann wird es in ein bis zwei Wochen ausgeliefert. Wir sind platt. Wir beschwären ihn, uns das Teil wenigstens bis Montag Abend zu reservieren, denn wir müssen erst arbeiten, dann zur Sparkasse und zwischendurch muss uns einfallen, wohin mit dem Schlafzimmer, bis wir einziehen können. Denn darin ist der Verkäufer mit uns einer Meinung: In 6-8 Wochen steht es garantiert nicht mehr da. Es sei ein „absoluter Zufall". Wir haben ja kein Auto, also ist alles nicht so einfach. Auf dem Weg zum Bahnhof erwägen wir verschiedene Unterstellmöglichkeiten für die Möbel. Bei meinen Eltern auf dem Boden (enge Treppe rauf, enge Treppe runter), bei seinen Eltern im Waschhaus (feucht), alles nicht brauchbar. Schließlich hat mein Mann die Idee: Wir fahren direkt in unsere künftige Wohnung und reden mit der Frau, die sie noch bewohnt. Und es geht. Zur Wohnung gehört ein kleines Zimmer, das sie nicht nutzt, weil es nicht heizbar ist und es reinregnet (oh Gott!). Aber in einer Ecke, unter der Dachschräge, sei es trocken, und sie würde es nicht stören. Wir sind unentschlossen, wegen des Regens, aber sie sagt, man sehe ja wo das ist, da stehen ohnehin dauerhaft Schüsseln und Wannen. Dort muss man ja nichts abstellen. Also gut, uns fällt nichts besseres ein und wir machen das so. Die Frau sagt, es müsse aber jemand von uns anwesend sein, wenn es geliefert wird, denn sie arbeitet und ist den ganzen Tag nicht zu Hause.

Oh Gott, wir auch, aber wir sichern ihr das zu. Wir sind froh eine Lösung gefunden zu haben und hoffen nur noch, dass der Verkäufer Wort hält mit der Reservierung bis Montag Abend. Es klappt alles, wir kommen kurz vor Ladenschluss dort angehetzt. „Ich dachte schon, Sie kommen nicht mehr", sagt er. „Morgen früh hätte ich das Schild abgemacht". Alles gut, wir bezahlen und mein Mann handelt mit ihm einen Liefertermin aus. Er tauscht mit einem Kollegen die Schicht und begibt sich mit einer dicken Jacke und einem dicken Buch zu der Frau, bevor diese zur Arbeit geht. Das Zimmer ist außerhalb der Wohnung (eine Treppe höher), so dass sie Ihre Wohnung abschließen kann und meinem Mann nur den Schlüssel für dieses Zimmer gibt. Das Trockenklo (Gemeinschaftsklo für 2 Familien) ist auch außerhalb der Wohnung, von daher gesehen ideal für diesen „Wartetag". Mein Mann sitzt dort nun also Stunden und zweifelt zwischenzeitlich immer mal, ob der als „trocken" ausgewiesene Platz reichen wird. Schließlich klingelt es, und ein Fahrer bringt – einen Stapel Bretter und wenige handliche Pakete. Wir müssen darüber so lachen, wir haben uns wirklich den Kopf zerbrochen, was wir machen, wenn der Platz nicht ausreicht. Die Bretter lehnen wir ganz locker an die Wand und hoffen, dass alles da ist, denn noch können wir es ja nicht aufbauen.

Als wir dann einziehen, stellen wir mit Erleichterung fest, dass alles da ist und passt. Es war aber wirklich ein Glücksfall und der einzige dieser Art. Mehr sind uns bei der Einrichtung nicht beschieden. Wir kaufen von Nachbarn eine alte Holzküche für 80 Mark mit einem vorsintflutlichen Aufwaschtisch. Mein Vater besorgt durch Beziehungen über seinen Chef einen Bauerntisch mit 4 Stühlen. Das ist das Geschenk meiner Eltern und der absolute Knüller. Es sind wohl eigentlich Exportmöbel aus Rabenau und jeder beneidet uns darum. Jetzt brauchen wir noch was fürs Wohnzimmer. Dafür gab es eigentlich gar nichts. Wir hatten nur den Teppich, den ich aus Leipzig mitgeschleppt hatte. Aber – das Glück war uns hold – mein Vater ist Polsterer und meine Mutter wollte schon lange neue Möbel, so dass wir das alte Sofa, das mein Vater vor mehr als 20 Jahren gepolstert hatte, bekommen samt den dazugehörigen Sesseln. Ein altmodisches Stubenbuffet, das wir woanders abgestaubt haben, vervollständigt die Einrichtung. Modern waren Schrankwände – 2 Jahre Wartezeit. Das Wohnzimmer war fast komplett, war waren richtig stolz! Was fehlte, war ein Fernseher. Es war gerade die Zeit, als es die ersten Farbfernseher gab – natürlich nicht bei uns. In Berlin, so höre ich, kannst du die einfach so kaufen, aber bei uns - 2 Jahre Wartezeit. Einen Schwarz-Weiß-Fernseher hätten wir kriegen können – aber dafür wollten wir nun auch kein Geld mehr ausgeben. Während wir noch überlegen, hat ein ehemaliger Mitschüler aus meiner EOS-Klasse gehört, wo ich wohne und kommt uns besuchen. Eigentlich kommt er mit einem ganz speziellen Anliegen: Er studiert noch und muss einen Fachtext (Mathe) aus dem Englischen ins Deutsche übersetzen. Und bittet um Hilfe. Wir haben uns in der Schule immer toll ergänzt (er war gut im Mathe und ich in Englisch) und es ist natürlich klar, dass ich ihm helfe, wenn mir auch vor dem Inhalt etwas graut. Ich übersetze also den Text, er freut sich riesig und fragt natürlich beim Abholen, was ich bekomme. Ich nehme doch von einem alten Kumpel kein Geld, und so sieht er sich bei uns um und fragt: „Habt ihr keinen Fernseher?" Wir erklären ihm das Problem, da sagt er spontan: „Dann bringe ich euch einen." Jetzt fällt mir wieder ein, dass er schon zu unserer EOS-Zeit so ein alter Bastler war und alte defekte Geräte zu Hause gehortet hat, um ständig daran zu bauen. Er hält auch Wort und bringt uns einen Fernseher, den er aus mehreren alten zusammengebaut hat. Wir sind froh und bestellen die „Farbkiste", jetzt können wir sie verkraften, die 2 Jahre Wartezeit. Die Freude währt nicht lange, das Gerät explodiert beim Einschalten. Meinem Kumpel ist das sehr peinlich, er bringt uns sofort einen neuen. Diesmal ein gigantisch großes Teil, ein Standgerät mit einem phantastischen Ton. Eine Fernseh-Radio-Kombination, richtig dunkel und edel. Wir sind fasziniert und hoffen, dass es die zwei Jahre übersteht. Und dann passieret wieder so etwas Verrücktes, Unberechenbares. Etwa ein Jahr später fahren wir nach Dresden. Einfach so zum Bummeln, wir wollen nichts besonderes kaufen, aber seit der Überraschung mit dem Schlafzimmer haben wir immer das Scheckheft dabei. Wir schlendern also über den Altmarkt, vorbei an Geschäften, ich sehe etwas, und als ich mich wieder nach meinem Mann umdrehe - ist der weg. Wie vom Erdboden verschluckt! Wohin ich auch sehe, ich kann ihn nirgends finden. ‚Das gibt es doch nicht', denke ich mir. ‚Was soll das? Spielen wir jetzt Katz und Maus?' Erst denke ich immer noch, er taucht jeden Moment wieder auf, aber das passiert nicht. Ich komme mir so richtig blöd vor, wie ich da stehe, draußen, wie ein Fels in einem Menschenmeer, dass dieses in zwei Arme teilt, die sich nach mir wieder vereinigen. Zorn steigt in mir auf, der sich allmählich zur Wut entwickelt. ‚Gut', denke ich mir, ‚wenn jetzt jeder geht, wohin er grade will, kann ich das auch'. Ich sehe mich nach einem interessanten Geschäft um und mein Blick fällt – auf eine Schlange. Eine Menschenschlange windet sich fast bis zur Tür des Geschäfts, vor dem ich gerade stehe. Alle Alarmglocken läuten, denn wo eine Schlange steht, da gilt: Stelle dich schleunigst an und erkundige dich dann, was es gibt. Wenn es etwas ist, was du nicht brauchst, bleib trotzdem stehen, dann braucht es ein anderer oder du kannst es tauschen. Ich gehe also blitzschnell auf die Schlange zu und im Vorbeigehen sehe ich einen Mann wild in meine Richtung gestikulieren. Ich sehe kurz hin – MEIN Mann ist das! „Komm schnell, wo bleibst du denn! Hier werden Farbfernseher frei verkauft, es sind nicht mehr viele, ich hoffe, es reicht noch, bis ich dran bin." Ich fasse es nicht. Jetzt wird mir auch klar, wo er die ganze Zeit war. Ich hatte mich kurz von einem Schuhgeschäft ablenken lassen, da hatte er die Schlange gesehen und blitzschnell geschnallt, dass Eile geboten ist. „Ich konnte dich nicht holen", sagt er. „Die haben nur eine bestimmte Stückzahl. Ich kann hier aus der Schlange nicht raus." Auch das ist nicht zu erklären, plötzlich gab es mal etwas, was es normalerweise nicht oder nicht sofort gab. Und wer dazu kam, hatte Glück. Wären wir an dem Tag nicht dort gewesen, hätten wir eben 2 Jahre auf den Fernseher gewartet. Und ein Glück, dass wir die Schecks mithatten: Reserviert hätte man uns DORT keinen. Die nach uns in der Schlange hätten uns gesteinigt. Wir bezahlen mit Schecks, wobei wir das Konto überziehen, es hatte ja keiner mit so was gerechnet. Wir geben die Lieferanschrift von meiner Oma in Dresden an und die ganze Lieferzeremonie wiederholt sich. Wir rennen am nächsten Tag zur Sparkasse und zahlen das fehlende Geld ein.

Das nächste Problem war die Waschmaschine. Von meinen Eltern hatten wir eine gebrauchte WM 66, die eben nur heizt und wäscht und weiter nichts. Man musste das Wasser per Hand einfüllen, die Wäsche danach separat spülen und schleudern. Und das macht in unserem kalten Gemeinschaftsbad (wir müssen auch das mit der anderen Familie teilen) keinen Spaß. Ich höre aber, dass es die ersten halbautomatischen Waschmaschinen gibt. Das ist toll, aber nicht für uns - 2 Jahre Wartezeit. Aber in Berlin, so berichtet jemand, da kann man sie sofort kaufen. Da stehen sie sogar im Schaufenster. Wir können das bald nicht mehr hören. „In Berlin", da gibt es alles. „Da gibt es sogar Bananen". Vielleicht ist das der Grund, warum Sachsen und Preußen nicht so gute Freunde sind. Sind wir hier der letzte Dreck? Wir haben kein Auto (Trabi-Anmeldung ist erst 3 Jahre alt) und kennen auch niemanden in Berlin. Aber ein halbes Jahr später werden wir das Problem lösen: Wir machen Urlaub auf einem Campingplatz in der Nähe von Potsdam. Und das genügt schon. Bis Berlin brauchen wir gar nicht. Wir fahren nach Potsdam und in einem kleinen Haushaltswarengeschäft steht das Traumgerät, das bei uns nicht zu bekommen ist, tatsächlich im Schaufenster. Wir gehen rein und bringen unser Anliegen vor. Kein Problem, wir können sofort so ein Gerät kaufen. Ich bin skeptisch, wie kriegen wir das Teil nach Hause? Wir sind mit der Bahn angereist. Der Verkäufer ist clever und sagt, dass das kein Problem sei, er liefere doch schließlich aus. Fast mitleidig sehen wir ihn an. „Aber doch nicht 300 km weit!" „So weit ist der nächste Bahnhof nicht", bekommen wir zur Antwort. Wir verstehen nur Bahnhof. „Ja, wenn sie hier wohnen würden, dann würde ich die Maschine nach Potsdam liefern. Und da sie nicht hier wohnen, ist ihre Lieferanschrift eben der Güterbahnhof! Kapiert? Sie kümmern sich um die Frachtpapiere, lassen die abstempeln, bringen sie her..." Der Mann ist klasse, ich denke, der macht das nicht zum ersten Mal. Mir schwant allerdings auch, jetzt beginnt das mit dem Papierkram. Aber ich weiß zu dem Zeitpunkt noch nicht, dass daraus eine Strapaze werden soll, die einen ganzen Tag dauert. Er gibt uns die Papiere und erklärt uns, wo der Güterbahnhof ist. Wir müssen dahin gehen, die Frachtpapiere abstempeln lassen und wieder zu ihm zurück bringen. Mein Mann weiß zum Glück, wo das ist. Er kennt die Gegend aus seiner Armeezeit. Der Bahnhof ist „nicht direkt im Zentrum", so umschreibt er mir das. Wir müssen laufen. Er sagt nicht, dass der Bahnhof ganz weit außerhalb ist und dass wir den ganzen Tag brauchen werden, um dorthin zu laufen und wieder zurück.

Ich weiß heute noch, dass ich rote elegante Ledersandalen anhatte, natürlich mit Absätzen. Sehr schick. Und ich sehe mich heute noch eine nicht enden wollende Landstraße entlang laufen bis zum Ende meiner Kräfte. Jedes mal, wenn ich meinen Mann frage, wie weit es noch ist, bekomme ich zur Antwort: „Der Bahnhof müsste jetzt bald kommen." Es kam aber keiner. Ich kann nicht mehr. Ich ziehe die Schuhe aus und gehe barfuß. Wir geraten fast in Streit, weil ich denke, mein Mann weiß in Wirklichkeit gar nicht, wo der Bahnhof ist und wir sind vielleicht verkehrt. Er weiß es schon, wollte es mir aber am Anfang nicht gleich sagen, wie weit das wirklich ist. Irgendwann sind wir da. Ich suche nur noch eine Bank und stehe nicht mehr auf. Ich lasse meinen Mann den Papierkram erledigen, bin völlig kaputt, denke an den Rückweg, bin aber auch wieder froh, dass es der richtige Bahnhof ist. Der Schalter war glücklicherweise auch geöffnet, das wusste man ja nie. Mein Mann hat alle Stempel erbeutet und in Erfahrung gebracht, die Waschmaschine wird bis zu unserem Bahnhof zu Hause transportiert und von da mit einem Fahrzeug bis zur Haustür. Das Ganze wird 4.50 Mark kosten. Ich kann das nicht glauben, aber es stimuliert mich für den Rückweg. Es ist tatsächlich nicht mehr ganz so schlimm, jetzt, wo ich weiß, dass alles klappen wird mit dem Transport. Schließlich sind wir wieder im Geschäft, völlig fertig, aber glücklich und legen dem zufriedenen Verkäufer alle Papierchen vor. Wir streicheln noch einmal unsere Waschmaschine und fahren wieder auf den Zeltplatz. Wir haben einen ganzen Urlaubstag geopfert und waren trotzdem zufrieden und glücklich. So weit hatte man uns gebracht. Und nach dem Urlaub beginnt

Ein neues Schuljahr

Und ein neues Schuljahr beginnt wieder mir einem pädagogischen Rat. Auf der Tagesordnung steht die Aufgabenstellung für das Schuljahr 77/78. An erster Stelle steht der Protest gegen Atomwaffen; Aufklärung in den Klassen ist gefordert. Alle Kolleginnen und Kollegen unterschreiben eine Protestresolution (das ist gleich so festgelegt, und der

Text ist auch schon formuliert). Es sollen geeignete Maßnahmen gefunden werden, um den Standpunkt der Schüler messen zu können (Verhalten zur Arbeiterklasse zum Beispiel). Hauptaufgabe bleibt, die Direktive des IX. Parteitages zielgerichtet durchzusetzen. Der Pionier- und FDJ-Auftrag wird erläutert (wieder einmal). Arbeitsgemeinschaften sollen gebildet werden, nicht nur interessante, sondern auch „gesellschaftlich-nützliche." (Man beachte die Einteilung). Im Zusammenhang mit Vergleichsarbeiten und Beratungen der Fachlehrer wird auf den Schuljahresarbeitsplan verwiesen. Der 60. Jahrestag der Großen Sozialistischen Oktoberrevolution ist würdig zu begehen. Das Schulhaus konnte nicht renoviert werden, aber die Heizanlage ist erneuert. In der Zusammenfassung heißt es, die zentrale Aufgabenstellung sei die weitere inhaltliche Ausgestaltung der POS, das Hauptaugenmerk liege auf der kommunistischen Erziehung unserer Schüler. Es wird an die 100%-Zielstellung bezüglich der Teilnahme an der Jugendweihe erinnert (es sind noch 5 Schüler in beiden 8. Klassen zu überzeugen). Die 1. Unterrichtsstunde im neuen Schuljahr soll für politisch-ideologische Probleme genutzt werden. Und das wird auch kontrolliert, besonders bei den Nichtmitgliedern in der SED. Die ersten beiden Stunden in jeder Klasse hat der Klassenleiter, und in der ersten muss der Klasse erst einmal, wie zuvor den Kollegen, die politische Richtung gewiesen werden. Die Schulleiter kontrollieren das durch Hospitation.

Was mich so aufregt; Die ganzen albernen Politparolen kommen regelmäßig wieder. Ich brauche meine Aufzeichnungen nur durchzublättern und sehe genau, in welchem Jahr der wievielte Parteitag und das wievielte FDJ-Parlament und der wievielte Pädagogische Kongress war. Kommunistische Erziehung, Pionier- und FDJ-Auftrag, Jugendweihe, Große Sozialistische Oktoberrevolution, alles ist wichtiger als der Unterricht! Hier zu versagen ist weitaus schlimmer als im Unterricht. Allmählich beschleicht mich das bedrückende Gefühl, dass der 1. Mai, der 8. Mai, die Jugendweihe, die Pionier- und FDJ-Veranstaltungen wichtiger sind als der Unterricht. Ich erwische mich bei dem Gedanken, dass man einen Tag Arbeitsbummelei wohl eher entschuldigen würde als die Nichtteilnahme an auch nur EINER Maidemonstration. ‚Wenn ich 100% Jugendweiheteilnehmer habe, kann ich im Unterricht ruhig mal

„schlampern". Und wenn ich vielleicht noch einen Berufsoffizier werbe, da kann mir gar nichts mehr passieren', geht mir durch den Kopf. Nein, das ist nicht mein Stil. Dazu bin ich nicht Lehrer geworden. Und außerdem: Ich habe ja gar keinen Berufsoffizier.

Pädagogischer Rat zum Halbjahr:
Auf Beschluss des Politbüros des ZK der SED und des Ministerrats der DDR sei der VIII. Pädagogische Kongress für die Zeit vom 18.-20. Oktober 1978 in Berlin einberufen worden. In Vorbereitung des VIII. Pädagogischen Kongresses komme es darauf an, dass alle Pädagogen, ausgehend vom Erreichten, an der weiteren zielstrebigen Realisierung der Beschlüsse des IX. Parteitages der SED arbeiten. Die Zielstellungen für das erste Halbjahr seien erfüllt, man müsse weiter arbeiten am parteilich-politischen Standpunkt der Schüler, am soliden Wissen und Können (man beachte die Reihenfolge!) und an der Erziehung zur Achtung der Arbeit unserer Werktätigen. Das „Fest des Roten Oktober" sei vielseitig gestaltet und überzeugend dargestellt worden. Die guten Erfahrungen gelte es für die Vorbereitung und Durchführung des 30. Jahrestages der DDR zu nutzen. Die Bewerbung der 10. Klassen als Berufsoffizier oder Unteroffizier könne nicht befriedigen. Dieser Punkt wird noch im gleichen Jahr in einer Dienstberatung untermauert.

Dienstberatung vom 3. Mai 1978:
Die Werbung für militärische Berufe werde vom Kreis kritisiert, hieß es da. In den Klassen 7-9 sei eine verstärkte Werbung durchzuführen, vor allem für Offiziere der Landstreitkräfte. Die Klassenleiter der Klassen 7-9 werden verpflichtet, die Namen aller Schüler zu erfassen, die in der Lage wären, Offizier zu werden!

Anweisung des Schulleiters:
- Klasse 7: Namen erfassen, wer sich für einen militärischen Beruf interessiert. Termin: **Ende Juni**
- Gespräche mit allen Schülern Klasse 8+9, ob Bereitschaft vorliegt, länger bei NVA zu dienen. Termin: **Ende Juni**
- Klassenleiter 10. Klasse: Meldung Bereitschaft Offizier, Unteroffizier auf Zeit. Termin: **Ende Mai!**
- Zielstellung: 1 Offizier, 1 Unteroffizier bis **Ende des Schuljahres**

Es wird schweigend hingenommen und notiert. Keiner sagt was. Was soll man auch sagen. Kaum einer hat das Glück, dass ein Junge diesen Beruf ergreifen will. Ich auch nicht. Und ich überrede auch keinen, könnte ich gar nicht, da haben die Eltern schließlich noch ein Wort mitzureden. Man muss nachweisen, dass man Gespräche mit Schülern und Eltern geführt hat. Also dazu sage ich nichts, aber im Zusammenhang mit dem „Roten Oktober", da hätte es mich schon gereizt, einen kleinen spitzen Giftpfeil abzuschießen, allein meine Unsicherheit, bedingt durch die wenigen Dienstjahre und meine innere Stimme, die mir sagt, die Zeit ist nicht reif für solche Äußerungen, bewahren mich vor einer desaströsen Anfrage. Ich hätte fragen wollen, warum das ruhmreiche Land, dass auch selbst mit riesigem Aufwand den Jahrestag der Oktoberrevoluion gefeiert hat, warum dieses Land bzw. die ruhmreiche Sowjetarmee ihre Soldaten hungern lässt. Damit hätte ich keine Punkte gemacht, aber ich habe sie selbst gesehen,

Die hungernden russischen Soldaten

Es war im besonders kalten und schneereichen Winter 78. Es fielen riesige Schneemengen, eisiger Wind fegte über die Höhen. Unser kleines Häuschen stand am Ortsrand, danach kamen nur noch Wiesen. Eines Tages erschien plötzlich eine russische Nachrichteneinheit und errichtete eine Art Umsetzer, nicht weit von unserem Haus und den wenigen Nachbarhäusern. Wir konnten sie vom Fenster aus sehen. Die Soldaten kampierten in Zelten. Es gab da keinerlei Information o. ä. für uns, sie waren eben einfach da. Wir vermuteten, dass vielleicht in der ČSSR (wir waren ja an der Grenze) eine Übung oder ein Manöver stattfand. Jedenfalls blieben sie mehrere Tage. Am zweiten oder dritten Tag erzählten die älteren Frauen aus der Nachbarschaft, die Russen kämen betteln. Hätten wohl nichts zu essen. Ich muss ehrlich sagen, ich habe das nicht geglaubt. Nicht dass die „kommunistische Erziehung" bei mir schon gewirkt hätte, aber ich denke, frieren müssen sie schon da draußen, aber zu essen werden sie doch wohl haben, also DAS wäre ja wohl das Letzte. Und ich weiß, es wird ganz schön getratscht in dieser Ecke... Am selben Abend klingelt es gegen 21.00 Uhr. Es ist dunkel draußen, der Schneesturm tobt. Ich gehe an unsere baufällige Haustür und schließe auf – da trifft mich bald der Schlag. Im Vorhaus steht ein großer Russe in Uniform, ein Kerl wie ein Baum. Frierend hält er sich die Uniformjacke zu. Er kann nicht viel deutsch, er schaut mich flehentlich an: „Frau, essen!" Zur Verdeutlichung seiner Worte führt er die Hand zum Mund. Ich sehe ihn an wie ein Gespenst – und bin wie versteinert. Ich weiß nicht was ich machen soll, mein Mann hat Spätschicht und die andere Familie, die noch im Haus wohnt, ist verreist. Ich bin allein im Haus. Für Sekunden tauchen Erzählungen meiner Mutter und anderer Leute von Kriegsende 1945 auf, ich weiß was los war mit den vielen Frauen, die oft allein waren, weil die Männer im Krieg waren. ‚Quatsch', sage ich mir schließlich, es ist nicht 45 und – ich fixiere ihn für einen Moment – er hat mindestens genauso viel Angst wie ich. Ich bringe es nicht fertig, ihn wegzuschicken, also wenn er wirklich nichts zu essen hat, dann will ich ihm schon helfen. Noch etwas unsicher gebe ich ihm möglichst streng und sehr kategorisch zu verstehen: „Hier stehen bleiben!" Er nickt eifrig und schaut immer ängstlich in Richtung seiner Einheit. Ganz kann ich meine Angst nicht verdrängen, aber ich gehe in die Küche, lasse aber die Tür einen Spalt offen, damit ich höre, wenn er näher kommt. Ich schneide fast ein halbes Brot auf, beeile mich so gut es geht, mache ihm Butterbrote, hole schnell etwas Wurst aus dem Kühlschrank und packe alles in Alufolie ein. Er steht genau dort, wo ich ihn platziert habe, aber ich sehe, dass er sehr unruhig ist und immer durch einen Türspalt schaut, dass ihn keiner sieht. Ich gebe ihm das Päckchen, dass er entgegennimmt und wie einen kostbaren Schatz an sich presst, damit der Sturm es ihm nicht entreißt. Er schaut mich noch mal bittend an: „Frau, bitte pssst!" Demonstrativ legt er den Finger auf den Mund. Ich nicke und bedeute ihm er muss sich darüber nicht sorgen. Er schaut noch mal in alle Richtungen, bevor er mit dem Päckchen in die dunkle Nacht verschwindet. Ich sehe, wie er zu seiner Einheit rennt, getrieben von der Angst vor Entdeckung. Ich glaube, wenn die Offiziere das mitbekommen hätten, hätte er schwer büßen müssen. Dieses Erlebnis ist für mich eine ziemliche Ernüchterung, ein Schock fast. Wie kann man heute, im 20. Jahrhundert, seine Soldaten hungern lassen? Ich bin ziemlich aufgewühlt und bleibe lieber wach, bis mein

Mann von Schicht kommt. Irgendwie hatte ich Angst, dass es noch mal klingelt... Unsere eigene
Versorgungslage

wird immer mieser. Was ich aus meiner Kindheit noch kenne (Schokoladenfiguren, Ananas – Fehlanzeige. Im Ost- und Gemüsegeschäft Weißkraut, Rotkraut, Äpfel, Sauerkraut - das wars dann schon aber. Wenn es mal etwas anders gibt, überdimensionale Schlangen. Ich habe bis heute nicht vergessen, dass ich mal eine Stunde angestanden habe nach einer Melone – und als ich schließlich dran war, waren sie alle. Eine Kollegin bricht fast einen Skandal vom Zaun, weil sie beobachtet hat, wie Gewürzgurken abgeladen wurden und sie so ein Glas kaufen möchte. Das gehe nicht, bekommt sie zur Antwort, die dürften erst kurz vor Weihnachten verkauft werden. Sie weiß genau, dass sie das dann mit Sicherheit verpassen wird und besteht darauf, jetzt so ein Glas zu kaufen. Es ergibt sich eine Diskussion bis zur Verkaufsstellenleiterin, aber man bleibt hart. Die Verkäuferinnen haben in dem Moment den längeren Arm, sie muss ohne Gurken abziehen. Ich lasse es gar nicht erst drauf ankommen und wecke jedes Jahr ca. 50 Gläser Gewürz- und Senfgurken ein, auch saure Bohnen, Tomaten, alles was mir zwischen die Finger kommt. Das ist meine Hauptbeschäftigung im Sommer. Der Staat hat die Frechheit, Lebensmittel, die es sonst nicht gibt (vor allem Konserven, aber auch Kaffee, Schokolade und vieles mehr) in Delikatläden zu unverschämten Preisen zu verkaufen. Wer kein Westgeld hat, kann dort eine Tafel Westschokolade zu 7 Mark erstehen oder eine Dose Pfirsiche für 7.50 Mark. Gott sei Dank müssen wir da nicht hingehen, wir schaffen uns zwei Alternativen: Die erste ist die Nähe zur ČSSR. Wir können zum Glück nur mit dem Personalausweis über die Grenze und drüben einkaufen. Zwar mit der finanziellen Beschränkung auf 20 Mark pro Person, die man in 60 Kronen umtauschen kann, aber da fällt uns schon etwas ein. Schnell bilden sich Freundschaften im Grenzgebiet, das zum Glück kein Sperrgebiet ist, und man hilft sich gegenseitig. Und so können wir dem Versorgungsdilemma entgehen. Wir kaufen dort eigentlich fast alles: Südfrüchte, Ölsardinen, Dorschleber, Schokolade, Molkereiprodukte (wegen der besseren Qualität), Nüsse, frischen

Fisch, den es bei uns schon lange nicht mehr gibt, Gewürze, Rum, aber auch Textilien und Wolle. Selbst mein Vater, der KEIN Einkaufstourist ist, der die ganze Einkauferei eigentlich hasst wie die Pest, musste einmal mitfahren, nachdem er einen ganzen Winter darauf gehofft hat, dass bei EINER Lieferung im Textilgeschäft mal EIN Anorak in seiner Größe dabei ist. War aber nicht der Fall. Ich sehe mich noch heute in aller Winterkälte mit meiner Tasche voll Mandarinen – ein Traum für uns – an der Grenze stehen. Und das war schon beschwerlich. Man musste erst mit dem Bus bis zur Grenze, dann 2 Pass- und Zollkontrollen passieren und dann mit dem tschechischen Bus in die erste größere Stadt – nach Teplice. Und retour. Aber es hat sich gelohnt. Es gab damals in der ČSSR schon Obst- und Gemüsesorten, die sich uns erst Jahrzehnte später erschließen sollten. Ich erinnere mich noch – unsere Tochter war inzwischen geboren und herangewachsen – dass wir in Teplice in einem Laden Bananen kaufen wollten, das war dort nichts Besonderes. Es waren auch Auberginen in der Auslage, bei uns noch nie gesehen. Meine Tochter zupft mich am Ärmel: „Mami, was ist das?" „Ich weiß nicht." „Kaufen wir das?" „Nein." „Warum nicht?" „Mami weiß nicht, was sie damit machen muss." Wir sind aber nicht nur einkaufen gefahren, wir haben auch andere Möglichkeiten genutzt, die wir bei uns nicht hatten. Das Wohlbefinden der Bürger stand dort schon damals mehr im Vordergrund. Es gab ein ganz tolles Schwimmbad, preisgünstig, modern und sauber. Und es stand der Allgemeinheit zur Verfügung, nicht einem Sportclub oder dem Leistungssport. Es war einfach eine ganz andere Atmosphäre in diesem Land, man hatte das Gefühl, man kann freier atmen. Die Fahrten in der ČSSR blieben aber unsere einzigen Auslandsreisen. Andere machten wir nicht – da waren wir uns einig. Dorthin, wo wir wollten, ließ man uns nicht und dorthin, wo wir durften, wollten wir nicht.

Die zweite Alternative, um dem Versorgungs- und Reisedilemma zu entgehen, war der Zeltplatz. Wir verbrachten seit der Geburt unserer Tochter die Wochenenden als Dauercamper auf einem Moritzburger Zeltplatz. Wir hatten unseren „Urlaubsplatz" ohne betteln zu müssen und wir waren versorgungsmäßig etwas näher an der Basis. Dort gab es mal Pfirsiche im Laden und (wenn man die Leute kannte) auch mal frischen Paprika. Und es kamen auch regelmäßig Einheimische auf den Zeltplatz, die die Produkte ihres Gartens zum Verkauf anboten. Die Dresdner, die versorgungstechnisch nicht ganz so schlecht dran waren wie wir und Gärten hatten, in denen etwas wuchs, waren manchmal schon etwas wählerisch. Aber es ging der Spruch um: „Sehen Sie das große braune Zelt dort? Dort müssen sie hingehen, die kaufen alles." Und erklärend wurde hinzugefügt: „Das sind so arme Schweine aus dem Gebirge. Bei denen wächst nicht viel." Ja, wir kauften alles und sammelten Himbeeren im Teichgebiet. Abends stellte ich mich dann hin und kochte alles ein. Ich hatte im Zelt einen Schnellkochtopf, der fasste 3 Gläser und passte auf unseren Gaskocher. Entsprechend lange dauerte es, bis ich fertig war. Einmal sagte eine Zeltnachbarin zu mir: „Was um alles in der Welt machst du um Mitternacht in deiner Küche?" „Einkochen, was sonst?" Zum Glück haben meine Eltern das erste Auto. Genauer gesagt, sie haben einen Trabi gebraucht erstanden. Am Ende der Saison muss mein Vater die Einweckgläser abholen, damit sie unversehrt in unserem Keller ankommen. Mit diesem Auto fuhren sie nach Thüringen, und erlebten einen ausgesprochen doofen

Urlaub am Rande des Sperrgebiets

Meine Eltern hatten sich eigentlich gefreut, einen FDGB-Ferienplatz nach Wurzbach in Thüringen bekommen zu haben. Nichts sensationelles, aber sie haben nun das Auto, mal sehen, was es so mitmacht. Es schwebt ihnen vor, auf diese Art die Gegend zu erkunden. Mein Vater fährt also die A 9 Richtung Schleiz, ohne sich dessen bewusst zu sein, dass das eine der Transitstrecken im Transitverkehr DDR-BRD ist. In Höhe der Anschlussstelle Schleiz nehmen beide – meine Mutter und mein Vater – wie im Unterbewusstsein ein Schild mit der Aufschrift „DDR-Bürger haben jetzt die Autobahn zu verlassen" wahr. Wie das manchmal so ist, man sieht es und sieht es auch wieder nicht. Während er noch überlegt, was das zu bedeuten habe und ob er nicht vielleicht doch hätte abfahren sollen, fällt beiden auf, dass plötzlich nicht ein einziger Trabi mehr auf der Straße ist, nur noch „Westautos". Mein

Vater fährt unbewusst geradewegs auf den Grenzbereich zu. Kurz darauf ist bereits der Schlagbaum zu sehen, sie nähern sich der Grenzübergangsstelle Hirschberg. Es wird ihnen mulmig. Sie halten an einer Baustelle und sagen den Arbeitern, wo sie eigentlich hinwollten. „Um Gottes Willen", bekommen sie zur Antwort, „haben Sie das Schild nicht gesehen? Fahren sie schnellstens zurück, ehe man sie entdeckt." Mein Vater will wenden. „Nein, bloß nicht", sagen die Bauarbeiter, „sehen sie zu, dass sie hier weg kommen. Umdrehen können sie nicht, das fällt erst recht auf. Fahren sie am besten gleich die Wiese runter, Sie werden schon irgendwo eine Straße finden. Fahren sie los", drängen die Arbeiter, als mein Vater zögert. „Mann Gottes, was meinen Sie, wenn man Sie hier erwischt?!" Was meine Eltern nicht wussten: Auf den Transitautobahnen waren ständig zivile Fahrzeuge mit Mitarbeitern der Stasi unterwegs – getarnt in „Westautos" mit bundesdeutschen KFZ-Kennzeichen. Mein Vater fährt also los, mit dem Trabi über die Wiese, landet schließlich auf einem Waldweg, auf dem er solange bleiben muss, bis er endlich auf eine Straße stößt. Sie finden den Ort Wurzbach und stellen im Nachhinein fest, dass sie in Schleiz hätten abfahren müssen. Sie suchen ihre Unterkunft. Ironie des Schicksals: Meine Eltern haben ein Privatquartier, und zwar beim ABV des Ortes! Ich hab ja so gelacht, als sie mir das hinterher erzählen. Ja, auf solche Leute muss man eben aufpassen. Sie werden gleich mit den entsprechenden Worten empfangen: „Machen Sie mir ja keine Schande, ich habe schon so viele Urlauber auslösen müssen, und jedes mal heißt es dann, ich hätte die Leute nicht ordentlich informiert." Meine Eltern werden „belehrt", unmittelbar hinter Wurzbach beginne das SPERRGEBIET. „Machen Sie mir ja keine Schande!" Meine Mutter ist bedient. „Dieser Kerl hat mir den Rest gegeben. Erst der Schreck mit der Schranke und dann das. Wahrscheinlich standen wir 14 Tage unter Beobachtung. So ein doofer Urlaub, nein." Sie wollten sich viel ansehen, aber die Lage von Wurzbach war einfach zu blöd. Sonnberg sollte es sein, wegen des Spielzeugmuseums. Kein Problem eigentlich von der Entfernung her, aber... plötzlich standen wir wieder vor einem Schlagbaum. Sperrgebiet. Kontrolle der Ausweise, was wir hier wollen, ewig lange Diskussionen, die ständig mit der Bemerkung enden: „Noch einmal wollen wir sie hier aber nicht sehen."

Mein Vater unternimmt viele Versuche, bis er feststellt, zwischen Wurzbach und Sonnberg liegt eben das Sperrgebiet – und noch schlimmer – der Westen. FEINDESLAND!

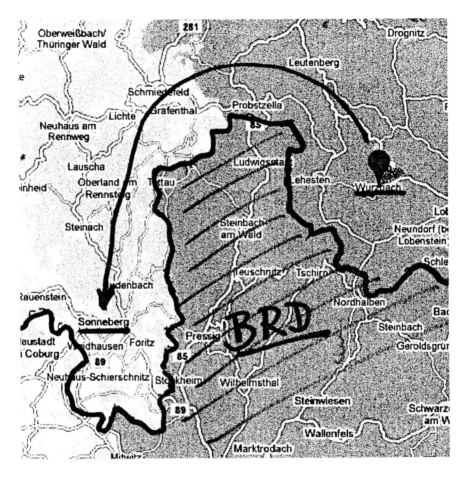

Er kann durchaus Karten lesen, aber das Sperrgebiet ist ja nirgends eingezeichnet. Fazit: Es gab viele Straßen, aber nur wenige konnte man fahren. Nach Sonneberg geht's ‚außen rum'. Und da hatten sie noch Glück, dass es überhaupt ging, denn von 1961-1971 war auch Sonneberg Sperrgebiet. „Ich habe dann lieber die Einheimischen gefragt, wo ich noch fahren darf", sagte er. Meine Mutter empfindet den drohenden ABV wie ein Damoklesschwert, das bei jeder Fahrt mit unbekanntem Ziel über ihnen schwebt. Sie will nie wieder so einen Urlaub machen.

Ein Kollege von mir, Thomas Otto, Geschichtslehrer, hat ein ähnlich prickelndes Erlebnis. Er wird während einer Bahnfahrt

Bewacht von Hunden

„Ende der 70er hatten uns Verwandte in Lauscha zur Hochzeit eingeladen. Wir fuhren mit dem Zug bis Saalfeld und mussten dann umsteigen in den Zug Saalfeld – Sonneberg. Wir hatten natürlich einen Koffer bei uns, da wir ja ein paar Tage bleiben wollten. Es dauerte nicht lange, und wir beobachteten, wie Grenzsoldaten und Polizeiangehörige mit Hund durch den Zug liefen. Es war für uns ein beklemmendes Gefühl, da wir so etwas nicht kannten. Außer den Einheimischen, die man offensichtlich kannte, wurde jeder im Zug kontrolliert. Dass wir als Ortsfremde mit unserem Koffer besonders auffielen und als verdächtig galten, hätten wir uns nicht träumen lassen. Wir mussten genau Auskunft geben, wohin wir fahren (mit Namen und exakter Anschrift der Verwandten), unsere Ausweise wurden mitgenommen. Nach einer Weile bekamen wir sie zurück. Wir sind ab diesem Moment genaustens beobachtet worden, und es wurde kontrolliert, ob wir tatsächlich in Lauscha aussteigen. Das war für uns wirklich furchtbar. Bevor wir ausstiegen, machte ich jedoch vom Zug aus eine schockierende Beobachtung, die mein Vertrauen in diesen Staat grundtief erschüttert hat. Nachdem wir die reichliche Hälfte der Strecke zurückgelegt hatten, waren parallel zu den Schienen, etwa 5-10 Meter vom Zug entfernt, Leinen gespannt, die in Leitungen, ähnlich denen bei der Straßenbahn, eingehängt waren. An diesen langen Leinen liefen Hunde, die wie die Irren bellten, mit dem Zug mit. Meine Frau und ich haben entsetzt und wie gebannt aus dem Fenster geschaut, das Ganze kam uns vor wie ein Albtraum. Wir waren fassungslos, es fehlten uns die Worte. Wir konnten es uns auch nicht erklären, denn von der Grenze war doch noch keine Spur! Da hab ich zum ersten Mal am Sozialismus gezweifelt und die Frage gestellt: Was ist hier los? Müssen wir so eingesperrt leben und von Hunden bewacht werden? Aufgeregt und völlig außer uns erzählen wir das den Verwandten und stellen fest, für sie ist das Alltag, sie kennen das gar nicht anders. Und sie klären uns auf: Weder Saalfeld noch Lauscha liegen im Sperrgebiet, aber der Zug fährt durch Gräfenthal. Und Gräfenthal ist Sperrgebiet. Wenn der Zug aus irgendeinem Grunde hätte halten müssen, dann sollten die Hunde also verhindern, dass jemand dort aussteigt.

Auf der Rückfahrt das gleiche Spiel: Wieder wurden wir im Zug kontrolliert (andere Leute, wahrscheinlich Einheimische im Berufsverkehr, ohne Gepäck, wurden nicht kontrolliert). Es erschien uns widersinnig, da wir ja jetzt in die entgegengesetzte Richtung fuhren. Wir wurden mit unserem Koffer beobachtet, die Polizei blieb im Zug bis Saalfeld.

Wir haben zum ersten Mal gesehen, wie eingesperrt wir waren. Es wurde uns deutlich vor Augen geführt. Wir waren tief deprimiert.

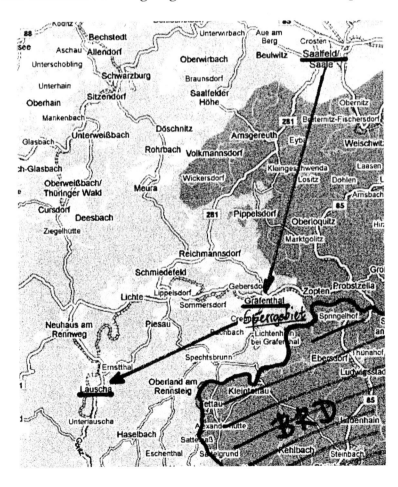

Ich bin genauso schockiert wie er, als er mir das erzählt. Nur, ich habe es nicht gesehen. Er aber schon, und wenn er nachts die Augen schließt, sieht er die bellenden Hunde mit dem Zug mitlaufen. Aber auch diese geringfügigen Irritationen wird man ausräumen, denn es geht ja immer nur um den Schutz des Friedens und um die Verteidigungsbereitschaft. Das wird man ihm und mir in den nächsten

„Pädagogischen" Räten und Dienstberatungen

schon begreiflich machen. Hier einige Auszüge:

03.05.1978
- Festlegung vom Ministerium für Volksbildung: Einführung obligatorischer Wehrunterricht für Klasse 9 und 10
- ab 01.09.1978 Jungen und Mädchen 4 Stunden pro Schuljahr, aufbauend auf Sport- und Staatsbürgerkundeunterricht
- Ende Mai wird bekannt gegeben, wer bei uns diesen Unterricht durchführt
- 18.05. Stadtverordnetenversammlung darüber, Einladung ergeht an alle Kollegen

07.06.1978
Tagesordnung: Wehrerziehung
- Direktive des Ministeriums für Volksbildung zum Beschluss des Minsteriums vom 21.10.76 (8. Klassen betreffend)
- Aufgaben: 8. Klasse mit Materialien vertraut machen
- Notwendigkeit und Forderung der Wehrbereitschaft: Schutz des Friedens, seiner Errungenschaften, Notwendigkeit der weiteren Stärkung d. sozialistischen Staatengemeinschaft, Verteidigungsbereitschaft
- Aufgaben des IX. Parteitages
- Wehrerziehung 9./10. Klasse obligatorischer Unterricht!
- 72 Stunden Schutzausbildung, Zivilverteidigung, Selbst- und gegenseitige Hilfe, Geländeausbildung, Sportausbildung, schrittweise Einführung
- bis April 79 Meldung an Schulrat über Einsatz der Kollegen

- Wehrunterricht dient der sozialistischen Wehrerziehung und ist fester Bestandteil des Bildungs- und Erziehungsprozesses
- Haltung der Schüler ist weiter auszubauen
- Langfristige Vorbereitung der Schüler UND Eltern notwendig
- Bis 14. 06. Beratung mit Eltern

22.06.1978
- Geschichtsbewusstsein muss den Schülern klargemacht werden (Erziehung zu einem festen Klassenstandpunkt)
- Gewinnung eines Unteroffiziers und eines Offiziers auf Zeit; Werbung muss in der 1. Klasse beginnen
- Werbung Jugendweihe weiter vorantreiben
- Richtlinie für neues Schuljahr: alle Kollegen und Kolleginnen entwickeln sich politisch-ideologisch weiter

30.08.1978
- Hauptaufgabe: Vorbereitung des 30. Jahrestages der Republik
- Wichtig zur Erreichung der Ziele ist Klarheit über dem Weg. Der Lehrer muss als Vorbild eine klare politische Position beziehen und daraufhin wirken, auch bei Schülern ein sozialistisches Verhalten zu erreichen

31.01 1979
- ständiges Studium der Dokumente von Partei und Regierung notwenig
- Werbung für Teilnahme an Jugendweihe, Werbung für pädagogische Berufe, Werbung für Berufsoffiziere noch aktiver, über jeden Schüler muss abgerechnet werden. In den Klassen 7-10 aus jeder Klasse einen Bewerber in dieser Richtung sichern.

04.07.1979
- Die Ansprüche an die Erziehungsaufgaben wachsen, wir müssen den Jugendlichen helfen, Antworten auf Fragen unserer Zeit zu finden. Es ist eine Zeit der Verschärfung des ideologischen Klassenkampfes. Neben Wissensvermittlung entsprechende Verhaltensweisen anerziehen. Lehrer selbst Vorbild sein, muss sich auch in der Öffentlichkeit einsetzen, am politischen Leben teilnehmen!

- Kurze Einschätzung des Lehrganges Wehrerziehung 9. Klassen: zum ersten Mal durchgeführt, daher am Anfang schwierig. Für die Zukunft: Mehr Material vom Kreis, einheitliche Kleidung, Schutzraum muss da sein, mehr Kollegen einsetzen. Dieses Jahr nur 5 Kollegen, war zu wenig

30.08.79
- Erziehung zum proletarischen Internationalismus größere Aufmerksamkeit
- Umfangreiches Zahlenmaterial dokumentiert Fortschritt des sozialistischen Aufbaus. 30. Jahrestag unserer Republik muss Anlass sein, nochmals deutlich zu unterstreichen, dass mit Gründung unserer Republik ein Wendepunkt in der Geschichte unseres Volkes eintrat
- Erziehungsschwerpunkte der Schule: Fachübergreifende Potenzen für die kommunistische Erziehung verstärken, Entwicklung des sozialistischen Bewusstseins bei Schülern und Eltern

07.11.1079
- Wertung und Bewertung von Schülerleistungen ist wichtig
- Belehrung : Schutz der Kinder und Jugendlichen vor Schund- und Schmutzliteratur.

06.02.1980
- Verantwortlichkeit aller Pädagogen bei der Erfüllung der Beschlüsse von Partei und Regierung
- Verteidigung des Friedens, Stärkung unserer Wirtschaft
- Besondere Aufmerksamkeit gilt der Erziehung einer kommunistischen Jugend sowie der weiteren inhaltlichen Ausgestaltung der Schule; alle gesellschaftlichen Kräfte sind dabei zu aktivieren!

02.07.80
- Die Bereitschaft, den Frieden zu schützen, müssen wir messen an den Ergebnissen, wie unsere Schüler einen militärischen Beruf ergreifen wollen. Das ist noch ein echter Widerspruch. Von der 1. Klasse an muss mit mehr Aufmerksamkeit an dieser Sache gearbeitet werden.

- Mitarbeiter des Kreises überbringt Grußbotschaft des Kreisschulrats: Es gilt an den Gedanken anzuknüpfen, die im päd. Rat geäußert wurden, um das neue Schuljahr gut vorzubereiten. Maßstab ist: Jede Klasse hat einen Berufsoffizier.
- Jeder Lehrer muss in der politisch-ideologischen Arbeit erreicht werden. Alle Lehrer und Schüler müssen sich gründlich mit der Warschauer Deklaration vertraut machen.
- Geistige Fähigkeiten und Fertigkeiten aller Schüler sind immer weiter zu entwickeln.

27.08.80
- Neues Schuljahr steht im Zeichen des X. Parteitages. Hinweis auf Interview des Genossen Honecker im ND vom 26. 08.80. Jeder Kollege soll sich mit diesem Artikel auseinandersetzen.
- Inhalte unserer Arbeit: 10-klassige POS weiter ausgestalten
- Grundlage für allseitige Entwicklung schaffen: höhere Dualität der Arbeit der Lehrer und Erzieher durch wissenschaftlich-parteilichen Unterricht
- Kommunistische Erziehung vervollkommnen. Schwerpunkt: Probleme der kommunistischen Moral entsprechend den Maßstäben des VIII. Pädagogischen Kongresses
- Erinnerung an Bereitschaft zum NVA-Dienst. Einstellung und Bereitschaft stehen in krassem Widerspruch. Kinder und Jugendliche müssen schon vom ersten Schuljahr an das Freund- und Feindbild erkennen

05.11.80
- neugewählte Parteileitung wird beglückwünscht
- Zuspitzung der internationalen Lage, auf Gefährlichkeit dieser Situation ging Erich Honecker in seiner Rede in Gera besonders ein (ND 14.10.80)
- Wirtschaftlicher Leistungsanstieg wichtig! Mehr und bessere Endprodukte bei gleicher Rohstoffmenge ist Lebensfrage. Schlüssel dazu ist Wissenschaft und Technik
- Margot Honecker auf VIII. Päd. Kongress klar die Aufgaben der Volksbildung dabei aufgezeigt:

- Schüler müssen bereit und fähig sein, sich wissenschaftlich-technischen Problemen zu stellen
- Entwicklung von Verantwortungsbewusstsein
- Bereitschaft entwickeln, unser Land zu schützen!

04.02.81 (Gast : Major K., Wehrkreiskommando)
- Teilnahme an Jugendweihe nicht 100%ig, trotz interessanter Jugendstunden
- Major K.: gute Zusammenarbeit mit Schule (Klasse 8 drei Bewerber, Klasse 9 kein Bewerber, Klasse 10 drei Bewerber). Schwerpunkt ist Werbung in Klassen 7+8, in den Klassen 5-7 mit den Eltern. Bis Ende Klasse 10 zwei Unteroffiziere auf Zeit festlegen.
- Kreisrussischolympiade teilnehmen
- Verstärkte Agitation: Alle FDLler werden Mitglied der DSF!
- Einsatz der Kollegen zur Kreisspartakiade

02.07.81
- Historisch bedeutsame Zeit: Im April war X. Parteitag SED, der den bisherigen erfolgreichen Weg beim Aufbau der entwickelten sozialistischen Gesellschaft zeigte, aber auch umfassende Analyse der komplizierten außenpolitischen Bedingungen. Konkrete Aufgaben für weiteren Weg gestellt. Partei der Arbeiterklasse widmet dem Volksbildungswesen große Aufmerksamkeit
- 80er Jahre hohe Anforderungen an nationale und internationale Probleme (Rohstoffversorgung, Exportrentabilität unserer Wirtschaft)
- Ziel der Partei: Alles zum Wohle des Volkes
- Pflicht eines jeden Pädagogen: Erfolgreich bilden und erziehen
- X. Parteitag fordert von uns: Vertiefung patriotischer und internationalistischer Haltungen, politische Standhaftigkeit, vertiefen der Heimatliebe, Freundschaft zur Sowjetunion und anderen sozialistischen Staaten
- Dank allen Kollegen, die als Helfer zu Volkswahlen am 14.06.81
- Silidaritätsaufkommen der Schüler: 3684,36 Mark
- Bereitschaft für militärischen Beruf noch zu gering, überhaupt zu viele unrealisierbare Berufswünsche (Kein Mädchen einen techn. Beruf!)

- Klassenleiter mehr Einfluß auf die gesellschaftlichen Erfordernisse nehmen, Umlenkungen vornehmen

26.08.81
- Jeder Pädagoge muss Propagandist der Politik von Partei und Regierung sein. Anhand der Dokumente des X. Parteitages der SED und der Aufgabenstellung des VIII. Pädagogischen Kongresses sind die grundlegenden Werte des Sozialismus bewusst zu machen.
- Elternvertreterwahlen – wichtige gesellschaftliche Höhepunkte. Auch hier Propaganda s. oben

04.11.1981
- Weisung des Kreisschulrates zur pädagogischen Nachwuchsgewinnung. Rechtzeitige Auswahl der Schüler für Abiturstufe und Lenkung der Schüler auf pädagogische Berufe.

06.10.82 - Sonderpäd. Rat zur militärischen Nachwuchsgewinnung
- Brief des Bezirksschulrats
- Verantwortung aller Pädagogen für den Schutz und die Erhaltung des Friedens
- Notwendigkeit militärische Nachwuchsgewinnung
- Jede Unterrichtsstunde für dieses Ziel nutzen!
- Alle Pädagogen müssen den Inhalt der gemeinsamen Direktive des Ministeriums für Volksbildung und des Ministeriums für Nationale Verteidigung kennen
- Unterstufe: geeignete Schüler für militärischen Nachwuchs zu gewinnen
- Genossen der Parteigruppe der Schule erhielten Auftrag, in den Klassen 6-9 Hilfe und Unterstützung zu geben
- Wehrlager letztes Jahr wegen schlechter Disziplin einiger Schüler weniger erfolgreich
- Analyse vorgeschlagen, warum Misserfolg Wehrlager
- Staatsbürgerkundelehrer mit Grundeinstellung der Klasse 10 nicht zufrieden.
- Wir gestatten keinem Schüler, im Wehrunterricht des Majors x undiszipliniert zu sein!

03.11.82
- Information für alle: Vom 1-17.11 Friedensdekade der Kirche mit Zustimmung des Staates
- Es können Drucksachen in Umlauf gebracht werden – in der Schule bis 17.11. tolerieren
- Aufnäher (Schwerter zu Pflugscharen) sind aber nicht erlaubt. Beim Auftauchen solcher Dinge Meldung an Direktor (wer, was)
- Drucksachen ja, Aufnäher nicht.

Na, das war doch prima. Da waren wir doch wieder gleich mittendrin und hatten was zu tun. Es dauerte nicht lange, bis der erste Schüler meiner Klasse mit dem Aufnäher

Schwerter zu Pflugscharen

kam. Ein „schwieriger" Schüler mit einem „schwierigen" Elternhaus. Schwierig oder nicht, es konnte doch keinem verborgen bleiben, wie widersinnig es war, dass die DDR sich zur Friedensbastion ernannte, jedoch gebetsmühlenartig mehr militärischen Nachwuchs forderte und ein Unterrichtsfach „Wehrerziehung" einführte. Das führte natürlich auch zu Protesten und Unterschriftenaktionen in kirchlichen Kreisen, jedoch maß man dem (noch) keine Bedeutung bei. Meine ehrenvolle

Aufgabe war es also, zu erreichen, dass der Schuler den Aufnäher entfernt. Ich hätte da nicht diskutieren können, das war eine Anweisung. Und man hat uns bewusst falsch informiert! Man hat doch tatsächlich verbreitet, das Motiv käme aus dem Westen und soll hier im Osten die ‚Verteidigungsbereitschaft' lähmen! Mir war schon lange nicht mehr klar, was es da noch zu verteidigen gab. Aber mir war klar, ich muss die Eltern überzeugen. Sie galten als „westlich eingestellt", waren selbständige Gastronomen. Ich wusste nicht viel von den Leuten, frage aber meinen Vater, der in dem Ort viel zu tun hat. „Prima Leute", sagt er. „Keine Freunde der Kommunisten, na und? Wenn Du da abends oder am Wochenende im Grundstück jemandem im Dreck wühlen siehst, das ist der xxx. Fleißige Leute, haben sich viel geschaffen."

Ich melde mich zum Elternbesuch an. Das war damals so üblich. Wir gingen in die Elternhäuser, und das war gut so, man bekam viel von den Umständen mit, in denen manches Kind aufwuchs. Dafür würde ich noch heut plädieren; wir würden manches Kind besser verstehen. Den Eltern geht also der Ruf voraus, nicht nur dem Kommunismus abweisend gegenüber zu stehen, sondern auch Lehrern (die sie damit identifizieren) und der Schule allgemein. Meine Kollegen warnen mich. Die Mutter erwartet und empfängt mich ganz anständig und nett (sie will keine Konfrontation), vom Vater ist keine Spur. Mir schwant aber, dass ich mein Anliegen nur über den Vater realisieren kann und frage nach ihm. Er habe zu viel Arbeit, sei ganz schmutzig, arbeite im Keller. Ausreden. Er will nichts mit Lehrern zu tun haben, die Mutter will den Schein wahren. Ich lege ihr dar, es gehe um eine ernsthafte Sache, wo wir ihn unbedingt brauchen, und weil ich die Klasse neu habe, möchte ich ihn kennen lernen. Nach langem Hin und Her (er weigert sich beharrlich) gibt er nach. Er kommt spät, betont langsam, begrüßt mich so höflich wie unbedingt nötig und nimmt in einem Sessel, der weit weg steht, Platz. Er zeigt mir mit jeder Geste ‚Ich will nicht mit dir reden'. Ich muss mit ihm ins Gespräch kommen und lobe seine Haus, erkundige mich nach der Gaststätte. Er antwortet widerwillig, als wolle er sagen, was geht Sie das an? Es hat keinen Zweck. Ich komme zur Sache, ich sage ihm, ich muss von seinem Sohn verlangen, dass er den Aufnäher von der Jacke entfernt oder diese Jacke nicht in der Schule trägt. Ich formuliere mit Absicht so, dass ich das verlangen MUSS. Es kommt natürlich wie aus der Pistole geschossen, dass er das nicht einsehe, es sei nichts Rassistisches, nichts Anstößiges, der Aufnäher stammt aus der Friedensbewegung – und bleibt. Es folgt eine lange Debatte, in der wir gegenseitig unsere Einstellung aufzuweichen versuchen, vergebens. Die Mutter hält sich weitgehend raus. Plötzlich sagt er, mitten im Gespräch und mit sehr konsequenter Stimme: „Ich bin nämlich kein Kommunist." Und schaut mich herausfordernd an. Wahrscheinlich will er die Diskussion damit beenden. Meine Gedanken überschlagen sich. ‚Ich doch auch nicht', denke ich mir, aber kann ich das sagen? Ich darf das Gespräch nicht abbrechen lassen. Wenn mir nichts einfällt, wird er aufstehen und gehen. ‚Ich bin kein Kommunist', geht es mir durch den Kopf, woher habe ich das, da war doch mal was... Es fällt mir ein. Mein alter Staatsbürgerkundelehrer mit seinem Spruch: „Ich würde nie von mir behaupten, ein Kommunist zu sein,... Mensch, was mach ich jetzt? Kann ich mir leisten, das auch zu sagen? Kann ich das riskieren? Das alles geht mir durch den Kopf in Sekunden. Und ehe er mir wegrennt, sehe ich ihn selbstbewusst an und sage: „Ich auch nicht!" Das hat gesessen. Doch, er ist erstaunt. Damit hat er nicht gerechnet. Unser Gespräch erreicht eine andere Qualität, wir reden sachlicher. Von Nicht-Kommunist zu Nicht-Kommunist. Ich bringe das Gespräch wieder auf das Geschäft, das sein Lebensinhalt ist. „Sie haben es doch schon schwer genug", „Sie müssen doch bestimmt aufpassen, dass sie nicht anecken", „so wie Sie arbeiten müssen, da müssen Sie sich doch keinen Stress machen wegen eines Aufnähers, das sind doch Kinkerlitzchen im Vergleich zu dem, was Sie leisten, und es ist doch für Sie als Vater ein Leichtes, sich ihrem Jungen gegenüber durchzusetzen?" Hier hakt die Mutter ein: „Er muss auch wirklich nicht jeden Willen haben!" Er beachtet das gar nicht und sieht mich an. Fest und wie um zu prüfen, ob ich seinem Blick standhalten kann. Ich kann. Und plötzlich sagt er: „Na ja. So wichtig ist das ja nicht, soll er ihn abmachen." Mir ist das noch nicht verbindlich genug, ich schaue ihn an und er wiederholt: „Ja, der Aufnäher kommt ab". Ich bin erleichtert. Und er steht nicht sofort auf und geht, wir unterhalten uns noch über das Geschäft, es ist eine gemütliche kleine Kneipe mit einem Essen, wie man es zu DDR-Zeiten selten hat. Mir gefällt das, und er spürt, dass es ehrlich ist. Ich kann jederzeit kommen mit meiner Familie, dann reserviert er mir Plätze. Und wir kommen plötzlich gut miteinander aus. Wir werden schließlich Stammkunden in seinem Lokal, die Frau ist später sogar Mitglied im Elternaktiv. Es ist die einzige Gaststätte, wo man im Winter Spargel bekommt. (Wo man überhaupt Spargel bekommt.) Unserer Schulleitung und dem Parteisekretär ist das gute Verhältnis, das ich zu den Leuten habe, unheimlich. Natürlich werde ich gleich am nächsten Tag über den Elternbesuch befragt. Ob denn der Aufnäher ab sei? ‚Selbstverständlich'. Tatsächlich? Das war sicher schwierig? (Heuchler!!!). ‚Nein'. Was, nicht? Aber sie haben doch so eine westlich Einstellung? ‚Weiß ich nicht. Sind nette Leute, arbeiten eben viel'. Ich tue so unbeteiligt wie möglich. Die stellvertretende Schulleiterin und der Parteisekretär sehen sich verunsichert an. Aber sie können ja nichts sagen, der Aufnäher ist ab. Und sie werden es nie erfahren, warum ich mit den Leuten so gut ausgekommen bin. Denn mein Geheimnis, das nehme ich mit hinüber – in eine andere Zeit.

Es gab noch ganz andere Geheimnisse, die mit rüber genommen wurden in eine andere Zeit. Der nette Arbeitskollege, mit dem man so schön plaudern konnte, der hilfreiche Nachbar, der sogar manchmal den Rasen mit gemäht hat, sie alle konnten 20 Jahre später in einem ganz anderen Licht dastehen, in einem gespenstigen, kalten, verachtungswürdigen. Vorher hatten sie aber genug Zeit gehabt, Schaden anzurichten, die lieben Offiziellen und Inoffiziellen von Horch und Guck.

Mein Mann wird gewarnt

Es war in unserer Moritzburger Campingzeit. Mein Mann war überall bekannt dafür, dass er kein Blatt vor den Mund nimmt, auch in der Kneipe nicht, wo er manchmal saß, während ich so von Laden zu Laden ging. Eines Tages berichtet er mir: „Stell Dir vor, da ruft der Wirt plötzlich aus der Küche, ich soll ans Telefon kommen!" Ich seh' ihn ungläubig an. „Ich gehe also hinter, er macht die Tür hinter mir zu und sagt: „Überleg dir bloß, was du redest, du weißt nicht, wer mit am Tisch sitzt! Wenn du die Klappe nicht halten kannst, trink dein Bier zu Hause!" Und WIE Recht er haben sollte, sehen wir Wochen später in einer Dresdner Gaststätte. Nicht sehr voll, 2-3 Ehepaare, ein Tisch mit Jugendlichen, am Nachbartisch ein einzelner Mann, unauffällig und still. Die Jugendlichen sehr auffällig, für eine gehobene Speisegaststätte sehr leger gekleidet, hielten sich am Bier fest, sprachen sehr laut. Frust bei der Kellnerin, böse Blicke der Gäste, endlich zahlen sie. Einer geht noch mal zur Toilette und klaut im Vorbeigehen vom Kellnertisch eine Flasche Exportbier. Keiner hat's gesehen, außer meinem Mann, dessen Gerechtigkeitssinn es nicht anders zulässt als die Kellnerin darauf hinzuweisen. (Er hat als Jugendlicher selbst aushilfsweise gekellnert und weiß, die Frau muss das von ihrem Trinkgeld ausgleichen). Sie könne sich auf ihn berufen. Sie konfrontiert den Jugendlichen damit und verlangt die Bezahlung der Flasche. Großer Ärger. Er streitet alles ab. Die Lage droht zu eskalieren. Die Chefin wird geholt, ein Zeuge habe es beobachtet, dann muss man eben die Polizei rufen. ERST IN DEM MOMENT, als man das tun will, steht der einzelne Mann vom Nachbartisch auf, hält der Kellnerin einen Ausweis unter die Nase und sagt: „Es ist richtig, was der Mann sagt, ich habe es auch beobachtet."

„Meine schöne Heimat DDR" - versuchte Republikflucht

Mein Bruder wurde verhaftet, und das kam so: Er war noch an der EOS, und jedes Jahr in den Sommerferien hat er mit einem Kumpel 14 Tage bei der Kleinbahn gearbeitet. So auch in den Ferien zwischen der 11. und 12. Klasse. Es war echt schwere Arbeit (Schwellen auswechseln, Schienen instand setzen), hat sich aber gelohnt. Es wurde gut bezahlt und sie bekamen außerdem noch einen Freifahrtschein republikweit. Und den nutzten sie auch. Sie wollten von Süd nach Nord durchs ganze Land. Sie fuhren erst nach Berlin und blieben paar Tage dort, dann nach Schwedt. Überall, wo sie jemanden kannten, sind sie hin und haben dort geschlafen. Nur in Rostock, da hatten sie keinen. Rostock wollten sie aber gerade sehen, und ganz speziell den Hafen, denn davon wurde doch pausenlos gesprochen, auch in der Schule. Der Überseehafen als sozialistisches Aushängeschild. Auch dazu gab es einen Text in den bereits erwähnten Diktatbeispielen. Also wollten sie ihn sehen.

Sie waren Abends mit dem Zug angekommen aus Schwedt und wollten, solange noch Läden, Kinos usw. geöffnet hatten, in die Stadt. Danach haben sie sich ein lauschiges Plätzchen gesucht, wo sie nächtigen konnten. Es war ja Sommer, und sie hatten Schlafsäcke dabei. Es wurde aber furchtbar kalt. Sie haben überlegt, was sie machen. Noch im Morgengrauen haben sie alles zusammengepackt. Wo könnte ein Plätzchen sein, wo es warm ist? Auf dem Bahnhof. Also zum Bahnhof, dort angekommen zwischen 3 und 4 Uhr morgens wollten sie in der Mitropa einen heißen Kaffee zu trinken. Dazu kamen sie aber nicht mehr, denn sie waren um diese Zeit auf dem Bahnhof fast die einzigen, und was können zwei 17-jährige mit Gepäck in Rostock schon vorhaben? Oh, da war unsere Transportpolizei aber auf der Hut! Sie wurden sofort verhaftet wegen Verdachts auf versuchte Republikflucht. Ehe sie sich versahen, landeten sie in getrennten Zellen, die die Trapo zweckmäßigerweise gleich auf dem Bahnhof hatte. Die Tür war zu.
Pünktlich um 6 kam mein Vater zur Arbeit, und dort erwartete ihn bereits der ABV (Abschnittsbevollmächtigte) des Ortes. Ob er wüsste, wo sein Sohn sei. Na klar, er macht mit einem Kumpel eine Rundreise durch die Republik, sie wollen sich an der Küste was ansehen. Sie haben einen Freifahrtsschein von Bahn und sind unterwegs. „Ich muss Ihnen mitteilen, es besteht ernsthafter Verdacht auf Republikflucht..." Und mein Vater? Hat laut und herzlich gelacht. „Die haben schwer gearbeitet und wollen sich jetzt ansehen, was sie noch nicht kennen vom Land. Und da der Schein bis zur Küste geht, fahren sie natürlich auch bis zur Küste. Die kommen wieder, das ist ganz sicher." Na ja, der ABV ist durch der Reaktion meines Vaters sichtlich verunsichert. Er müsse eben fragen, er habe Anweisung bekommen. Er kennt ja meinen Vater auch persönlich und kommt sich wohl jetzt etwas albern vor. ‚Na ja, dann werde er das so weitermelden'. Und da gegen die beiden sonst nichts weiter vorlag, wurden sie nach § 25[28] vormittags um 10 wieder freigelassen. Stolze Republik.

---

28 Gesetz über die Staatsgrenze der DDR (Grenzgesetz) § 25 Abs. 2: „Der Gewahrsam ist unverzüglich aufzuheben, wenn der Grund dafür weggefallen ist. Er darf die Dauer von 24 Stunden nicht überschreiten.

Resultat dieser Reise mit dem abschließenden Erlebnis in Rostock ist ein Aufsatz zum Thema „Meine schöne Heimat DDR", den mein Bruder in der 12. Klasse geschrieben hat. Er hat es sich dann natürlich auch nicht nehmen lassen, die Story mit der Verhaftung einzuarbeiten. Es hat niemand an der Schule etwas dazu gesagt (man kann davon ausgehen, sie wussten Bescheid). Diese Verhaftung ist ein ganz typisches Beispiel der Grenzsicherung in der DDR, die nicht etwa erst an der Grenze oder am Schlagbaum zum 5-Kilometer-Sperrstreifen begann, sondern schon viel früher und berechtig zu der Frage:

Stand der Feind etwa im eignen Land?

Denn: Jeder, der sich auch nur in Richtung Sperrgebiet bewegte, sollte schon frühzeitig observiert werden. Junge Leute, Fremde mit Gepäck, keiner sollte durch das engmaschige Netz schlüpfen. Kein Fremder sollte überhaupt nur in die Nähe der Grenze kommen, er war vorher festzunehmen. Das hat mein Kollege Thomas Otto erlebt, und das bestätigt mir auch ein anderer Kollege. Zeitzeuge Günther P., der in der Grenzkompanie 1 Henneberg/Hermannsfeld seine 18 Monate abdienen musste, bestätigt, dass alle polizeilichen Aktivitäten darauf hinaus liefen, dass ein großer Prozentsatz potenzieller „Grenzverletzer" schon außerhalb des Sperrgebiets, spätestens aber dort gestellt wird. Auch er kennt die Kontrollen im Zug. Auf jedem Bahnhof, der nur in der Nähe eines Sperrgebiets lag, wurden entsprechende Kontrollen von der Trapo durchgeführt, so auch in Meiningen. Meiningen ist 10 km von der damaligen Grenze entfernt. Es waren also noch 5 km bis zum Sperrgebiet, doch bereits in den Zügen NACH Meiningen wurden die von Thomas Otto beschriebenen Kontrollen durchgeführt und auf dem Bahnhof in Meiningen erst recht.
Das verstehe ich jetzt aber nicht richtig. Warum darf sich niemand AUS DER DDR der Staatsgrenze auch nur auf Kilometer nähern? Warum wird jeder DDR-Bürger „in Gewahrsam genommen", der sich eventuell in Richtung Grenze bewegt? Laut politisch-ideologischer Untermauerung dieser bestialischen Grenze kommt doch der Feind aus der anderen Richtung. Oder nicht? Ich habe doch gelernt, die Grenze muss sein

zum Schutz gegen Übergriffe des Feindes. Und so steht es doch auch in einer vertraulichen Verschlusssache der politischen Verwaltung der Grenztruppen der DDR zur Rechtfertigung des Schusswaffengebrauchs[29]:

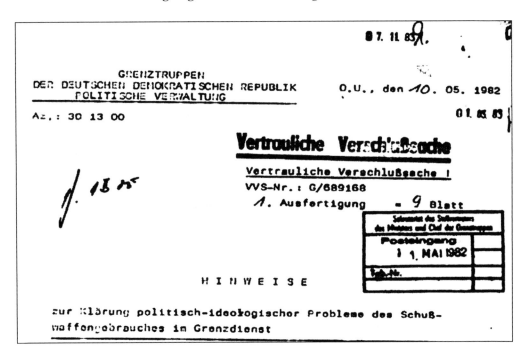

---

29 Grenztruppen der DDR, Kommando der Grenztruppen, Abteilung: Stellv. des Ministers und Chef der Grenztruppen, Aktenzeichen 01 01 18, 1982

„...gegen alle Anschläge des Feindes zuverlässig zu sichern". Und wenn man sich die Grenzanlagen wie auf Seite 165 von Achim Walther, Hötensleben, skizziert, anschaut, dann weiß man, wo dieser „Feind" steht: Im eigenen Land. Dann sieht man ganz genau, gegen wen Streckmetallzaun, Hundetrasse und andere Unmenschlichkeiten gerichtet waren - gegen die eigene Bevölkerung! Wir hatten keine genaue Vorstellung von den Einzelheiten dieser Grenzsicherungsanlagen, aber wir waren uns der Unüberwindbarkeit und scheinbaren Endgültigkeit bewusst, deshalb ja auch dieses furchtbare Gefühl vom Eingesperrtsein. Achim Walther schreibt in seinem Buch *Die eisige Naht*[30] „... der zu 6,5 Jahren verurteilte Chef der Grenztruppen, Klaus Dieter Baumgarten, der in der Gerichtsverhandlung behauptete, die Splitterminen am Grenzzaun (SM -70) seien gegen Provokateure aus dem Westen gerichtet gewesen*, hatte 1982 selbst klargestellt: „Die bisherige Konstruktion des Grenzsignalzaunes und der Sperranlagen 501/701 (die Anlagen mit SM-70, A.W.) wurde so gestaltet, dass für jeden sichtbar diese Anlagen ausschließlich gegen Bürger der Deutschen Demokratischen Republik gerichtet sind (freundseitige Abweisung beim Grenzsignalzaun und freundseitige Anbringung der Minen vom Typ SM-70 am Grenzzaun**."
Achim Walther schreibt weiter: „Die DDR-Machthaber hatten auch allen Grund zu dieser Grenzgestaltung, kannten sie doch die tatsächlichen Verhältnisse genau. In den streng wissenschaftlich ausgearbeiteten Analysen und Chroniken der Grenztruppen liest man ... dass an der gesamtem innerdeutschen und Berliner Grenze im Ausbildungsjahr 1978 /79 gerade mal 6,7% aller Grenzverletzerbewegungen aus Richtung BRD in Richtung DDR erfolgten..."
Die Lüge vom „antifaschistischen Schutzwall" ist ad absurdum geführt. Es ging nicht um die Abwehr von Gefahren von außen, es ging darum, die Flucht der eigenen Bevölkerung zu verhindern. Achim Walther: „Der ‚antifaschistische Schutzwall' ist vergleichbar mit einer Gefängnismauer".

---

30 Achim Walther: „Die eisige Naht" unter Verwendung folgender Quellen:
* Roman Grafe: Deutsche Gerechtigkeit, Siedler Verlag 2004, S. 92
** BA Freiburg, GTÜ AZN 015344, S. 89-95: Protokoll der Beratung im Grenzregiment Heiligenstadt am 09. Febr. 1982

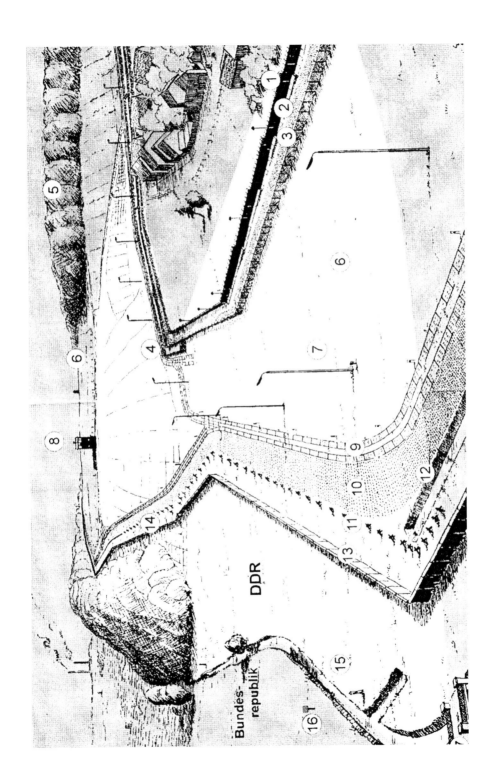

Die Zeichnung[31] von Achim Walther beschreibt die Sperranlagen an der innerdeutschen Grenze im Bereich Hötensleben:

1 „Sichtblendmauer", Bewegungs- und Sichthindernis, 3 m hoch, mit Lichttrasse
2 „K2", Erdstreifen zur Erkennung von Fußspuren, 2m breit
3 „Grenzsicherungs- und Signalzaun" (GSSZ), aus Streckmetall und Signaldrähten, 2,40 m hoch
4 Hundetrasse
5 Land- oder forstwirtschaftlich genutzte Fläche
6 „Sicht- und Schussfeld" für „ungehinderte Sicht- und Feuerführung
7 „Lichttrasse"
8 „Führungsstelle" für den Grenzabschnitt
9 „Kolonnenweg", Fahrweg aus gelochten Betonplatten
10 „K6", Erdstreifen zur Erkennung von Fußspuren, 6 m breit
11 „Panzer-Höcker", Stahlhöcker als Kfz-Hindernis
12 Wassergraben als KFZ-Hindernis
13 „Grenzmauer", mit Griffabweiser – Rohr, 3,4 m hoch, außerhalb von Orten Grenzzaun
14 Grenzzaun aus Streckmetall
15 „vorgelagertes Hoheitsgebiet mit DDR-Grenzsäule
16 Schild „Bachmitte ist Grenze, Bundesgrenzschutz"
17 Brücke der Straße nach Schöningen

---

31 Aus dem Flyer „Grenzdenkmal Hötensleben", herausgegeben vom Grenzdenkmalverein Hötensleben e.V., Wallstraße 3, 39393 Hötensleben in Kooperation mit der Gedenkstätte Deutsche Teilung Marienborn mit Unterstützung der Landesbeauftragten für die Unterlagen des Staatssicherheitsdienstes der ehemaligen DDR Sachsen-Anhalt

Und wie war das nun mit dem umstrittenen „Schießbefehl"? Ich frage den ehemaligen Grenzer Günther P. „Natürlich haben sie nicht wörtlich gesagt, der Grenzverletzer muss erschossen werden", erzählt er. „Bevor wir auf Posten gezogen sind, erfolgte die „Vergatterung". Sinngemäß hieß es: ‚Sie sind angewiesen, Grenzverletzungen jeglicher Art nicht zuzulassen, auch unter Anwendung der Schusswaffe.' Der Gebrauch der Waffe war mit „Halt! Grenzposten! Hände hoch!" anzukündigen, dann war ein Warnschuss abzugeben, dann gezieltes Feuer. Wir sollten in diesem Falle Schüsse auf die Beine abgeben, aber das machen sie mir mal vor, bei Nacht, Nebel und einem sich bewegenden Ziel, dass man dann UNBEDINGT treffen sollte..."

Die „Vertrauliche Verschlusssache[32]" sagt dazu: „Zwingt die Lage den Grenzsoldaten, die Schusswaffe unter strikter Beachtung der rechtlichen Bestimmungen einzusetzen, dann muss das damit verfolgte Ziel in jedem Falle erreicht werden."

Er selbst sei zum Glück nicht in die Lage gekommen, aber es habe viele Verletzte und Tote gegeben. Die Selbstschussanlagen waren zu seiner Dienstzeit bereits abgebaut, aber es lagen ja noch die Minen – und das war für Nichteingeweihte ein Himmelfahrtskommando. Die Minen waren im Laufe der Zeit am Hang oft weggespült, dafür lagen in der Ebene mehr.
Die Frage, ob er selbst hätte fliehen können, bejaht er. „Jederzeit. Viele sind abgehauen, wenn der andere (sie gingen immer zu zweit auf Posten) eingeschlafen ist. Ganz üble Tricks waren Schlaftabletten im Tee oder einer hat dem anderen das Magazin aus der Waffe genommen. Das war aber höchst unfair, denn der Betreffende ging ab - nach Schwedt. Es gab auch den Fall, dass beide abgehauen sind. Sie haben dann den Hund angebunden und sind losmarschiert. Es hat auch Fluchten von Offizieren gegeben. Bei uns gaben die ‚Älteren', die schon länger da waren, den ‚Jüngeren' auf den Weg: ‚Wenn ihr abhauen wollt, zieht keinen mit rein, haut im Ausgang ab. Das war nicht schwierig.'"

---

32 S. Fußnote 29

Freilaufende Hunde und verbotene Bilder

Wir sehen den Verlauf des Grenzabschnittes der Grenzkompanie 1 – Henneberg/Hermannsfeld und die Grenzposten bei einer absolut verbotenen Handlung – Fotografieren. Viele haben solche Bilder gemacht, wehe, wenn sie gefunden worden wären! Aber Günther P. hatte ein sicheres Versteck: Der Hundezwinger. Da suchte keiner.

Es gab nicht nur Hundetrassen, es gab auch freilaufende Hunde. Sie waren speziell ausgebildet und hatten – im Gegensatz zum Grenzer – einen Unterschlupf auf Posten, nämlich eine Hundehütte. Die Hunde waren speziell auf den Signalzaun abgerichtet. Wenn ein Grenzverletzer (oder ein Wildschwein, ein Reh) den Zaun berührte, ertönte eine laute Hupe und eine rote oder grüne Lampe leuchtete. Der Hund erkannte durch die Farbe selbst, ob er nach links oder rechts laufen musste, um den Grenzverletzer zu stellen. Und er war schnell.

Hier im Hundezwinger waren die Fotos versteckt.

Auf einen Abschnitt aus der „Vertraulichen Verschlusssache[29]" muss ich noch einmal zurückkommen. Auf Blatt 2 steht:

„Der überzeugende Nachweis der Notwendigkeit und Rechtmäßigkeit des Schusswaffengebrauchs im Grenzdienst kann nur auf der Grundlage der marxistisch-leninistischen Theorie über die Anwendung bewaffneter Gewalt, den darauf beruhenden Gesetzen unseres sozialistischen Staates sowie in kompromissloser Auseinandersetzung mit feindlichen und falschen Auffassungen erfolgen."

Schon beim Lesen habe ich das Gefühl als schlage mir jemand den Gewehrkolben auf den Kopf. Man muss sich das auf der Zunge zergehen lassen: Die Gesetze „unseres sozialistischen Staates" beruhten auf der „marxistisch-leninistischen Theorie über die Anwendung bewaffneter Gewalt"! Es werden aber zum Glück mehr, die das NICHT so sehen – und das auch äußern! Meine Eltern nicht, sie haben einfach Angst,

Im Zug nach Duisburg – kontrolliert wie Schwerverbrecher

Meine Eltern erhalten um eine Einladung zum 70. Geburtstag der Tante nach Duisburg. Sie waren beide noch keine Rentner, machen sich wenig Hoffnung, erhalten aber tatsächlich die Genehmigung zu fahren. Sie fahren mit dem Zug über Oebisfelde. Diese Züge wurden auf DDR-Gebiet von der Passkontrolle des MfS und der Trapo (Transportpolizei) begleitet. Notwendige Betriebshalte sicherte die Trapo ab, indem sie den Zug so umstellte, dass kein DDR-Bürger in den Zug einsteigen und Republikflucht begehen konnte. Darauf waren aber meine Eltern nicht gefasst. Für sie war das schockierend. Lange vor Oebisfelde, so erzählt meine Mutter, haben regelmäßige Kontrollen stattgefunden. Sie mussten die Ausweise zeigen und wurden nach dem Grund der Reise befragt. Meine Mutter wurde unfreundlich zurechtgewiesen, weil die BEIDE Ausweise zur Kontrolle hingab. Das war nicht richtig. Sie bekam sie zurück. Machtdemonstration! Mein Vater müsse seinen Ausweis schon selber hingeben. In Oebisfelde habe der Zug ca. 2 Stunden gestanden, berichten sie weiter. Die Polizei stürmte zur Kontrolle in alle Wagen zugleich. Es sei beängstigend gewesen. Der ganze Bahnsteig sei voller Polizisten mit Hunden gewesen. Meine Eltern kamen sich vor wie Verbrecher. Mehrere Leute wurden aus dem Zug geholt und kamen nicht zurück. Als der Zug endlich losfuhr, ging es eine ganze Zeit durch Niemandsland. Es gab nur Wachtürme. Die Gegend wirkte tot und leblos. Es war furchtbar gespenstisch, keiner habe im Zug ein Wort gesagt. Auf dem ersten Bahnhof danach konnten aufatmen. Neues Personal stieg zu. „So, jetzt können Sie entspannen. Sie sind in Freiheit."

Es beginnt zu kriseln

Mit den gewohnten roten Parolen versucht die SED-Führung, über ihre marode Wirtschaft hinwegzutäuschen. Je kritischer die Lage wird, desto und fordernder wird der Ton. Auch in der Schule.

Pädagogischer Rat, 30.01.84
- Aufruf zum 35. Jahrestag der Gründung der DDR
- Zeit der gefährlichsten Krise: NATO-Raketenbeschluss
- Gefahr eines 3. Weltkrieges erhöht
- In Staatsbürgerkunde ab Klasse 8 Schüler keine Lust mehr
- Wichtig: Nachwuchssicherung für NVA
- Pädagogen müssen Kindern Moral der Arbeiterklasse nahe legen
- Vorbildwirkung des Lehrers ist wichtig

Pädagogischer Rat, 29.08.1984
- Erziehungs- und Bildungsauftrag unter aktuellen Gesichtspunkten (35. Jahrestag DDR, Friedenspolitik unserer Republik)
- Wesen des Imperialismus verdeutlichen
- Schulpolitik auf Grundlage des Programms der SED
- Würdigung der Freundschaft zur Sowjetunion
- Berufsorientierung entsprechend der gesellschaftlichen Erfordernisse (militärische Berufe)
- Bedeutung der Jugendweihe als politisches Bekenntnis
- Politische Ereignisse jüngster Vergangenheit mit Schülern auswerten (Olympische Spiele – Nichtteilnahme der DDR u. a. soz.

Länder; Verhältnis DDR–BRD im Zusammenhang mit geplantem Besuch Erich Honecker in BRD)
- Bis 35. Jahrestag alle Schüler der 8. Klassen als DSF-Mitglieder gewinnen; Kamptage d. Sowjetarmee im Kreis verfolgen, Wandzeitungen und Kranzniederlegungen
- Hans-Beimler-Wettkämpfe
- Lehrer ist Politiker
- 1. Schultag: Appell, Klassenleiterstunde: Belehrungen, Pionier- und FDJ-Auftrag

07.11.1984
- Freundschaftstreffen mit sowjetischen Bürgern (Pflicht) am 13.11.

06.03.1985
- Aufgabenstellung in der militärischen Nachwuchsgewinnung nicht erfüllt, unser Kreis steht an letzter Stelle des Bezirks! Maßnahmeplan kommt uns noch zu
- In Unterstufe ist Motivierung einfach, Eltern sehen das als Laune an, bei größeren Schülern sind Eltern dagegen

03.07.1985
- Für militär. und pädagog. Berufe Nachholebedarf. Ab Klasse 6 zielstrebig werben.
- Jugendweiheteilnahme in kommenden Schuljahr zu gering
- Fachwissen gut, Bekenntnisse zum Staat fehlen
- Widerspruch: gute Leistungen in Staatsbürgerkunde, doch Bereitschaft militärischer Beruf fehlt
- Entwicklung der Schüler nimmt eine Wende

06.11.1985
- Einschätzung Kollektiv: 2 Kandidaten der SED aufgenommen
- Dank für Wandzeitung über Parteiwahlen

Februar 86
- Pädagogen entscheidendes Bindeglied zwischen Zielstellung und Verwirklichung der Entwicklung soz. Gesellschaft
- Entwickeln neue Generation, die den Sozialismus aufbauen wird
- Pädagogen Schlüsselprozess im revolutionären Prozess der DDR
- Sogar bei Entwicklung des revolutionären Weltprozesses usw., usw., usw., usw...

Volkskammerwahl 1986

Wir kämpfen wieder mal um eine Wohnung. Aus der alten Hütte, in die wir 1976 eingezogen sind, sind wir inzwischen raus, aber wir haben, obwohl unsere Tochter noch dort geboren wurde, trotzdem nur eine Zweiraumwohnung bekommen. Kinderzimmer? Gar nicht dran zu denken, es warten so viele Familien mit 2 Kindern auf eine zumutbare Wohnung. Nun ist das Mädel aber 8, geht längst zur Schule und schon lange hält man uns mit einem Kinderzimmer hin. Es wäre ja nicht so ärgerlich, wenn es alle betreffen würde, aber wenn man beobachtet, wie immer wieder Leute vorgezogen werden, die im Schwerpunktbetrieb der Region arbeiten, beim Leistungssport sind oder einfach nur einen Posten in der SED haben – da platzt einem schon mal der Kragen. So geschehen vor der Volkskammerwahl 1986. Die Wahlbenachrichtigungskarten wurden damals vom Hausvertrauensmann persönlich übergeben. Mein Mann hat seine nicht angenommen aus Protest. Das war an einem Werktag zwischen 17 und 18 Uhr. Am nächsten Tag gegen 9 Uhr morgens erschien der Parteisekretär am Arbeitsplatz meines Mannes. Was er damit erreichen will, dass er die Wahlbenachrichtigung nicht annimmt, wollte er wissen. „Siehst du", sagt mein Mann, „etwas habe ich schon erreicht. Du kommst runter und sprichst mit mir." Ja, Wohnung habe er auch keine, aber „... das kannst du doch nicht machen, dass du die Wahlbenachrichtigung nicht annimmt. Deine Frau ist schließlich Lehrerin", hat er sich als Hauptargument zurechtgelegt. Das beeindruckt meinen Mann wenig. „Wir führen eine Ehe, keine Parteigemeinschaft", ist seine Antwort.
Ich muss auch beim Schulleiter antreten. Ob es richtig sei, dass mein Mann die Wahlbenachrichtigung nicht angenommen hat. Ich erkläre warum. Das sei egoistisch, man könne den Staat nicht erpressen, des eigenen Vorteils wegen. Ich verwahre mich dagegen und verweise darauf, wie lange man uns schon veralbert. Ob ich auf meinen Mann nicht einwirken könne? Ich erkläre, dass sich mein Mann von mir keine Vorschriften machen lässt. **„Solche Menschen dürften überhaupt keine Wohnung bekommen"**, tönt es auf mich herab. **„Die eine Wahl benutzen, um ihre Interessen durchzusetzen!"**

Es kommt fast zum Eklat

Die absolute Krönung ist eine „Dienstberatung", die alles bisher Dagewesene in den Schatten stellt. Es ist ein Vortrag über Zivilverteidigung, der Vortragende kommt von außerhalb. Es gehe um Probleme und Gefahren im täglichen Leben, in der Arbeit mit Kindern. Hauptthema sei das Verhalten in Gefahrensituationen, welche Gefahrensituationen, das wird schnell klar durch die Schallplatten, die er zur Demonstration abspielt. Es handelt sich um verschiedene Sirenenarten zur Ankündigung von bestimmten Katastrophenfällen, Entwarnung usw. Ich denke ich bin im falschen Film. Aber nicht nur ich. Unmut macht sich breit, vor allem bei den älteren Kolleginnen. „Das muss man mir nicht vorspielen, das kenn ich noch bestens", höre ich von der einen Seite. „Was soll das, spielen wir jetzt Krieg" von der anderen. Erklärungsversuche vom Vortragenden. „Jeder DDR-Bürger muss die Signale kennen" helfen nicht viel. Die allgemeine Unruhe nimmt zu und erreicht ihren Höhepunkt, als der Vortragende erklärt, das sei der theoretische Teil gewesen, nun komme der praktische. Wir sehen uns entgeistert an. Er will mit uns auf dem Schulhof „Ordnungsübungen" durchführen. Wir sollen AUF DEM SCHULHOF exerzieren! Es kommt zur offenen Verweigerung. Wir machen uns doch nicht zum Hampelmann. Ca. 30 Lehrer sollen auf dem Schulhof eine „Vorstellung" geben für die Umgebung! Die ersten der älteren Kolleginnen haben schon die Tasche in der Hand und wollen gehen. Lauter Protest, von Unverschämtheit ist die Rede und von Feigheit, denn mit keiner Silbe ist vorher erwähnt worden, was uns an diesem Nachmittag erwartet. Der Vortragende versucht einzulenken: Dann machen wir die Ordnungsübungen eben im Schulhaus. „Freilich, auf der Treppe", ruft eine Kollegin, die wie ich meist Schuhe mit hohen Absätzen trägt. Wir fühlen uns völlig überrumpelt. Wir exerzieren weder draußen noch drinnen, die Dienstberatung gerät völlig aus den Fugen. Der hilflose Stellvertreter kann gerade noch in die Menge rufen, die Belehrungen müssten nachgeholt und unterschrieben werden. Die Sache löst sich in allgemeinem Tumult auf. Über die misslungene Dienstberatung samt ihren Belehrungen fällt kein Wort mehr, weder am nächsten Tag noch später.

Ich will nicht mehr

Ich kann mir nicht vorstellen, dass ich das bis zum Ende meines Berufslebens aushalten soll. Dazu kommt der Zwang, auch als Nichtgenosse das Parteilehrjahr besuchen zu müssen. Manche Leute glauben mir gar nicht, dass ich nicht in der SED bin („Parteilehrjahr – das ist doch bloß für Genossen"). Eben nicht. Und es kommt noch besser: Unsere Schul- und Parteileitung feilt daran, das Parteilehrjahr, das die meisten Nicht-Genossen nur schweigend über sich ergehen lassen, zu optimieren. Der Slogan ist „Ohne klares Gesellschaftskonzept kein klares Bildungskonzept". Mein Konzept von dieser Gesellschaft ist schon recht klar, ich kann es nur (noch) nicht verkünden.
Wir werden in zwei Gruppen (Oberstufe und Unterstufe) geteilt. Von dem Moment an warnen wir uns gegenseitig („Vorsicht, ihr werdet ausgehorcht"). Außerdem müssen wir in den Ferien Weiterbildungen absolvieren, turnusmäßig steht auch der „Grundkurs Marxismus-Leninismus" an. Es werden „Diskussionsbeiträge" verteilt. Ein Kollege, der manchmal unbequeme Fragen stellt, erhält folgendes Blatt[33]:

Diskussionsbeitrag Grundkurs Marxismus-Leninismus
Kollege xxx

Zur Sicherung einer hohen Qualität aller Lehrveranstaltungen unseres Seminars erhalten Sie den Auftrag, in einem Diskussionsbeitrag von 10-15 Minuten Ihre Erfahrungen, Standpunkte und Probleme darzulegen:

Thema: 1.2.   11.02.87
„Erläutern Sie die Dialektik zwischen Dialogbereitschaft gegenüber den kapitalistischen Staaten und Anprangerung der Menschenfeindlichkeit der aggressiven Kreise des Imperialismus!
Literatur:
- Bericht an die 3. Tagung des ZK der SED, Seite 85-88
- Aktuelle Tatsachen

---

33 Blatt liegt dem Verlag vor

Ich denke immer wieder über meine Lage nach. Soll ich alles hinschmeißen? Was soll ich dann machen? Ich jedem anderen Beruf bin ich ungelernt. Soll ich als Hilfsarbeiter gehen, nach 12 Jahren Schule und 4 Jahren Studium? Da fällt mir eine Anzeige in der Zeitung in die Hände. In Dresden wird ein neues Interhotel gebaut, und man sucht auf diesem Wege Stadtbilderklärer, Leute also, die ausländische Touristen durch Dresden führen. Auch in Englisch. Oh ja, das würde mir gefallen. Es ist nicht als hauptamtlicher Job gedacht, nur nebenbei, aber ich denke mir, wer weiß, vielleicht kann sich was draus ergeben. Die Rahmenbedingungen klingen gut: Man wird vorbereitet hinsichtlich des Inhalts, der Sprache, Kleidung wird gestellt. Ich bewerbe mich. Erst passiert lange gar nichts, eines Tages kommt ein rosafarbener, duftender Brief, so was hatte ich noch nie in der Hand gehalten. Hoffnungsvoll öffne ich ihn. Der Text ist kurz. Man bedankt sich für meine Bereitschaft. Man sei überwältigt von der Vielzahl der Bewerbungen und habe dann aber doch festgestellt, dass der Bedarf in Englisch gar nicht so groß sei. Man könne ihn aus der „bewährten Kaderreserve" abdecken. Tja, und da gehöre ich offensichtlich nicht dazu. Genauer betrachtet war es doch sehr naiv von mir, zu denken, dass man mich als Nichtgenosse auf englisch sprechende Touristen loslässt.

Paketeinsatz zu Weihnachten oder „Das mache ich nicht"

Mein Bruder war ans Ziel seiner Wünsche gelangt, als er endlich Nachrichtentechnik studieren konnte. Er war Praktikant beim Funkamt, das der Post unterstand. In der Vorweihnachtszeit klemmte es regelmäßig bei der Paketpost, man kam nicht hinterher beim Weihnachtspaketverkehr. Und so ging es regelmäßig auf den Paketverladebahnhof. Dort stapelten sich waggonweise die Pakete, die eigentlichen Arbeitskräfte kamen nicht nach, die Pakete zu entladen. „So wurden wir also abgeordnet zum Entladen der Waggons", erzählt mein Bruder.
„Einmal hat man uns aufgeteilt auf die Umschlaghalle vom Zoll. Wir sollten dort helfen. Ich wusste erst mal nicht, was sie von uns wollten. Als wir in die Halle kamen, kam mir das doch sehr komisch vor: Ich sah

Tische in langen Reihen, genauer gesagt in mehreren Reihen, dazwischen wichtigtuerisch die Damen vom Zoll. Ich sah komische durchsichtige Trichter aus Plast. „Heute ist Zollkontrolle", tönte es uns entgegen. „Ihr helft hier mit bei der Zollkontrolle. Hier liegt die Schere zum Aufschneiden der Pakete." „So, so", dachte ich bei mir. Uns wurde erklärt, wir sollen die Pakete aufschneiden und alles herausnehmen, damit die Damen vom Zoll sehen konnten, was drin ist. Sie liefen dann nur noch zwischen den Tischen umher, gingen von Paket zu Paket und schauten, was drin war. Sie steckten höchstens ihre Nase hinein, um zu sagen „Schütten sie den Kaffee durch den Trichter" oder „Öffnen sie die Schokolade". Wir sollten alles auf den Tisch stellen und die Damen nahmen sofort weg, was nicht erlaubt oder angeblich zu viel war. Zeitschriften zum Beispiel wurden sofort weggenommen.
Mit einem Schlag war mir klar, was hier gespielt wird. Ich sagte: „Das mache ich nicht". Man glaubte sich verhört zu haben. „Das ist heute ihre Arbeit!" Ich wiederholte klar und deutlich: „So etwas mache ich grundsätzlich nicht. So etwas mache ich erstens überhaupt nicht, und zweitens ist das auch nicht unsere Arbeit, wir sollen beim Paketumladen helfen".

Es gab ein unheimliches Theater. „Verlassen Sie sofort die Halle! Wir werden das klären." Also bin ich aus der Halle raus und habe auf dem Bahnsteig gesessen inmitten der ganzen Pakete. Ich war der einzige, der das nicht gemacht hat. Sie haben natürlich sofort meinen Chef im Funkamt angerufen. Er hat nur gesagt: „Ich denke, die laden Pakete ab? Also andere Arbeiten können sie bei mir auch machen, da hab ich selber genug!" Jedenfalls habe ich dann wie geplant mit den anderen die Eisenbahnwaggons ausgeladen. Es war wie überall: Wer nein gesagt hat, hat eben nein gesagt. Sie haben ein furchtbares Theater gemacht, haben versucht, uns einzuschüchtern, aber wer nicht mitgemacht hat, hat eben nicht mitgemacht. Es war alles nur heiße Luft", sagt mein Bruder. Konsequenzen für sein Studium hat der Zwischenfall nicht gehabt. Sein „Wer nein gesagt hat, hat eben nein gesagt" gibt mir zu denken. Haben wir zu oft ‚Ja' oder gar nichts gesagt? Wahrscheinlich.

Wahlfälschung und Massenfluchten- aber bei uns ist (fast) alles gut
Pädagogischer Rat 23.06.89

In einer Zeit der Wahlfälschung und der beginnenden Massenfluchten über Ungarn, in einer Zeit, wo die Wogen so hoch schlagen wie lange nicht, hören wir einen Bericht vom Pädagogischen Kongress. Die aktuellen Probleme, die unter den Nägeln brennen, werden einfach totgeschwiegen. Wir kriegen wie immer die bewährten Politparolen um die Ohren. Traditionspflege, Arbeitsgemeinschaften, Feriengestaltung, Pionier- und FDJ-Arbeit, Solidaritätsaktion, alles gut. Abschluss des Pionierauftrags erfolgt zum 40. Jahrestag der DDR. Nur die Wehrerziehung, die befriedigt noch nicht. Und das Parteilehrjahr auch nicht. Die Gruppenbildung hat sich nicht bewährt (na so was). Nicht alle Diskussionsbeiträge waren zufriedenstellend! Die Vorbereitung der Kollegen genügte nicht immer. Eine zuverlässige Genossin will der Sache eine positive Wende geben, wirft jedoch durch ihre Äußerung einen Scheit ins Feuer, das in vielen Köpfen mittlerweile lodert. Das Umfeld für eine positive Bilanz müsse mehr beachtet werden. Bei allen Fragen und Problemen zu Ungarn, Polen und China: Jetzige Probleme im Sozialismus seien kalter Krieg in schärfster Form. Jedes Stück Aufgeben des Sozialismus sei auch ein Stück Aufgeben des Friedens. Trotz vieler Probleme sei die DDR eine sichere Heimat. Diese Erkenntnis müsse noch mehr bei unseren Schülern gefestigt werden! Die Schulleitung hält das offensichtlich für ein gutes Schlusswort und ergänzt lediglich, dass alle bis zur Vorbereitungswoche den letzten Bericht des Politbüros lesen. Eine mutige Kollegin hält das Ganze sicher für einen schlechten Spuk und stellt die Frage (ich denke sie greift das Stichwort Ungarn auf), warum man in unseren Zeitungen nicht alles sage. Sie spricht bewusst das Problem der Ausreiseanträge an. Vier Genossinnen und Genossen sind sofort mit Antworten zur Stelle. Und diese Antworten sollen etwas Endgültiges haben, man möchte nicht wirklich darüber diskutieren:

      1. Es gibt noch zu viele, die nur „meckern" und wenig tun wollen.

2. Man kann Video-Kassetten ausleihen, die Antwort auf das Ausreiseproblem geben!!! (Diese Antwort ist die absolute Krönung! Man wird im Oktober sogar versuchen, uns so eine Kassette vorzuspielen).
3. Wenn ein Bürger unser Land verlassen will, bewegt uns das sehr. Meist sind es Menschen ohne Moral, die sehr egoistisch und eigennützig sind. Ereignisse in Ungarn sind besorgniserregend. Manche Menschen wollen ohne fleißige Arbeit zu Reichtum kommen, auch im Sozialismus. Unsere Schüler sind nicht Objekt, sondern Subjekt der Erziehung. Das Elternhaus muss mehr die gesellschaftliche Bedeutsamkeit der Erziehung erkennen.
4. Es genügt nicht, dass wir nur unsere Arbeit als Lehrer tun. Wir müssen uns gesellschaftlich noch mehr engagieren.

So, nun haben sie es uns aber gegeben. Aufgewühlt und mit mehr Fragen als Antworten verlassen wir die Sitzung.

Sommer 1989
Ausreise, Tränen und Kulturgut der DDR

Wir fahren in den Urlaub – nein, nicht nach Ungarn – sondern nach Thüringen. Wir haben in Suhl Freunde und Bekannte. Die Ereignisse in Ungarn – zumindest das, was man erfährt – faszinieren uns, wir ziehen eine Flucht aber zu keinem Zeitpunkt in Betracht. Immer noch sind wir der festen Überzeugung, dass es etwas Endgültiges wäre. Wir können sogar zu DIESEM Zeitpunkt noch nicht an eine ernsthafte Veränderung glauben, und das geht nicht nur uns so, denn würden sonst so viele verzweifelte Menschen ihren geliebten Trabi in Ungarn auf der Straße stehen lassen, würden Leute die Botschaften stürmen wie eine letzte, rettende Bastion? Wir wissen nicht, dass dieses System wirtschaftlich am Boden liegt, dass es fertig ist und nur noch künstlich am Leben erhalten wird. Der Schein wird gewahrt, „the show must go on". Wir glauben immer noch, dass die Mauer niemals fallen wird. So tiefe Furchen hat die ständige Demonstration der Macht des SED-Regimes und ihres

„Schutzschildes", der Stasi, in uns hinterlassen. Materiell haben wir nichts, was uns hält. Kein Haus, kein Auto, kein Grundstück. Aber wir sind immer noch der Überzeugung, dass eine Flucht bedeuten würde, dass wir unsere Eltern niemals wieder sehen würden. Davon mussten wir um diese Zeit noch ausgehen.

Also machen wir Urlaub in Suhl, wollen uns abends wieder mal eine richtige Bratwurst gönnen und treffen die Wirtin unserer Stammkneipe mit rotgeweinten Augen und sehr gedrückter Stimmung. Wir sind erschrocken und denken an ganz was Schlimmes, der Opa steht aber hinterm Tresen, das kann's nicht sein. Aber indirekt glaubt sie schon, einen lieben Menschen verloren zu haben, und zwar auf oben angedeutete Art und Weise.

Zeitzeugin Christa Schlegelmilch aus der „Jägerstube" Suhl-Neundorf erzählt uns die Geschichte der Monika Kunath, geboren in Suhl. „Monika ist eine meiner besten Freundinnen. Sie verliebt sich 1987 bei einer Geburtstagsfeier in einen Mann aus Wien, Werner Kunath, auch ein geborener Suhler, der mit 16 „abgehauen" war, erst in der BRD lebte und nun in Österreich. Es war Liebe auf den ersten Blick, beide waren wie für einander geschaffen. Aber Werner musste wieder weg, und die Grenze war zwischen ihnen. Es blieben nur Briefe und Telefonate, da die Monika kein Telefon hatte, hat sie oft bei mir telefoniert. Besuchsweise durfte der Werner auch immer wieder einreisen, aber regelmäßig kam der Abschied. Das wollten sie nicht mehr, so entschieden sie sich eines Tages: Wir wollen heiraten. Da ich die engste Vertraute bin, bespricht die Monika das mit mir. Wir waren beide in diesen Dingen sehr unerfahren, wie soll das nun vonstatten gehen? Jemand gibt uns den Rat, es sei das beste, wir würden nach Berlin fahren zur österreichischen Botschaft. Wir zwei „Landeier" fuhren also nach Berlin in unseren selbstgearbeiteten Trachtenjacken, und als wir uns am Taxistand in eine Schlange von ca. 40 Personen einreihen wollten, hatten wir sogar noch unseren Spaß. Unser Outfit muss ein Taxifahrer wohl eher bayrisch gedeutet haben, jedenfalls kommt er vorgefahren und möchte uns gleich einladen. Höflich, wie wir erzogen sind, weisen wir darauf hin, dass die anderen Leute vor uns dran sind, das ist ihm aber völlig egal. Na ja, beim Bezahlen merkt er dann seinen Irrtum schon, aber er verbirgt seine Enttäuschung und gibt uns Ratschläge, wie wir ungehindert in die Botschaft kommen. Ganz ran darf er nicht fahren. Er erklärt uns, wir sollen warten, bis die Streife vorbei ist und dann einfach zielsicher reingehen. Wenn wir erst einmal im Eingang der Botschaft sind, kann uns niemand mehr etwas anhaben. Wir hatten „Herzklopfen kostenlos". Es hat aber geklappt und wir können unser Anliegen vorbringen. Wir erfahren, dass so etwas lange dauern kann und nicht unbedingt zum Erfolg führen muss. Wir bekommen die entsprechenden Formulare mit und werden darauf hingewiesen, dass es große Schwierigkeiten geben könne. Nun gut. Es wird noch ein zweiter Termin nötig, und dann werden Nägel mit Köpfen gemacht. In Suhl wurde uns mitgeteilt: Heirat ja, aber nur in Suhl. Anders nicht. Also wird das Aufgebot bestellt und am 13.07.89 war Hochzeit. Beide sind glücklich, und der Bräutigam dachte, er könne nun seine Frau gleich mitnehmen. Da hatte er sich aber geirrt. Auf dem Polizeipräsidium erklärt man ihm, er fährt nun schön wieder nach Hause, seine Frau könne nachkommen, wenn die Genehmigung da ist. Es waren für die beiden die längsten 4 Wochen ihres Lebens, und wir haben alle mitgelitten. Monika musste ein Ausreiseformular ausfüllen und dort alle Dinge eintragen, die sie mitnehmen wollte. Sie entschied sich für Barockmöbel (ein Esstisch mit 4 Stühlen), wertvolle, in Leder gebunde Bücher, ein Andenken an ihre Großeltern und schließlich waren da noch einige kleine Figuren aus Schlegelmilch-Porzellan, auch ein Andenken an ihre Großmutter. Gutachter mussten entscheiden, ob es genehmigt wird oder nicht. Entgegen meinen Erwartungen waren die Barockmöbel kein Problem, auch die Bücher, die wir in Meiningen im Antiquariat begutachten lassen mussten, durfte die mitnehmen. Was keiner gedacht hätte, die kleinen Porzellanfiguren waren das Problem. Der damalige Chef des Waffenmuseums Suhl war der Sachverständige und entschied, sie kann die Figuren nicht mitnehmen, es sei „Kulturgut der DDR". „Nun gut", sagte Monika, „dann lasse ich das eben meinen Kindern" (2 fast erwachsene Kinder hatten sich entschieden, in Suhl zu bleiben, weil sie noch in der Ausbildung waren und der leibliche Vater auch in Suhl lebt). Nein, hieß es da, das gehe jetzt aber nicht. Die Figuren stehen nun einmal auf dem Antrag, und der Antrag sei unwiderruflich. Die Figuren bleiben hier und werden nach Eisfeld gebracht. „Sie können ja, wenn Sie künftig einreisen, nach Eisfeld ins Heimatmuseum gehen und sich ihr Porzellan anschauen", denn dorthin werde es gebracht. Noch war es aber zu Hause, denn das Gutachten wurde zu Hause erstellt. Wir sollten die Figuren dann ins Waffenmuseum bringen und dort abgeben. Wir heckten einen Plan aus. Monika sagte: „Wenn ich sie nicht haben darf und meine Kinder auch nicht, dann soll sie der Staat auch nicht haben." Wir gaben sie also nur in einen Stoffbeutel, nicht eingepackt, ohne Schutz also. Bei der Übergabe wollte Monika mir ein Zeichen geben, daraufhin sollte ich den Beutel loslassen, ehe der Chef von Museum zugreifen konnte. Ich war aufgeregt wie nur einmal. Das Herz schlug mir bis zum Halse, als es dann fast soweit war. Ich stand da mit dem Beutel, das Gespräch ging dem Ende entgegen, ich wartete auf Monikas Zeichen. Es kam aber keins. Ich weiß nicht, ob man uns was angemerkt hat, wir sind ja keine Schauspieler. Wahrscheinlich hat er was gemerkt, denn kurz vor der Übergabe sagte der Chef vom Museum zu Monika: „Wenn sie das jetzt kaputtmachen oder fallen lassen, dann reisen sie überhaupt nicht aus." DAS wollte sie nicht riskieren.

Ein anderes schönes Stück hatte schon vorher den Besitzer gewechselt: Schon vor der Hochzeit hatte Monika ihrem Werner ein Service geschenkt, einen gläsernen Bierkrug mit Zinndeckel und 6 Gläsern. Bei der Heimfahrt nach Österreich hat man ihm das bei der Grenzkontrolle weggenommen, im Zug, ohne Gutachter. Für beides, sowohl für die Figuren sowie für das Service gab es natürlich keinerlei Quittung. Hingegeben bzw. weggenommen, und fort war es. Auch dem Werner hat man gesagt: „Immer, wenn Sie, von Wien kommend, hier einreisen, können Sie sich im Heimatmuseum in Eisfeld ihr Service ansehen."

Nach all dieser Aufregung und nachdem das Porzellan abgegeben war, kam nun endlich die Genehmigung, sie durfte ausreisen. Ich habe sie selbst mit dem Auto nach Saalfeld gebracht. Sie musste über Probstzella ausreisen. Wir hatten uns beide ganz fest vorgenommen, tapfer zu bleiben. Bis auf den Bahnsteig haben wir das geschafft. Selbst als wir dort noch eine Weile warten mussten. Als aber der Zug einfuhr, war alles zu spät. Wir haben uns umklammert, und die Tränen sind nur so geflossen. Der ganze Bahnsteig muss ein Meer von Tränen gewesen sein. Und nun ist sie weg, und ich weiß nicht, ob ich sie jemals wiedersehe. Christa wischt sich eine Träne aus den Augen: Aber eine Gewissheit bleibt mir: Sie ist glücklich. Und ich habe ihr ein wenig geholfen, dieses Glück zu erreichen. Auch wenn wir für den Rest unseres Lebens vielleicht nur telefonieren können: Es ist gut so wie es ist.

Der alte Trott

Es beginnt wieder einmal ein neues Schuljahr. Und es beginnt so wie das letzte aufgehört hatte. Als hätte sich während des Sommers nichts ereignet. Wir sprechen über die Verteidigung des sozialistischen Vaterlandes (wieder einmal), über die militärische Nachwuchsgewinnung und natürlich über den Pionier- und FDJ-Auftrag für das Schuljahr 1989/90. Mir würde ja sonst auch was fehlen. Im Hinblick auf den 12. Parteitag der SED soll die Aufnahme der Thälmannpioniere besonders emotional gestaltet werden. Na ja, das könnte klappen. Es scheint mir so, als ob man als Antwort auf das Ausreise- und Flüchtlingsproblem einen neuen Slogan kreiert hat: ‚Meine Liebe, meine Heimat DDR'. Wir sollen Stolz auf die Heimat anerziehen. Die Erziehung zur Liebe zur Heimat DDR stehe im Mittelpunkt der moralischen Erziehung. Das Wort ‚Heimat' wird reichlich überstrapaziert. Ansonsten sprechen wir in einer Zeit höchster politischer Brisanz von so wichtigen Dingen wie Schulgarten, Werkunterricht, Bastelnachmittagen, Wandzeitungen und Geburtstagen im Schulhort. Am 25.09.89, nachdem Tausende Menschen über Ungarn geflohen waren, die Botschaft in Prag überfüllt ist von Ausreisewilligen, vertiefen wir in einer Dienstberatung das Thema Heimatliebe. Wir werden ermahnt, dass unser Standpunkt umso klarer sein muss, je bewegter die Zeiten sind. Wir sprechen über ‚sozialistische Moral' und ‚Lebensorientierung', ohne dass irgendwas Konkretes dabei herauskommt. Wir sollen „bei kleinen Dingen mit der moralischen Erziehung anfangen". Der Kollege, der schon mal einen Denkzettel bekommen hat in Form des Diskussionsbeitrages, formuliert den einzig treffenden Satz: „Seit 30 Jahren haben wir immer dasselbe geredet und keine Veränderung erreicht".
Er hat recht. Wir müssen uns jetzt selber kümmern, und was passiert:

Das Allerletzte – die Grenze zur ČSSR ist zu!

In der ersten Oktoberwoche überschlagen sich die Ereignisse. Wahrscheinlich weil nun die Grenzen der „sozialistischen Bruderländer" nicht mehr dicht sind (Ungarn!) und wegen der Ausreisewilligen in der Prager Botschaft schließt man am 3. Oktober die Grenze zur ČSSR. Wir geraten in Panik. Jetzt machen sie endgültig dicht. Jetzt ist alles zu spät. Wir fühlen uns wie in der Mausefalle. Ich wusste nicht, das „eingesperrt" noch eine Steigerung erfahren kann: „eingesperrter". In den Medien spricht man von einer „zeitweiligen Aussetzung des pass- und visafreien Grenzverkehrs" zur CSSR". Dem Begriff „zeitweilig" können wir kein Vertrauen entgegen bringen, denn wir beobachteten am 07.10 89, wie große Mengen Stacheldraht zur Grenze transportiert wurden. Wir sahen mit Entsetzen, dass man uns notfalls mit Gewalt von unseren tschechischen Freunden und somit vom letzten Stückchen der Welt, das uns zugänglich war, trennen will. Wir entwerfen eine Eingabe an den Staatsrat, kommen aber nicht dazu sie abzuschicken, denn am 4. Oktober fahren die Züge mit den Botschaftsflüchtlingen über Dresden in die BRD. Wir hören von Tumulten am Dresdener Hauptbahnhof, Demonstranten gegen Bereitschaftspolizei. DEMONSTRANTEN. Das ist eine ganz neue Dimension, das kennen wir nur vom 1. Mai. Informationen gibt es kaum, und wenn, dann nur verzerrte. Wir haben nur „Buschfunkinformationen", die hinter vorgehaltener Hand weitererzählt werden. „Habt ihr gehört? Am Dresdener Hauptbahnhof, da soll was los gewesen sein...! „Da sind Steine geflogen". Wir sind nicht weit weg von Dresden, wissen trotzdem nicht, was Wahrheit ist und was nicht. Wir werden erst viel später erfahren, wie brutal man gegen die Demonstranten vorging und dass Truppen der NVA nach Dresden beordert wurden. Ich glaube, die SED-Clique begann zu begreifen, dass es ernst wird, wähnte sich aber noch Herr der Lage. Neue Buschfunkinformationen erreichen uns: „In Leipzig wird jeden Montag demonstriert, Ausgangspunkt ist eine Kirche...". Es gab Verhaftungen und Polizeieinsätze. Wie würden so gern mehr erfahren. Mein Mann hat Verwandte in Leipzig, aber keiner hat ein Telefon von den „Normalsterblichen", mein Bruder, der inzwischen in Halle wohnt und in Leipzig arbeitet, auch nicht. Der Zufall kommt zu Hilfe. Mein Bruder hat eine alte Wohnung, irgendwas ist immer zu richten und mein Vater als alter Handwerker kann da nicht lange zusehen. Sie fahren um den 8. Oktober für 2-3 Tage zu meinem Bruder. Ich beauftrage sie, mir UNBEDINGT Informationen mitzubringen, was in Leipzig los sei. Sie kommen mit den Zeitungen der letzten Tage zurück und erzählen, was mein Bruder ihnen „mitgab" für mich: kleinere Montagsdemos schon lange, ab 4. Oktober volle Polizeipräsenz. Montags im Anschluss an das Friedensgebet in der Nikolaikirche massenhaft Polizei in der Stadt, Stasi in der Kirche, Kampfgruppen zur Verstärkung. Wasserwerfer gegen Demonstranten, Polizei mit Hunden. Besonders brutal am 7. Oktober. Polizei neuerdings mit Sonderausrüstung (Helm, Schild, Schlagstock). Verhaftungen. Mein Bruder hat mit eigenen Augen gesehen, wie Leute weggezerrt, verprügelt und auf LKWs geladen wurden. Es wurden Namen gerufen, anwesende Bürgerrechtler notieren diese, denn keiner wusste, was mit den Personen geschieht und wo sie hingebracht werden. Ab dem 9. Oktober im Clara-Zetkin-Park Panzer, Wasserwerfer, Schützenpanzerwagen in Bereitschaft, dazu Volkspolizei, Kampfgruppen, Bereitschaftspolizei. Auf der Straße stehen sich Vater und Sohn gegenüber, Brüder, Freunde. Die einen auf der Seite der Demonstranten, die anderen bei den Kampfgruppen. Wir sind entsetzt.

Wir blättern in den Zeitungen. Mein Bruder hat schon bestimmte Artikel angekreuzt:

„Ordnung und Sicherheit gestört" (LVZ, 3.10.89, Seite 8)
„Am Montag Abend kam es in der Leipziger Innenstadt erneut zu einer ungesetzlichen Zusammenrottung größerer Personengruppen, die die öffentliche Ordnung und Sicherheit störten und den Straßenverkehr der Innenstadt beeinträchtigten. Den Maßnahmen der deutschen Volkspolizei zur Aufrechterhaltung der Ordnung und Sicherheit wurde aktiver Widerstand entgegengebracht, Volkspolizisten angegriffen und Einsatzfahrzeuge beschädigt. Durch das besonnene und entsprechend der Lage konsequente Handeln der deutschen Volkspolizei mit Unterstützung von Kampfgruppen der Arbeiterklasse wurde die Zusammen-

rottung aufgelöst und die Ordnung und Sicherheit wieder hergestellt. Der Einsatz von Hilfsmitteln der deutschen Volkspolizei war unumgänglich. Es waren Zuführungen erforderlich. Die strafrechtlichen Konsequenzen werden geprüft."

„Rowdys beeinträchtigen ein normales Leben" (LVZ, 09.10.89, S. 8)
„Während des Sonnabends störten Gruppen von zumeist jugendlichen Rowdys, organisiert aufgetreten und beeinflusst von westlichen Medien im Leipziger Zentrum die Markttage, beeinträchtigten zeitweise das normale Leben und den innerstädtischen Verkehr. Die deutsche Volkspolizei verhinderte durch besonnene Handlungen größere Ausschreitungen und sicherte einen geordneten Ablauf der Markttage. Auffallend war, dass unter den Unruhestiftern, die bei der Volkspolizei belehrt werden mussten, viele nicht aus Leipzig und aus unserem Bezirk waren. Gegen einige Personen, Rädelsführer und Störer wurde ein Ermittlungsverfahren eingeleitet. In Aufrufen an die staatlichen Organe unserer Stadt und an die Redaktion der LVZ zeigten sich die Bürger über das Rowdytum und die Störung des Zusammenlebens beunruhigt und verlangten, den Unruhestiftern entschieden zu begegnen".

„Rowdys", „Zusammenrottungen", Störung der Ordnung und Sicherheit", und das alles inszeniert vom Westen. Alles klar. Mein Mann denkt an 1965. Wir sehen uns an. Wir brauchen nichts zu sagen. Wir sind uns einig. Wir müssen hin. Die nächste Demo ist am 16. Oktober. Zum Glück sind ab dem 14. Oktober Ferien. Wir organisieren in Windeseile, dass wir bei den Verwandten übernachten können.

Mein Bruder bekommt das mit. Er kann nicht genau einordnen, ob wir wirklich nur zu den Verwandten wollen oder zur Demo. Er ruft von **seiner** Arbeitsstelle auf **meiner** Arbeitsstelle an (weil keiner ein Telefon hat). Er will mich eindringlich warnen. Er meint, ich habe nicht richtig erfasst, was in der Stadt los ist und will mich vor etwas Überstürztem bewahren. Er steht noch unter dem Schock der Ereignisse der letzten Tage. So ergibt sich eine für Außenstehende fast unsinnige Unterhaltung (neben mir sitzt die Sekretärin und neben ihm sein Vorgesetzter):

„Hallo, Schwesterchen, ich hab gehört, ihr wollt am Montag nach Leipzig kommen..."
„Ja, das stimmt."
„Wann werdet ihr denn ungefähr da sein?"
„Na ja, es ist blöd, Ronald muss am Montag noch 3 oder 4 Stunden im Betrieb arbeiten, eilige Sachen. Wir können erst gegen Mittag in Dresden weg, der Zug soll gegen 15:00 Uhr in Leipzig sein."
„Prima, da hab ich Feierabend. Ich hole euch ab, zu Hause wird Kuchen gebacken, wir fahren gleich nach Halle, da können wir bei uns gemütlich Kaffee trinken."
„Du, das ist lieb gemeint, aber am Montag geht das nicht. Da haben wir schon was vor."
„Was denn?"
„Ich will in die Stadt."
„Was willst Du denn in der Stadt? Die Geschäfte machen montags alle um 16:00 Uhr zu!"
„Ich will nicht in die Geschäfte."
„Ja, was willst Du denn dann in der Stadt?"
„Ach, Du weißt doch, wenn wir eine Weile nicht da waren, muss ich erst mal meine Runde drehen, mal sehen, ob alles noch beim Alten ist..."
„Das kannst du doch an jedem anderen Tag auch..."
„Ja, aber ich habe es mit für den Montag vorgenommen!"
„Und wohin willst Du genau?"
„Na, erst mal zur Oper, du kennst doch meine Runde, dann Richtung Nikolaikirche, ..."
Er unterbricht mich. „Hast Du Dir das gut überlegt?"
„Ja, und es ist endgültig."
---Pause---
„Bist du noch da?"
„Ja. Bin noch da. Schade, ich wollte euch abholen."
„Kannst Du doch... Komm doch einfach mit!"
„Weiß nicht..."
„Also wenn Du nicht mit in die Stadt gehst, brauchst Du uns auch nicht abholen. Was ist nun?"

„Mal sehen. Überleg Dir, was Du machst."
„Du auch. Grüß' die Familie. Tschüss"
„Tschüss."

Ich weiß, ich bin gemein. Also wir dann im Zug sitzen, sagt mein Mann: „Wie seid ihr nun eigentlich verblieben? Kommt er auf den Bahnhof oder nicht?" Ich erzähle ihm vom Gesprächsausgang. Er sieht mich an. „Also weißt du...!" Ja, ich weiß. Es tut mir ja auch leid. Zumal ich keine Chance hatte, ihn noch mal zu sprechen bevor wir losgefahren sind. Aber bei mir ist jetzt ein Punkt erreicht, wo mir fast alles egal ist. Ich will nicht mehr. Ich kann nicht mehr. Ich weiß jetzt schon, dass in genau 14 Tagen, am ersten Schultag also, das nächste Parteilehrjahr ist. Thema: 40. Jahrestag der DDR. Das muss man sich mal vorstellen. In dieser Situation! Ich hab das alles so satt. Und wenn es Hoffnung gibt, etwas zu ändern, dann bin ich dabei. Mein Mann sieht das genauso. „Nochmal passiert mir das nicht wie 1965", war sein erster Gedanke. Wenn andere die Rübe hinhalten, dann will ich nicht abseits stehen. Meine Eltern sind sehr verunsichert, fast bereuen sie, dass sie die Zeitungen mitgebracht haben, aber sie kennen meine Entschlusskraft. Mein Vater sagt: „Wenn sie sich einmal etwas in den Kopf gesetzt hat, dann kannst du nichts machen."

Der Zug fährt auf dem Leipziger Hauptbahnhof ein. Ich werde nervös. Ob mein Bruder da ist? Ich hätte ein schlechtes Gewissen, wenn nicht. Ich sehe die Blicke meines Mannes. Etwas in mir sagt mir, dass er da sein wird. Der Zug hält, wir steigen aus. Wir sind ziemlich weit hinten und müssen den ganzen Bahnsteig entlang laufen. Meine Hände sind feucht, meine Augen überall – und da steht er, am Ende des Bahnsteigs, mein Bruderherz! Erleichtert fallen wir uns in die Arme. Ich muss noch mal versichern, dass ich mir absolut darüber im Klaren bin, was ich zu tun gedenke. Bin ich. „Und du?", frage ich. „Hab das Auto in einer Seitenstraße versteckt und mich zu Hause abgemeldet!" Klasse, das ist mein Bruder. „Aber...", er deutet auf unsere Tochter. Ja, das ist wirklich blöd. Mein Mann musste im Betrieb noch eine eilige Arbeit beenden, dann hat er sein Werkzeug verschlossen und dem Meister mit den Worten „"...und jetzt fahr' ich nach Leipzig zur Demo" den Schlüssel übergeben. Dadurch ist es zu spät, unsere Tochter erst noch zu den Verwandten nach Plagwitz zu bringen. Denn von dort – das wussten wir – wäre keine Straßenbahn mehr in die Stadt gefahren. Wir müssen unsere Tochter, 11 Jahre, also mitnehmen. Das beunruhigt uns alle, hält uns aber nicht von unserem Vorhaben ab. Wir verstauen unser Gepäck in einem Schließfach und laufen Richtung Oper. Ich kann nicht sagen, ob zu diesem Zeitpunkt schon mehr Leute in der Stadt waren als sonst, ich hab auch kaum drauf geachtet. Ich frage meinen Bruder, wie das nun abläuft. Er erklärt mir, dass im Moment alle noch in der Nikolaikirche sind, nach dem Friedensgebet sich dann vor der Kirche der Protestzug formiert und Richtung Oper bewegt, dann weiter über den Ring. Also viele, die nicht mit in der Kirche sind, würden dann vor der Oper warten. Das sei besser als vor der Nikolaikirche. „Warum?", will ich wissen. „Weil dort auch viele andere warten", sagt er leise. Er erzählt mir von den Verhaftungen und dass Freunde und Angehörige an der Nikolaikirche regelmäßig Kerzen und Blumen für sie aufstellen. Ich möchte das sehen. Während wir in die Grimmaische Straße einbiegen, höre ich plötzlich über den Stadtfunk jemanden sprechen. Es ist ein Appell an die Bürger, Ruhe zu bewahren. Ein mir unbekannter Sprecher betont, man sei dabei, Konzepte für die Zukunft zu prüfen und Diskussionen fortzusetzen, „...aber bitte nicht auf der Straße". Seine Worte gipfeln irgendwie in der Aufforderung, doch lieber nach Hause zu gehen. Man wird sich des Problems schon annehmen und es irgendwie lösen. Auch der berühmte Kurt Masur mahnt zur Besonnenheit und möchte lieber auf den Dialog setzen. Man solle intensiver als bisher ins Gespräch kommen. Vergleichen Sie dazu bitte Seite 198, Punkt 3. Ich muss ehrlich sagen, es hat mich befremdet – und auch ein wenig enttäuscht. Ich konnte diesen Worten – entgegen manch anderen Meinungen – weder Beruhigung noch Unterstützung entnehmen. Von Diskussionen und Gesprächen hatten wir die Nase voll. Davon lassen wir uns nicht mehr beschwichtigen, und darin sehen wir auch keine Lösung. Zur Besonnenheit muss man UNS nicht ermahnen, das hätte er lieber an die Adresse der Staatsmacht richten sollen, die Kampfgruppen, Polizei und Wasserwerfer bereit hielt – auch für Montag, den 16. Oktober 1989.

Tobias Hollitzer schreibt in einer Schriftenreihe zum friedlichen Verlauf des 9. Oktober 1989 in Leipzig [34] auch über die Vorbereitungen für den 16. Oktober 1989:

> Am 14. Oktober fand 8.00 Uhr eine Einweisung beim Chef des Hauptstabes des Nationalen Verteidigungsrates (NVR), Fritz Streletz, statt.[153] Von Erich Honecker wurde u.a. festgelegt: „Unter allen Umständen sollte verhindert werden, daß es zu Massendemonstrationen im Zentrum Leipzigs kommt. Neben den Kräften und Mitteln der DVP und des MfS sollten die Fallschirmjäger der NVA und die Spezialkräfte des MfS nach Leipzig verlegt werden und dort vorrangig für die Festnahme der Rädelsführer bzw. für den Einsatz zu besonderen Aufgaben vorbereitet werden."[154]
>
> Die Führungsgruppe des MdI rief 14.00 Uhr in Leipzig an und teilte mit, daß der „BDVP heute noch 250 Helme, 300 Schutzschilde und 300 Knüppel zugeführt werden"[155]. Der Stellvertreter des Chefs der BDVP Leipzig, Oberst Sinagowitz, begab sich 16.00 Uhr zu einer Beratung beim amtierenden 1. Sekretär der SED-Bezirksleitung.[156] 16.16 Uhr teilte Oberst Dubski vom Führungspunkt des Wehrbezirkskommandos Leipzig der BDVP mit, „daß 3000 Schlagstöcke benötigt werden."[157] Die Bezirkseinsatzleitung war ebenfalls zu einer Sitzung
>
> ---
> [153] Befehl Nr. 9/89 des Vorsitzenden des Nationalen Verteidigungsrates (NVR) über Maßnahmen zur Gewährleistung der Sicherheit und Ordnung in Leipzig, Berlin 13.10.1989, zitiert nach: T. Auerbach (Anm. 91), S. 39 f. Alle folgenden Zitate aus diesem Befehl stammen aus der gleichen Quelle. Kopie in: Minderheitenvotum Arnold (Anm. 11), Anlage, S. 1655-1657.
> [153] Noch am Vorabend war 22.00 Uhr wurde ein VP-Offizier des Stabes der BDVP Leipzig „zur Lösung einer dringenden Aufgabe (Vorbereitung von Kartenmaterial für das MdI)" zur Dienststelle befohlen. Vgl. Lagefilm der Führungsgruppe beim Stabschef der BDVP Leipzig, Bl. 45, Eintrag Nr. 348. SStAL, BDVP, 12405. 4.30 Uhr war der Stellv. des Chefs der BDVP und Stabschef, Oberst Burghardt, nach Berlin zu dieser Beratung gefahren. Vgl. Lagefilm der Führungsgruppe beim Stabschef der BDVP Leipzig, Bl. 46, Eintrag Nr. 350. StAL, BDVP, 12405. 9.40 Uhr fuhr dann ein Sonderkurier nach Berlin, der von Oberst Burghardt über den ODH der BDVP angefordertes Kartenmaterial zu dieser Beratung brachte. Lagefilm der Führungsgruppe beim Stabschef der BDVP Leipzig, Bl. 47, Eintrag Nr. 360. StAL, BDVP, 12405.
> [154] Aktennotiz des Stabschef der BDVP Leipzig, Oberst Burghardt, über die Einweisung am 14.10.1989, 8.00 Uhr, beim Chef des Hauptstabes des NVR, Genossen Generaloberst Streletz, Leipzig 14.10.1989 Bl. 1-3, hier Bl. 1; Kopie in: Minderheitenvotum Arnold (Anm. 11), Anlage, S. 698.
> [155] Vgl. Lagefilm der Führungsgruppe beim Stabschef der BDVP Leipzig, Bl. 49, Eintrag Nr. 369. StAL, BDVP, 12405.
> [156] Ebd., Eintrag Nr. 372.
> [157] Ebd., Eintrag Nr. 373. SStAL, BDVP, 12405.

34 Tobias Hollitzer: „Der friedliche Verlauf des 9. Oktober 1989 in Leipzig – Kapitulation oder Reformbereitschaft? Vorgeschichte, Verlauf und Nachwirkung" in der „Schriftenreihe der Gesellschaft für Deutschlandforschung", Band 73, „Revolution und Transformation in der DDR 1989/90", herausgegeben von Günther Heydemann, Gunther Mai und Werner Müller

zusammengetreten, aus der der Polizeichef gegen 18.00 Uhr zurückkehrte. Die Festlegungen für die Polizei stimmte er mit Oberst Burghardt ab, und sie „wurden gesondert schriftlich fixiert"[158]. Im Lagefilm der Führungsgruppe des MdI wurde an diesem Abend 19.00 Uhr festgehalten: „Auf der Grundlage der Beurteilung der Lage im Nationalen Verteidigungsrat und im Ergebnis der Beratung beim Vorsitzenden der EL [Einsatzleitung] Leipzig am 14.10.1989 werden für den Ordnungseinsatz am 16.10.1989 zusätzlich 3 Kompanien benötigt."[159]

Am gleichen Tag lag dem Chef des Hauptstabes der NVA, Fritz Streletz, der Entwurf der „Planung des Einsatzes von Kräften der Nationalen Volksarmee für das Stadtgebiet von Leipzig"[160] vor. Am Sonntag konnte Vollzug gemeldet werden: „Zur Verstärkung der Schutz- und Sicherheitsorgane der Hauptstadt Berlin und in Leipzig für den Fall provokatorischer Aktionen [...] wurden insgesamt 68 Hundertschaften der NVA [...] in Bereitschaft versetzt."[161] Für den Einsatz in Leipzig waren 31 Hundertschaften in Kasernen in Döbeln, Delitzsch, Eilenburg, Bad Düben und in der Stadt selbst verlegt worden. Die „Marschstraßen nach Leipzig" waren ebenso festgelegt wie die „Übernahmepunkte" für die Bezirkseinsatzleitung. Die Verfügbarkeit dieser Truppen war mit 1 bis 3 Stunden angegeben.[161] Erstmals verlegte die SED-Führung auch 3 Hundertschaften des Luftsturmregiments 40 aus Lehnin in die Kaserne in der Georg-Schumann-Straße.[163] Die Fallschirmjäger dieser Spezialeinheit wurden dort als „zeitweilig dem Chef der Bezirksbehörde der Deutschen Volkspolizei unterstellte Kampfkräfte" für einen polizeilichen Einsatz gegen Demonstranten eingewiesen.[164] In den nächsten Stunden hatte die Leipziger Polizei die insgesamt 3000 Soldaten für einen polizeilichen Einsatz mit Schlagstöcken auszurüsten. Auch die Polizei selbst hatte wieder mehrere tausend Mann nach Leipzig kommandiert. „In Vorbereitung der Maßnahmen 16.10.89" meldete die BDVP Leipzig an die Füh-

---

[158] Vgl. Lagefilm der Führungsgruppe beim Stabschef der BDVP Leipzig, Bl. 50, Eintrag Nr. 378. StAL, BDVP, 12405. Ein Protokoll von der BEL-Sitzung existiert nicht mehr.

[159] Vgl. Lagefilm der Führungsgruppe des MdI, Eintrag Nr. 506. BA, DO 1, 02.1, 52461.

[160] Aktennotiz für den Stellvertreter des Ministers und Chef des Hauptstabes vom 14.10.1989, Kopie beim Autor. Die Originaldokumente konnten im Bundesarchiv bisher nicht ermittelt werden, obwohl häufig daraus zitiert wird.

[161] Aktennotiz für den Stellvertreter des Ministers und Chef des Hauptstabes vom 15.10.1989 7.00 Uhr, Anlage 2, Kopie beim Autor. Kopie in: Minderheitenvotum Arnold (Anm. 11), Anlage 0, S. 11. Als Kopie abgedruckt in: T. Hollitzer (Anm. 1), S. 31.

[162] Ebd.

[163] Ebd. Siehe auch verschiedene Vermerke in Ordner „Operative Einsätze (OE) Montagsgebet 2.10.1989 bis 19.02.1990". StAL, BDVP, ohne Signatur.

[164] Ein Mitglied dieser Einheit, der als Kraftfahrer diesen Einsatz miterlebte, berichtete 1990 darüber. J.A., Mit Gummiknüppeln für das Wohl des Volkes, unveröffentlicht.

> rungsgruppe des MdI die genauen Personenzahlen, die sich zwischen 16.00 und 18.00 Uhr in der Stadt aufhalten. Es wurde auch errechnet, wie viele Menschen in dieser Zeit mit Zügen den Leipziger Hauptbahnhof passieren würden.[165] Am 15.10.1989 erfolgte „auf Weisung des 1. stellv.-Chef des Stabes [...] die Prüfung der Festlegungen zum Kräfteeinsatz BDVP Leipzig. Im weiteren ist zu prüfen, über welche Anzahl von Wasserwerfern sowie Fahrzeuge mit Räumtechnik die BDVP Leipzig verfügt und aus welchen Bereichen Technik nachgeführt werden kann."[166] Auch Stasi-Minister Erich Mielke schickte ein Fernschreiben an alle Diensteinheiten, in dem er für alle MfS-Mitarbeiter aufgrund der komplizierten Lage „Dienst bis auf Widerruf" befahl. Er drückte seine Bedenken aus, „daß sich Demonstrationen und Provokationen von Leipzig, aber auch von Halle, Berlin, Magdeburg bzw. Zwickau aus auf weitere Städte bzw. Teile der DDR ausweiten" könnten.[167]

Wir laufen also zur Nikolaikirche, und es verursacht mir heut noch eine Gänsehaut, wenn ich an die Atmosphäre denke, die schon außerhalb der Kirche herrschte. Beim Anblick der Blumen und Kerzen für die Opfer der letzten „Ordnungseinsätze" erfasst mich eine tiefe Hochachtung vor dem Mut dieser Menschen.

Foto: Martin Naumann

Ich bleibe stehen und lese die Namen, lese den Text:

IN DEN
ZEITUNGEN
DIESES LANDES
STEHT: „HIER
herrscht FREIHEIT"
DAS IST IMMER
IRRTUM ODER
LÜGE
    FREIHEIT
    HERRSCHT
    NICHT

Komm weiter", flüstert mein Bruder. Die Kirche ist übervoll, draußen sind mäßig viele Menschen versammelt, es ist überschaubar, deshalb fallen uns einzelne, irgendwie stereotyp gekleidete Herren im Trenchcoat auf, die sich dort „ganz unauffällig" bewegen. Keiner sagt auch nur ein Wort, ein „Knistern" liegt in der Luft. Es ist regelrecht unheimlich. Man hat den Eindruck, ein falsches Wort, eine falsche Geste, und das Unheil könne losbrechen. Überall, wo 2 oder 3 Leute zusammenstehen, gesellt sich auch recht bald einer der „Trenchcoats" dazu. Ich bin jedenfalls tief beeindruckt und in meiner Absicht bestärkt.

Irgendwann kommen wir wieder auf dem Platz vor der Oper an. Und wir sind erstaunt, wie viele Menschen sich dort inzwischen eingefunden haben. Wir bleiben jetzt dort, um mit den anderen auf den Demonstrationszug zu warten. Ich unterhalte mich mit meinem Bruder über Privates, über die Eltern usw. Plötzlich klopft mir mein Mann auf die Schulter und meint: „Hoffentlich hat die Tante genug zum Abendbrot, wir sind heut einer mehr". ‚Was soll das jetzt', denke ich und drehe mich um. Aha, die Trenchcoats sind auch hier, einer steht direkt hinter mir. Alles klar. Aber wir verlieren ihn aus den Augen, denn es strömen mehr und mehr Menschen herbei. Die Leute schauen alle erwartungsvoll in Richtung Nikolaikirche. Es muss bald los gehen. „Hast Du die

Kamera gesehen?", fragt mein Mann und deutet auf die Hauptpost. Ja, ich habe sie gesehen. Ich habe auch kurz drüber nachgedacht, aber... sei's drum. Immer mehr Menschen schauen in die eine Richtung, aus der sie den Demonstrationszug erwarten. „Es wird bald losgehen", sagt mein Bruder. Instinktiv greife ich nach der Hand unserer Tochter. Das Mädel steht zwischen den ganzen Menschen und weiß gar nicht, was los ist. Etwas mulmig ist mir deswegen schon. Ich sage zu meinem Mann: „Pass mal auf. Wenn irgend etwas passiert, dann schnappst du dir das Mädel und siehst, dass du fortkommst. Und ganz eindringlich wiederhole ich: Du kümmerst dich NICHT um mich. Du schnappst das Mädel und haust so schnell wie möglich ab." Er zögert: „Und du...?" In mir ist der Mut der Entschlossenheit. Ich habe keine Angst mehr, zumindest nicht um mich. „Wenn sie losprügeln", sage ich, „und ich gerate dazwischen, dann habe ich wenigstens paar blaue Flecke zum Vorzeigen im nächsten Parteilehrjahr." Mir ist jetzt alles egal. Mein Mann nickt. Es ist auch keine Zeit mehr zum Diskutieren, mein Bruder deutet in Richtung Nikolaikirche, es geht los.

Ich sehe, dass sich aus Richtung Nikolaikirche eine Menschenmenge in Richtung Oper bewegt. Ein breiter Demonstrationszug, eng an eng nebeneinander, wie um sich so zu schützen, über die ganze Straßenbreite. Langsam schiebt der Zug sich vorwärts. Und ich sehe etwas, was ich bis ans Ende meines Lebens nicht vergessen werde und was mir unheimlich Respekt abverlangt: Weit vor dem eigentlichen Zug geht ganz alleine ein junger Mann. Er bewegt sich ganz langsam vorwärts, geht an Krücken und hat wohl auch einen Arm bandagiert. Mit dem zweiten trägt er ein Schild, auf dem steht: „Schnitzler, entschuldige dich!" Unbeschreiblicher Jubel bricht aus, wo er mit dem Schild auftaucht. Ich möchte ihm um den Hals fallen, so sehr spricht er mir aus dem Herzen. ‚Schnitzler, entschuldige dich'. Das ist fantastisch, dazu gehört Mut. Es wird angespielt auf die üblen Verleumdungen, die diese schwärzeste Gestalt des DDR-Fernsehens bezüglich der Demonstranten in der letzten Sendung zum Besten gegeben hatte („Rowdys, Randalierer, arbeitsscheues Gesindel...").

Quelle: Neues Forum Leipzig: Jetzt oder nie – Demokratie! Forum Verlag Leipzig, Seite 128. Foto: Martin Naumann

Inzwischen ist er vorbei und der Demonstrationszug erreicht unsere Höhe. Die Teilnehmer schauen in unsere Richtung und rufen: „Reiht euch ein!" Immer wieder „Reiht euch ein!" Mein Bruder sagt: „Also wenn, dann warte nicht zu lange. Nicht ganz hinten und nicht am Rande, dort prügeln sie zuerst los. Wenn, dann mitten hinein!" Wir sehen, wie immer mehr Leute der Aufforderung folgen. „Reiht euch ein!" Wir verständigen uns kurz mit Blicken. Mein Mann nimmt unsere Tochter ganz fest an die Hand. Ich sehe meinen Bruder an. „Los!" Und wir gehen auf die Demonstranten zu, um ihrem Aufruf zu folgen, und reihen uns ein, in einen Zug, der scheinbar nie enden wird...

Wir waren 4 von ca. 120.000 an diesem Tag, und ein Ausbleiben von Gewalt war die augenblickliche KAPITULATION VOR DER MASSE, wie auch schon am 9. Oktober. Mit solchen Menschenmassen hatte die SED-Führung nicht gerechnet. Sie sahen sich überrannt, es waren ganz einfach zu viele, um gewaltsam dazwischenzugehen. DAS ist die ganze Wahrheit. Das Ausbleiben der Gewalt ist NICHT der „Besonnenheit irgendwelcher Einsatzkräfte" geschuldet, sondern den Organisatoren und den Demonstrationsteilnehmern selbst. Und wenn sich heute ehemalige hauptamtliche Stasioffiziere im Fernsehen damit brüsten, dass das Ausbleiben von Gewalt denen zu danken ist, die die Waffen hatten und sie hätten anwenden können, dann weiß ich, dass das nicht stimmt.

Ich kenne nicht nur den nachfolgenden Aufruf[35], ich habe auch mit eigenen Augen gesehen, wie er umgesetzt wurde. Klar, dass an einem solchen Tag die Emotionen hochschlagen. Wenn so was auch nur ansatzweise geschah, dann war sofort jemand da, der ruhig, bestimmt, aber konsequent Einhalt gebot. Es waren die Mitglieder des „Neuen Forum", des „Arbeitskreises Gerechtigkeit", der „Arbeitsgruppe Menschenrechte" und der „Arbeitsgruppe Umweltschutz", die hinter diesen Aufrufen standen und sie auch durchsetzten.

Anlage zur Information Nr. 452/89

Aufruf
Nach der Demonstration am letzten Montag von etwa 20 000 Leipziger Bürgern und den Ereignissen des 7. Oktober stehen alle demokratischen Kräfte vor einer Herausforderung. Deshalb rufen wir auf:
— Organisation statt Konfrontation
— Dialog statt Gewalt
— Einsatz für Demokratie mit demokratischen Mitteln
und fordern:
— Zusammenschluß aller demokratischen Kräfte
— Aktives Handeln der Reformkräfte in der SED
— Stellt alles Trennende zurück
Das „Neue Forum" kann die Plattform dafür sein. Öffentlichkeit ist für unsere Gesellschaft überlebenswichtig. Seid Euch dieser Verantwortung bewußt, sorgt für einen friedlichen Verlauf der Demonstration:
— Provoziert nicht, laßt Euch nicht provozieren
— Durchbrecht keine Absperrungen
— Keine Konfrontation mit BePo und Kampfgruppen
— Dialog
— Schützt die Polizisten vor Übergriffen
— *Stoppt Betrunkene, Provokateure – Alle Gewalttätigen*
— Geht nach Ende der Demo friedlich nach Hause
— Unterlaßt Einzelaktionen
Nur so werden Forderungen nach Offenheit, Dialog und Erneuerung durchzusetzen sein.
  Die Demokratische Bewegung kann nur friedlich und gewaltfrei ihren Weg gehen.
Zeigen wir uns gemeinsam solidarisch handelnd auf der Höhe der Zeit.
9.10.1989
Für eine vereinigte Linke   Im Namen von Mitgliedern und
Lesen Weitergeben Vervielfältigen.   Befürwortern des „Neuen Forum"

---

35 Anlage zur Information Nr. 452/89 des MfS. (Information über eine Demonstration und Zusammenkünfte oppositioneller Kräfte in Leipzig, Dresden und Magdeburg) in: „Ich liebe euch doch alle...", Befehle und Lageberichte des MfS von Armin Mitter und Stefan Wolle, BasisDruck Verlagsgesellschaft mbH; Berlin 1990, Seite 216

Das Ausbleiben von Gewalt an diesen beiden Tagen bedeutete noch lange nicht, dass man endgültig davon Abstand nimmt. Die SED-Führung sah es als ein momentanes Zurückweichen und dachte nicht im Traum an die Aufgabe ihrer Machtposition. Sie träumen noch lange davon, die „antisozialistischen Elemente" zu bekämpfen, und – als wäre nichts geschehen – ist tatsächlich am ersten Schultag das

Parteilehrjahr zum Thema „40. Jahrestag der DDR"
Die Bombe geht hoch

Ich gehe nicht unbedingt mit dem Vorsatz dorthin, über meine Teilnahme an der Demo zu sprechen. Zumindest nicht in diesem Gremium. Ich bin natürlich ‚geladen', weil nach den Ereignissen der letzten 14 Tage oder trotz der Ereignisse der letzten Tage alles den alten Trott geht! Honecker war in den Ferien zurückgetreten, und, man stelle sich das vor, das spielt alles überhaupt keine Rolle! Augen zu und durch, an der Wirklichkeit vorbei wie immer. Die Lehrer werden's schon hinnehmen, keiner wird sich trauen was zu sagen. Honecker ist zurückgetreten und wir sprechen über 40 Jahre DDR. Ich sage erst mal gar nichts. Irgendwie kommt die Diskussion aber auf die augenblickliche Situation, auf Ausreisen und auf die Leute, die auf die Straße gehen. Und was passiert? Was nicht anders zu erwarten war: ‚Alles Rowdys, Asoziale, arbeitsscheue Elemente, „jugendliche Randalierer". So, jetzt ist genug. Bis hierher und nicht weiter. Ich melde mich zu Wort, man ist sehr erstaunt. So fest und entschlossen ich kann sage ich: „Jetzt will ich ihnen mal was sagen. Ich war in Leipzig zur Montagsdemo am 16. Oktober. Und ich will ihnen etwas zu den Teilnehmern sagen. Unser ganzes Pädagogenkollektiv, wie wir hier sitzen, hätte man problemlos untermischen können, ohne dass es aufgefallen wäre. Dort waren **alle** Altersgruppen, kaum Jugendliche, höchstens ab dem Studentenalter aufwärts. Die meisten in meinem Alter, manche jünger, viele auch älter. Und es war fantastisch." Ich weiß nicht, was ich noch gesagt habe. Ich weiß auch nicht mehr, ob und was entgegnet wurde. Ich weiß nur eins: Es war wie ein Befreiungsschlag! Es war ein BEFREIUNGSSCHLAG!

ANHANG

Bezirksbehörde Deutsche Volkspolizei   Leipzig, den 14. 10. 1989
         L e i p z i g   bu-m
  Stellvertreter des Chefs und
     Stabschef der BDVP

A k t e n n o t i z

zur Einweisung am 14. 10. 1989, 08.00 Uhr, beim Chef des Hauptstabes des NVR, Genossen Generaloberst Strelitz

Im Auftrag des Genossen Egon Krenz übermittle ich Ihnen:

Gen. E. Krenz und ich haben in den gestrigen Abendstunden dem Gen. E. Honecker Bericht über Ihre Arbeit in der BEL Leipzig erstattet. Es wurde hervorgehoben, daß die BEL zielstrebig und mit großem Engagement an die Erfüllung der Aufgaben herangeht. Es ist eine reale Einschätzung vorhanden, und es bestehen auch abgestimmte Vorstellungen über das mögliche Vorgehen am 16.10.89. Meinungsaustausch zur politischen Arbeit unter Einbeziehung aller gesellschaftlichen Organe und zum Einsatz der bewaffneten Kräfte des Bezirkes Leipzig und der NVA wurde geführt.
Die Entschlußmeldung am 16. 10. 89 wird bestätigt.

Der Befehl Nr. 9/89 des VNVR zur Gewährleistung der Ordnung und Sicherheit in Leipzig wurde vom Gen. Honecker unterzeichnet. Der Befehl wurde allen Mitgliedern des Politbüros und den BEL Leipzig, Dresden, Gera und dem Minister des Innern und Chef der DVP übergeben.

Durch Genossen E. Honecker wurden folgende Maßnahmen festgelegt:

1. Es sollten alle Möglichkeiten genutzt werden, um die Demonstration, soweit wie möglich, auf die 4 Kirchen zu beschränken. Wichtig ist, daß die Zusammenführung zu einem einheitlichen Demonstrationszug verhindert wird.

2. Rechtzeitig sollten bestimmte Sperrzonen mit konkreten Absperrungen, nicht nur mit Kräften und Mitteln, sondern auch mit der Technik der VPB, erfolgen. Eine Blockierung der wichtigsten Straßen müßte ebenfalls in die Planung einbezogen werden.

3. Durch die örtliche Presse und den Rundfunk sollte in geeigneter Weise Einfluß darauf genommen werden, daß die vorgesehene Demonstration nicht durchgeführt wird.
Bekannte Persönlichkeiten Leipzigs sollten entsprechende Appelle an die Bürger Leipzigs richten. Die kirchlichen Vertreter sollten aufgefordert werden, von ihrer Seite aus aktiv Einfluß zu nehmen, daß es zu keinen Demonstrationen kommt.

4. Unter allen Umständen sollte verhindert werden, daß es zu Massendemonstrationen im Zentrum Leipzigs kommt. Neben den Kräften und Mitteln der DVP und des MfS sollten die Fallschirmjäger der NVA und die Spezialkräfte des MfS nach Leipzig verlegt werden und dort vorrangig für die Festnahme der Rädelsführer bzw. für den Einsatz zu besonderen Aufgaben vorbereitet werden.

Quelle: HORCH und GUCK, historisch-literarische Zeitschrift des Bürgerkomitees „15.Januar" e.V., A 12242 – 7. Jahrgang/Heft 23 1998 (2), Seite 36

Stellvertretend für viele:

Heinz Bauer – ein "Urgestein" der Montagsdemos

"Jugendlicher Randalierer", Jahrgang 1935

Am 16. 10 1989 waren wir vier, die an einer Demo teilgenommen haben. Wer waren die restlichen 119.996, die mutig und unerschrocken Montag für Montag dem "Säbelrasseln" des SED-Regimes getrotzt haben? Einer davon war Heinz Bauer aus Groß-Deuben, Jahrgang 1935, zur Zeit der Demos noch wohnhaft in Leipzig, der mir 20 Jahre später, bestätigen wird, dass Leserbriefe von "besorgten" Bürgern an die LVZ und andere Zeitungen inszeniert wurden, genauso wie diverse Schreiben von erbosten Kampfgruppenkommandeuren, nur um das Handeln der Polizeikräfte zu rechtfertigen und die Demonstrationsteilnehmer zu kriminalisieren. Die Unterbrechung des Straßenbahnverkehrs in die Stadt montags ab 16.00 oder 17.00 Uhr wurde offiziell mit der durch die Demonstranten verursachten Störung der öffentlichen Ordnung und Sicherheit begründet. Herr Bauer berichtet auch, dass am 4. und 9. Oktober der Leipziger Hauptbahnhof von Polizeikräften besetzt wurde und verschärfte Kontrollen bei von auswärts anreisenden Personen durchgeführt wurden. Herr Bauer hat ab dem 4. Oktober an 15 Demos aktiv teilgenommen, mit selbstangefertigten Transparenten, mit denen er oft seiner Zeit voraus war. So zum Beispiel mit einem Transparent, das Erich Honecker in Häftlingskleidung zeigt. Er ist jeden Montag mit 6 Arbeitskollegen vom Betrieb ins Stadtzentrum gelaufen. Verkehrsmittel hätten sie mit ihren selbstangefertigten Plakaten gar nicht benutzen können, das wäre aufgefallen. Ein anderes Plakat mit dem Text: "Wahrheit über 40 Jahre Machtmissbrauch" war zu Hause entstanden aus zwei Betttüchern, Farbe und zwei Besenstielen. Es hatte die Maße 4m x 80 cm und wurde nach der Demo an der "Runden Ecke" (Bezirksverwaltung der Stasi) abgestellt. Herr Bauer erinnert sich an folgenden Demo-Ruf: "Schämt euch was, ihr faules Pack, Stasi in die Volkswirtschaft!"

Und was ist mit der Arndtstraße?

Arndtstraße 48, 04275 Leipzig -

Foto: Elke Straube

ist die Besucheradresse der ehemaligen zentralen Hinrichtungsstätte der DDR. Es trifft mich im Zuge der Recherche zu diesem Buch wie ein Hammer. Zu der Zeit, als ich in Leipzig studierte, wurden hier Menschen hingerichtet. Ich mache dieses Foto und kann von meinem Standort aus den Uni-Riesen sehen! Von 1960 bis 1981 wurden hier 64 Todesurteile vollstreckt. Jetzt weiß ich auch, was für Schornsteine noch rauchten im Krematorium: „Die beiden Gehilfen vernagelten den Sarg und brachten diesen mit einem Barkas B 1000 ins Krematorium auf den Leipziger Südfriedhof. Er wurde nicht noch einmal geöffnet, sondern umgehend und unter Geheimhaltung verbrannt. Im Vorfeld wurde sichergestellt, dass sich kein uneingeweihtes Personal in der Einäscherungshalle befand. Nur die Namen der ersten in Leipzig Hingerichteten sind im Einäscherungsbuch des Krematoriums verzeichnet; später wurden die Leichname nur noch unter den Stichworten „Anatomie" oder „Abfall" registriert."[36]

---

[36] www.runde-ecke-leipzig.de/cms/Hinrichtungen-in-Lei.402.0.html

Die Akten endlich schließen?
Niemals!

Die Forderung, „ENDLICH mit der Vergangenheit abzuschließen", wird wieder laut. Nein, ganz entschieden nein. Auch das soll dieses Buch vermitteln. Verbrechen der Stasi sind Verbrechen gegen die Menschlichkeit, und die verjähren nicht. Zu viel Material hat die Stasi während ihrer letzten Tage und Wochen schon selbst vernichtet. Diese Maschine in der „Runden Ecke", der ehemaligen Bezirksverwaltung der Staatssicherheit in Leipzig und heutigen Gedenkstätte Museum in der „Runden Ecke" mit dem Museum im Stasi-Bunker hat eine unbekannte Anzahl von Akten zu den im Hintergrund sichtbaren vertrockneten Klumpen verarbeitet. Viele andere Fotos bringe ich mit Absicht NICHT. Der Leser sei hiermit aufgefordert, sich selbst ein Bild zu machen von der Arbeitsweise der Stasi. Das Bürgerkomitee Leipzig e.V. für die Auflösung der ehemaligen Staatssicherheit gestaltet eine hervorragende Ausstellung. Sehen Sie selbst die Todesurteile, Tarnmittel und Werkzeuge der Stasimitarbeiter. Vielleicht ist ja auch von Ihnen eine „Geruchsprobe" dabei. Und: Es gibt keine „harmlosen" Berichte von IMs. Lassen Sie sich bei einer Führung erklären warum.

Quellennachweis

Statut der Pionierorganisation „Ernst Thälmann", herausgegeben vom Zentralrat der FDJ, Ag 209/45/80 I-5-20 6550, S. 3

Konrad Weiß: „Von der Unfreiheit freier Entscheidungen in der DDR" in: Sächsische Zeitung, 15./16. November 2008

Deutsch Klasse 1 Unterrichtshilfen, Volk und Wissen Volkseigener Verlag Berlin 1977
Mathematik 2, Volk und Wissen Volkseigener Verlag Berlin 1985
Mathematik 3, Volk und Wissen Volkseigener Verlag Berlin 1984
Mathematik 9, Volk und Wissen Volkseigener Verlag Berlin, 1985
Mathematik 10, Volk und Wissen Volkseigener Verlag Berlin, 1985

Verfassung der DDR vom 06.04.1968 in der Fassung des Gesetzes zur Ergänzung und Änderung der Verfassung der DDR vom 07.10.1974

Polizeiverordnung über die Einführung einer besonderen Ordnung an der Demarkationslinie vom 26. Mai 1952.
Quelle: www.verfassungen.de/de7ddr/demarkationslinienverordnung52-vl.htm

Achim Walther / Joachim Bittner: „Heringsbahn"; Grenzdenkmalverein Hötensleben

Hans-Hermann Hertle, Stefan Wolle: „Damals in der DDR", unter Mitarbeit von Nicolaus Schröder bei C. Bertelsmann, ISBN: 3-570-00832-0, Seite126, 127

„Bericht" aus dem Volkspolizeikreisamt Leipzig zu „Jugendtanzkapellen" vom 5. 3. 1965, Quelle: www.bstu.bund.de/cln_030/nn_717566/DE/Regionales/Aussenstelle-Leipzig/Regionalgeschichten

Dienstanweisung des MfS 4/66, Quelle:
www.bstu.bund.de/cln_030/nn_717566/DE/Regionales/Aussenstelle-Leipzig/Regionalgeschichten

Katrin von Maltzahn: English for you (Sklavenheft Nr. 19/1995) unter:
www.katrinvm.de/Pages/files/Sklave.htm

SCHOLA 870015 – Deutsch Literatur Kl. 9, entwickelt von der Akademie der Pädagogischen Wissenschaften der DDR, zugel. vom Ministerium f. Volksbildung DDR

SCHOLA 870050 für den Literaturunterricht in den Klassen 9 und 10, entw. von der Akademie der Pädagogischen Wissenschaften der DDR, Institut für Unterrichtsmittel, als Unterrichtsmittel zugelassen durch das Ministerium für Volksbildung der DDR.

Lehrplan Deutsche Sprache und Literatur, Teil Literaturunterricht Klasse 9, Herausgeber Ministerrat der DDR, Ministerium für Volksbildung im Volk und Wissen Volkseigenen Verlag Berlin

Gesetz über die Staatsgrenze der DDR (Grenzgesetz) im Gesetzblatt der Deutschen Demokratischen Republik vom 25. März 1982

Vertraulichen Verschlusssache der politischen Verwaltung der Grenztruppen der DDR zur Rechtfertigung des Schusswaffengebrauchs: Grenztruppen der DDR, Kommando der Grenztruppen, Abteilung: Stellv. des Ministers und Chef der Grenztruppen, Aktenzeichen 01 01 18, 1982

Achim Walther: „Die eisige Naht" unter Verwendung folgender Quellen:
*   Roman Grafe: Deutsche Gerechtigkeit, Siedler Verlag 2004, S. 92
** BA Freiburg, GTÜ AZN 015344, S. 89-95: Protokoll der Beratung im Grenzregiment Heiligenstadt am 09. Febr. 1982

Flyer „Grenzdenkmal Hötensleben", herausgegeben vom Grenzdenkmalverein Hötensleben e.V., Wallstraße 3, 39393 Hötensleben in Kooperation mit der Gedenkstätte Deutsche Teilung Marienborn mit Unterstützung der Landesbeauftragten für die Unterlagen des Staatssicherheitsdienstes der ehemaligen DDR Sachsen-Anhalt

Tobias Hollitzer: „Der friedliche Verlauf des 9. Oktober 1989 in Leipzig – Kapitulation oder Reformbereitschaft? Vorgeschichte, Verlauf und Nachwirkung" in der „Schriftenreihe der Gesellschaft für Deutschlandforschung", Band 73, „Revolution und Transformation in der DDR 1989/90", herausgegeben von Günther Heydemann, Gunther Mai und Werner Müller

Neues Forum Leipzig: Jetzt oder nie – Demokratie! Forum Verlag Leipzig, Seite 128. Foto: Martin Naumann

Anlage zur Information Nr. 452/89 des MfS. (Information über eine Demonstration und Zusammenkünfte oppositioneller Kräfte in Leipzig, Dresden und Magdeburg) in: „Ich liebe euch doch alle...", Befehle und Lageberichte des MfS von Armin Mitter und Stefan Wolle, BasisDruck Verlagsgesellschaft mbH; Berlin 1990, Seite 216

HORCH und GUCK, historisch-literarische Zeitschrift des Bürgerkomitees „15.Januar" e.V., A 12242 – 7. Jahrgang/Heft 23 1998 (2)

www.runde-ecke-leipzig.de/cms/Hinrichtungen-in-Lei.402.0.html
Hinweis: Alle verwendeten Dokumente liegen dem Verlag im Original vor.

Fotonachweis

Seite 98, 102, 168, 169: privat
Seite 100: NBI (Neue Berliner Illustrierte, 1965)
Seite 192, 195: Martin Naumann, Leipzig
Seite 200, 201, Front- und Back-Cover: Elke Straube

Danksagung

Hiermit bedanke ich mich ganz herzlich bei allen, die durch Wort und Material zur Entstehung dieses Buches beigetragen haben. Ich danke ganz besonders:

Cornelia und Hartmut Dutschke (Conny und Earny) aus Hötensleben
Herrn Achim Walther vom Grenzdenkmalverein Hötensleben
Herrn Thomas Otto, Glashütte
Frau Christa Schlegelmilch, Jägerstube Suhl-Neundorf
Herrn Tobias Hollitzer vom Bürgerkomitee Leipzig e.V. für die Auflösung der ehemaligen Staatssicherheit (MfS), Träger der Gedenkstätte Museum in der „Runden Ecke" mit dem Museum im Stasi-Bunker
Herrn Heinz Bauer, Groß-Deuben
Herrn Martin Naumann, Journalist, Leipzig
sowie meinem Bruder, meinen Eltern und ganz besonders herzlich meinem Mann Ronald.

Elke Straube

Verlag Elke Straube
Tel. 0174/13 34 337
Fax: 035056/23784
Elke.straube@web.de
www.straube-verlag.com